それでも私は介護の仕事を続けていく

# はじめに

私は、静岡県沼津《ぬまづ》市にある木造三階建ての実家で、八十代の母と十三歳になる柴犬《しばいぬ》マロンと共に暮らしている。高齢者介護の仕事を始めてから十四年目。現在は、定員十名の小規模のデイサービス「すまいるほーむ」の管理者兼生活相談員をしている。

介護現場で働くようになってから、それまでの大学勤務で専門にしていた民俗学の視点と方法を活《い》かして、利用者さんたちへ聞き書きをしてきた。そして、聞き書きによって利用者さんたちの人生や生きてきた時代が浮かび上がることで、利用者さんとの関係が変化し、それが介護の在り方も変えていくという体験をしてきた。そうした体験は拙著『驚きの介護民俗学』(医学書院)や『介護民俗学という希望――「すまいるほーむ」の物語』(新潮文庫)に著してきている。

そんな私に大きな変化があったのは平成三十一年のこと。すまいるほーむが、我が家の一階に移転してきたのだ。

きっかけは、父の急逝だった。自分が主に使っていた一階部分を地域のために使ってほしいという父の遺志と母の強い思いを受けて、すまいるほーむの再出発の場所として利用させてもらうことになったのである。以来、昼間は一階でデイサービスの仕事をし、夜間や休みは二階及び三階で家族と寝食を共にする、という職住同一の生活が続いている。

同じ家の中に仕事場であるデイサービスと生活の場がある、というのは、母も私自身のプライベートな時間も仕事に巻き込まれることであり、始めてみると予想していた以上に大変で、二人とも大きなストレスを抱えるようになった。けれど、一方でそれは、私たち家族に生きがいと新鮮な喜びを与えてくれるものとなり、同時にすまいるほーむそのものも新しい展開をしていくきっかけになったように思う。


本書は、令和二年八月から始まったカドブンでの連載「つながりとゆらぎの現場から――私たちはそれでも介護の仕事を続けていく――」が中心となっている。新型コロナウイルスの感染拡大が深刻化していく中で、私たちは様々な困難を抱えていくことになった。そんな状況において、デイサービスすまいるほーむに集う利用者さんたちやその家族、スタッフたち、地域の人たち、そして私たち家族が互いにかかわりあうことで生じる出来事や問題を綴《つづ》りながら、「介護をする」とはいかなる営みなのか、人が最後まで希望をもって生きるとはどういうことなのかを考えていきたい。

なお、利用者さんたちやスタッフたちと共同作業で連載を紡いでいきたいという思いがあり、みんなに趣旨を予《あらかじ》め説明した上で、それぞれどんな名前で登場したいか、一人一人に希望を聞いてみた。子供の頃に呼ばれていた愛称や職場で呼ばれていたニックネームを挙げてくれた方もいるし、早くに亡くなった母親の名前を挙げてくれた方もいる。中には、好きな俳優や歌手の名前を挙げて、この名前で呼んでくれ、と言ってきた方もいた。登場する人物の名前は、多くが、そうした一人一人の希望を反映させたものであることを付け加えておきたい。

もくじ

装画　カシワイ
装丁　漆原悠一（tento）

第一章

# 面倒に巻き込まれてつながっていく

すまいるほーむが我が家の一階に移ってはや一年。利用者さんやスタッフの楽しみの一つになっていたのが、愛犬マロンの存在だ。

マロンは、それまで家族以外の人間とのかかわりがほとんどなく、来客に対してとても臆病《おくびょう》だったので、毎日多くの人の出入りがある状態に適応できるか心配していた。でも、慣れてくると二階の住まいから階段を使って自ら下りてきては、気ままにデイルームの中を歩き回り、利用者さんやスタッフのにおいを嗅《か》いだり、みんなに撫《な》でられたり、利用者さんが休んでいるベッドの横で添い寝するかのように寝そべったりして過ごすようになった。利用者さんたちが帰る時には、玄関まで来て、おじぎするように首を垂れて見送ったりして、すまいるほーむの看板犬としての役割も果たしてくれるようになった。ペットセラピーと言えるほどの効果があったかどうかはわからない。けれど、おとなしくてほとんど吠《ほ》えないこともあり、利用者さんたちはマロンのそんな愛らしい姿に目を細めていて、いつも会うのを楽しみにしてくれた。

私にとっても、マロンが身近にいてくれることはプラスに働いた。十三年間を共に過ごしているマロンの存在はもはや我が子同然。たとえば執筆中は私の後ろで立てている寝息が耳に心地よく、何よりの癒《いや》しだ。ストレスが多い介護現場での仕事でも、その存在をいつも身近に感じることができる。マロンが一階に下りてきて寝そべっている時も、二階にいて下の様子が気になるのか時々階段の踊り場あたりで首輪の鈴がちゃりんと音を立てる時も、マロンの気配を感じるだけで私の体の中のオキシトシンは増加し、幸せな気分になれるのだ。

ところが、みんなの癒しであったマロンに異変が起きた。

四月のある日のことだった。夕方の散歩中に、出会った犬に吠えられてぴょんと飛び退いた瞬間、後ろの右肢《みぎあし》を痛めてしまったのである。いつも診てもらっている近所の動物病院では手に負えないということで、自宅から車で一時間程の市外にある動物総合病院を紹介された。受診すると、右後ろ肢の膝《ひざ》の十字靱帯《じんたい》が完全に断裂していることがわかり、五月上旬に手術を受けることになった。

三時間に及ぶ手術と五日間の入院によって、少しずつ歩けるようになったものの、初めて家族と離れて病院で過ごした体験がマロンには相当に辛《つら》かったようだ。吠えることも、食べることも、眠ることもできず、いつもハァハァと荒い息づかいをして、時々キューンと哀しげに啼《な》く、変わり果てた姿になってしまった。退院後しばらくは、そんなマロンに母と私とが交代で二十四時間付き添い、夜もほとんど寝ずに介抱する日々が続いたのである。

この事態が、私たち家族に与えたショックと心理的・肉体的な負担は想像以上に大きかった。令和二年のこの頃、新型コロナウイルスの感染への不安と緊張が絶えることなく続いていた。

すまいるほーむで感染者を出さないための、そしてもし感染者が出たとしても広げないための対策に追われ、私はかなり神経をすり減らしていた。

　自分自身が感染するかもしれない、利用者さんやスタッフにうつしてしまうかもしれないという恐怖と、すまいるほーむでもいつ集団感染が起こるかわからないという不安。利用者さんの家族が感染者の多い都市部との接触があった場合には、二週間利用を控えてもらうという制限を決断せざるをえないことへの自責の念。様々な負の感情が、私を追い詰めていた。

　そこに我が子同然であるマロンの怪我というプライベートでの不運が重なってしまったことで、私の心は、少しでも何か不測の事態が起きたら一瞬にして壊れてしまうのではないかというくらいピンと張り詰めていった。たとえるなら、目一杯水を入れられてはち切れんばかりに大きく膨らんだ水風船のように。重さに耐えられずに、いつ地面に落ちて割れてしまうかわからない——心はそんな状態だった。


　水風船を落とさないように、少なくとも仕事中はなんとか平常心を保てるように、私はとにかく毎日を安全に、何事もなくやり過ごすことに専念するようになった。

　介護の世界に入ってからずっと続けてきた利用者さんへの聞き書きも、全く行わなくなってしまった。語りの予期せぬ展開から、利用者さんの生きてきた世界を知ることの醍醐《だいご》味《み》を感じてきた。けれど、利用者さんの語りだす話を面白がり身を乗り出して聞き入る、ということができなくなったからである。

そればかりか、利用者さんとは必要最低限の話しかしなくなっていた。当時さかんに言われていた、飛沫《ひまつ》感染を防ぐために対面の会話は極力避けるという厚労省からのお達しに従ったわけではない。利用者さんの話を聞くことは、少なからず自分の心が揺さぶられる体験を伴うということを、これまでの聞き書きの積み重ねで実感していた。そこにある種の快感を得ていたからこそ聞き書きを続けてきたのだ。でも、その時の私の心はぱんぱんの水風船だったから、割らないように、自己防衛のために、不安定な要素を極力排除したかったのである。

そうした私の中の余裕のなさは、すまいるほーむという場そのものの雰囲気や、ここに集う人たちの心にも少なからぬ影響を及ぼしていたかもしれない。私は、利用者さんたちの言葉に傾ける耳を閉ざしていたばかりでなく、目も塞《ふさ》ぎ、何も見ようとしていなかった。

そんな中、私に声をかけてくれたのは、すまいるほーむで一番若いスタッフの亀《かめ》ちゃんである。昼休憩を一緒に取っている時のことだった。

「コロナの感染が全国に拡大し始めた頃から、六車《むぐるま》さんがすごく大変そうになっているのがよくわかって、心配していたんですよ。六車さんがいつか倒れちゃうんじゃないか、って。でも私には何もできないから、私はとにかくバカを言っていよう、明るくしていよう、それが私の役割かなと思って」

確かに亀ちゃんはいつも明るかったし、他のスタッフも、いつもと変わらぬ明るさと元気さで場を盛り上げようとしてくれていた。みんな不満も文句も一つも言わなかった。そうやって、余裕を失った私が利用者さん一人一人に向き合えていない分を補ってくれていたのだと思う。

私は、知らず知らずのうちに、スタッフたちに気を遣わせていたのである。

たぶん、スタッフたちばかりでなく、利用者さんたちも少なからず気を遣ってくれていたのだろう。六車さんが大変そうだ、迷惑をかけちゃいけない、と。

たとえば、利用者のサブさん。それまでは話し始めると止まらなかったというのに、私を相手に話し込むことはすっかりなくなり、遠慮なく要望や不満を言っていた人たちの声も私の耳に届くことはなくなっていた。

何も変わらない毎日を繰り返す。夕暮れには今日も何も起こらなかったと安堵《あんど》する。そんなふうに望むことしか、その頃はもうできなくなっていた。「お願いだから面倒なことは何も起こさないでくれ」という圧を、無意識のうちにみんなの心にかけていたのではないかと思う。

それは決していい状態ではない。

介護現場では、利用者さんの様子について記録したり、スタッフ同士で申し送りをしたりする時に、「特変ありません」とか「穏やかに過ごされました」といった表現をよく使う。つまり、「何も変わらず」「穏やか」であることが利用者さんの幸せであるかのような価値観が共有されているのだ。また、「何も変わらず」「穏やか」な状態であるために、予《あらかじ》めあらゆるリスクを回避しようとするのも、多くの介護現場のもっている傾向である。だから、利用者さんたちも、スタッフも、「してはいけないこと」のルールでがんじがらめになる。その閉塞《へいそく》感は、そこに集う人たちの意欲を低下させていく。

何も変わらない日常、それは本当に利用者さんにとって、そしてスタッフにとって幸せなことなのだろうか。本来、人が生きている日常とは、様々な変化があったり、感情の起伏があったりするものなのではないか。本当は不平不満も意見もたくさんあるのに、場の閉塞感によって口にすることをみんなが諦《あきら》めているのではないだろうか。

介護の仕事に就いてから、介護現場の独特な価値観や雰囲気に違和感を抱き、聞き書きの実践を通して、そう問い続けてきたつもりだった。それなのに、このような介護現場の保守的で閉塞的なありようを、コロナ禍の中で、私自身が志向するようになってしまっていた。


そんな私をさらに追い詰める、決定的な出来事が起きた。すまいるほーむのスタッフの一人に、発熱や味覚障害といった新型コロナウイルスの感染が疑われる症状が出たにもかかわらず、たらいまわしにされた挙句にＰＣＲ検査を受けられないという現実に直面したのだ。その頃、デイサービスや老人ホーム等、全国のいくつもの介護施設で集団感染が発生していた。そういった介護現場で働く人間に症状が出ているにもかかわらず、簡単には検査を受けさせてもらえないという事実は、私にとっては大きな衝撃だった。

だが本人のためにも、そしてすまいるほーむで集団感染を発生させないためにも、何としてもＰＣＲ検査を受けさせなければという思いに私は駆られ、八方手を尽くして、情報を募り、力添えをお願いした。症状があらわれてからようやく四日目にして、再三頼み込んで何とか検査を受けることができ、翌日に陰性であるという結果が出たのであった。

安堵はしたものの、介護現場で感染が疑われる人が出たとしてもＰＣＲ検査を受けるのは容易ではない、という現実は私を恐怖に陥れた。先の見えない新型コロナウイルスの脅威の中で、同じような局面に何度もいたることを想像するだけで、眩暈《めまい》と吐き気を催すようになった。鬱《うつ》状態になり、夜も眠れず、一人になると訳もなく泣くようになった。そしてある日、私の中の水風船はとうとう破裂し、重たい水は流れ落ち、風船のかけらは無残に散乱してしまったのである。

その日の夕方、法人の事務所を訪ね、社長である三国《みくに》さんに大泣きして訴えた。「ごめんなさい。もう無理です。管理者を辞めさせてください。私は壊れてしまう」と。

三国さんは私の置かれた状況をよく理解し、励ましてくれた。それでなくても人手不足の現場だ。管理者という立場上、簡単に辞めるわけにはいかない。とにかくみんなで協力して現場を守っていこうというのが、話し合いの結果だった。

それまでも追い詰められて、何度か管理者を辞めたい、さらにはこの仕事を辞めたいと思ったことはあった。でも――。

緊張と不安と閉塞感とが長期間に及び、ストレスを発散しようにも、外出することすら憚《はばか》られるような日常。感染防止というリスク管理によって、利用者に利用制限をせざるをえない状況と、そのことによる迷いと自己嫌悪。コロナという脅威に対して場当たり的に出される政府や自治体の施策に翻弄《ほんろう》されながら、検査さえ容易に受けられないという現実。そしてプライベートの不運やストレス。幾重にも要因が重なる中、今までに感じたことのないほどの徒労感と無力感に強くさいなまれてしまった。いくら励ましの言葉をもらっても、一縷《いちる》の希望を抱くことも、自信を取り戻すこともできなかった。

かといって、三国さんの言葉を振り切って辞めることもできなかった。発熱と味覚障害の症状が出たスタッフは、体調不良の原因が不明のまま不安を抱え、一方で、みんなに迷惑をかけたと自分を責めながらも仕事を続けてくれている。他のスタッフたちだって、もうこれ以上できないほどぎりぎりの精神状態でやっているし、それでも私を支えようとしてくれている。私が今辞めたら、現場は崩壊する。そうしたら、すまいるほーむを生きる希望にして集ってくれている利用者さんたちやスタッフたちはどうなるのか。すまいるほーむをつぶすわけにはいかない。

前に進むことも、後に退《ひ》くこともできず、ただその場にうずくまるよりほかなかった。

私の心の水風船ははじけて破片が飛び散ったまま、まとまりもなく、ばらばらに体の内側に不愉快にへばりついている感じだった。思考も感情もさらに重苦しく凝り固まり、何に対しても反応できない。インターネットやSNSでコロナに関する新しい情報を得るのも、すまいるほーむの様子を発信するのも苦痛になり、アクセスするのを止めた。送迎や入浴介助、排泄《はいせつ》介助、食事介助といった仕事のルーティンをただこなして一日をやり過ごすだけ。毎晩八時過ぎまでやっていた事務仕事もほとんどできなくなった。風船から流れ出した水と共に、この仕事への熱意も面白さを感じる気持ちも、責任感さえも、どこかに消えてなくなってしまったかのように。私生活でも家族との会話は極端に減り、読書も、テレビを見ることさえも、何をする気力も持てなくなった。ただかろうじて息をして生きている、そんな感じだった。

　そんな状態が何日か続いたある日の午前中のこと。その日は休みだったので、少しでも気持ちを前向きにできないかと重い体と心を引きずりながら、久々に朝から美容院に出かけた。外出自粛のため美容院に行くのも三ヵ月ぶりだ。髪は暑苦しく伸びきっていたので、一時間ほどかけてベリーショートにしてもらった。切った髪の毛の重さ分くらいは少し気持ちが軽くなったものの、外出したことで一層強くなった疲労感に耐えられなくなり、早くベッドで休みたいと急いで自宅に戻ってきた。すると、自宅兼すまいるほーむの玄関アプローチで、六《ろく》さんが何やら作業をし始めているのに出くわした。

　六さんは、緑内障の進行によりほとんど視力がなく、半年ほど前からすまいるほーむに一週間に一回通っている七十九歳の利用者さんだ。すまいるほーむから徒歩十分程度の公営団地に奥さんと二人で住んでいる。わずかばかり残った視力と白杖《はくじょう》を頼りに、一人で毎朝自宅近くに借りている畑に行き、農作業をするのが日課で、時折、畑でできた野菜や花をすまいるほーむに持ってきてくれたりする。地域や世の中の動きに対する関心も強く、テレビやラジオでニュースを熱心に聞いたり、新聞や本を知り合いやスタッフに読んでもらったりして情報を得ていて、すまいるほーむでもよく政治や社会に対する意見を聞かせてくれるのだった。

　そういえば六さんからだいぶ前に、すまいるほーむの玄関アプローチに朝顔のアーチを作ってもいいか、と聞かれたことがあった。唐突な申し出に戸惑いながらも、既に、コロナへの対応でピリピリとしていた私は、先のことを考える余裕がなかったこともあり、具体的なイメージとか作り方とか道具とかを何も聞かず、「いいんじゃないかなぁ」と生返事をして、そのことをすっかり忘れていた。でも六さんは朝顔アーチの準備を着々と進めていたのだ。

六さんは、その日は利用日ではなかったが、朝から、園芸用の添え木棒や網、ゴム紐《ひも》、脚立、朝顔の種を蒔《ま》いたプランター等を台車に載せて運び込んで、畑仕事を時々手伝ってもらっているというご近所の加藤さんと共に、朝顔アーチを作る作業を進めていた。その日に作業をするとは聞いていなかった私は、その様子に驚くとともに、正直困惑した。今日は疲れ切った心身を休めたかったのに。このタイミングでなんて面倒なことを始めてくれたのか、と憤りさえ感じたのである。

それでも、できるだけ気持ちを抑えて声をかけた。

「こんにちは、六さん。アーチ作ってくれるの今日だったっけ?」

「もうすぐ暑くなっちゃうから、今朝から始めさせてもらってる。俺たちだけでできるから、いいよ、家に入ってて。今日休みだろう?」

そう言って気遣ってくれたのだろう。でも私には六さんに、心の内を見透かされたかのように思えた。私は今日は休みだし、六さんも利用日ではないのだ。このまま家に入って休んでもいいだろうという気持ちと、六さんたちに任せきりにして、たとえ利用日ではなくとも利用者である六さんが怪我でもしたら大変だから手伝うべきだろうかという、責任感というより、むしろリスク管理的な気持ち。二つの思いに駆られてしばらく立ち尽くしていた。

　そんな私の心のゆらぎを知ってか知らずか、六さんは、その間も淡々と作業を進めていく。軸になる添え木棒をアプローチの両脇に等間隔に立て、地面に突き刺す。それらが倒れないように横棒を通し、縦棒と横棒とをゴム紐で結んでいく。さらに、アーチにするために棒を曲線に巧みに曲げて、縦棒の上部に結び付ける。目の見えない六さんは、長年の経験によって培われた技と、手先で触れる感覚でどんどんと作業を進めていく。一緒に来ていた加藤さんは、六さんの目の代わりになって、棒と棒をつなぐ位置の微調整の指示を出したり、六さんに道具を渡したりしている。二人の絶妙なやりとりと共同作業は、まるで植木職人のようだった。

　とはいえ、目の見えない六さんの行動は時々危なくて、見ていてもハラハラしてしまう。アーチの形が大方出来上がり、今度は何本も連なったアーチの上の部分に朝顔の蔓《つる》を這《は》わせる園芸用の網をかける作業になった時、六さんはひょいっと軽快に脚立に飛び乗った。が、バランスを崩して落ちそうになった。私はその瞬間、六さんの腰に手を添えて体を支えていた。

「おっとっと」

「うわ、大丈夫？　六さん、私が支えているから」

「大丈夫だよ」

「まったくもう、気をつけてよ」

「わかってる」

　私はもう自室に戻って休むことも、ただ傍観していることもできなくなり、六さんたちの作業を手伝わざるをえなくなった。それは責任感に駆られたわけでもリスク管理のためでもなく、六さんたちの始めた「面倒事」に否応《いやおう》なく巻き込まれていったと言う方がいいだろう。

手伝い始めると、庭仕事は素人である私も口を出したくなる。「この網のかけ方だとアーチ全体に届かないよ」とか、「網の向きが反対なんじゃない」とか。六さんは、「いやいやそんなことはない。これで合っているはずだ」と強引に網を引っ張ったが、やっぱり網はアーチの端まで届かない。

「六さん、ちょっと待って、もう一度網をかけるところからやり直そうよ」

私と加藤さんが少し強めの口調で言うと、六さんはしぶしぶとそれに従い、かけた網を外し始めた。いったんアーチにかけた網は、何本もの棒の先にひっかかって絡まってしまっている。

「そっちじゃなくて、ここが絡まってる」

「こっちを外せばいいんだよ」

「待って待って、そんなに引っ張ったらだめだよ」

暑さと疲労もあって三人でほとんど喧嘩腰《けんかごし》にやり合った。

互いにマスクをしているとはいえ、こんなに接近して大声で言い合うなんて、感染対策も何もあったもんじゃない。それに、利用者とスタッフという関係でありながら、私は全く遠慮なしに六さんに怒ったり、文句を言ったりしている。それに対する六さんの言葉も容赦ない。きっと他所《よそ》の介護現場で働く人たちから見たら、許されざる光景であるに違いなかった。

でも、なんだかこうしたやりとりがひどく懐かしく感じられた。そうそう、六さんはこんなふうに強情で、自分の考えは決して譲らない人だったし、私も遠慮なしにものを言っていたっけ。社会問題をめぐり、時々議論をかわし、私の意見を「いや、そうじゃないよ」と否定して六さんが持論を述べて、また私が「そうかなぁ？」と反論する。そんなこともここ数ヵ月ずっとなかったことに気がついた。六さんも、余裕を失った私に気を遣ってくれていたのかもしれない。

大声で言い合いながら、何度もやり直し、やっとアーチの端から端まで網をかけることができた。網の角についている紐を横棒に結び付け、すでに芽の出ている朝顔のプランター二つを、アーチの両脇に置いた。

「お疲れ様、暑かったでしょ」

スタッフのまっちゃんがタイミングよく、冷たい麦茶を持ってきてくれた。三人で麦茶を飲みながら、出来上がったアーチを眺めていると、六さんは手でアーチを探りながら少し不満そうに、「まだ足りないな」とつぶやいた。アーチを補強するための次の段取りをもう考えているようだった。

体は疲れてその場にへたり込みそうだったが、それでも私の心は不思議と晴れ晴れとしていた。今まで長い間かかっていた深い霧がぱっと消えて、眼前にくっきりと広大な景色が広がったようだった。

利用者さんたちもスタッフたちも、自由に言いたいことを言って、したいことをして、時には口喧嘩もしたりして、だけど、互いを思いやって、そうしてみんなが過ごしている、すまいるほーむのかつての日常風景。それは、「何も変わらない」「穏やかな」日常とは正反対で、良くも悪くも何かしら常に変化があり、そのたびに一人一人の心や互いの関係性がゆらぐような、決して穏やかとは言えない不安定な日常だ。けれど、ゆらぎながら、あるいはゆらぐことで、互いのつながりを作り直したり、深めてきたりしたこともまた確かであり、そんな日常があるのがこの場所なのだ。だからこそ、利用者さんたちもスタッフたちも、ここで共に過ごすことをよしとしてくれていたのだ。そして、たぶん、私が一番この場所を心地よいと感じ、救われてきたはずだった。

六さんが始めた予期せぬ「面倒事」はそのことを思い出させてくれた。

介護現場で働くスタッフたちは仕事でもプライベートでも常に様々なストレスを抱えていて、できれば面倒なことはこれ以上避けたいと思ってしまうものだ。けれどまさにこの六さんのように、私たちは、面倒なこと、厄介なことに否応なしに巻き込まれ、一緒に試行錯誤することで、つながり、ゆらぎ、またつながり合ってきた。そうして、すまいるほーむという場所が少しずつ少しずつ形作られてきたのではないか。

これからもまたいつ辞めたいと思うほど追い詰められてしまうかわからない。でも、だからこそ、このつながりとゆらぎのあるすまいるほーむという場所の意味を考えていかなければならない。そしてそれは、人と人がつながるとはいかなることかを考えるきっかけになるのではないだろうか。

マロンはすっかり食欲も旺盛《おうせい》になり、何か要求がある時には「ワン！」としっかりと吠えることができるようになった。怪我以前と同様とまではいかないが、それでも、歩みはしっかりとしてきて、時々一階に下りてきて、利用者さんやスタッフから、「マロンちゃん、元気になってよかったね」「マロンちゃん、会いたかったよ！」と撫でられている。

六さんの朝顔は元気に蔓を伸ばし、やがてアーチを覆って、花を咲かせてくれた。毎朝、玄関アプローチを通る利用者さんの目を楽しませてくれている。

第二章

# 死者とつながる

また、この季節がやってきた。

七月は世間では七月盆が行われるが、すまいるほーむでは七日前後の七夕祭りで、利用者さんやスタッフに亡くなった大切な方の名前を灯籠《とうろう》に書いてもらい、思い出を語ってもらう。そして、七月下旬に沼津市内を流れる狩野川《かのがわ》で毎年行われる灯籠流しで、灯籠を流して死者を送り出し供養する。平成二十五年から毎年欠かさず行ってきた、みんなで死者を想う、すまいるほーむの大切な行事があるのが、この季節なのだ。

始めることになった経緯やそれにまつわるエピソードについては、前述の拙著『介護民俗学という希望』（新潮文庫）を読んでいただきたいのだが、私たちがこの行事をとりわけ大切にしてきたのは、死をタブー視することなく、みんなで哀しみも死者との思い出も共有したいという強い思いがあるからである。

介護現場では死が身近であるにもかかわらず、利用者さんの死が隠されることがしばしばある。私がかつて働いていた大規模のデイサービスでは、利用者さんが亡くなった時、他の利用者さんたちを悲しませたり、混乱させたりしないようにという「配慮」のもとに、その死を伝えないようにしていた。

確かに、今まで共に過ごしてきた仲間が亡くなったと知れば、親しければ親しいだけ、その哀しみは深いだろうし、そう遠くはない日に必ずやってくる自分の死にも結び付けて心を乱してしまうかもしれない。けれど、介護現場に集う利用者さんはみな、これまでの人生の中で多くの死と向き合い、受け入れ、乗り越えてきた経験の持ち主ばかりだ。彼らより人生経験の浅い私たち介護スタッフの側が、一方的に「配慮」して、仲間の死を隠すことこそ、彼らの尊厳を軽視していることにはならないだろうか。

死が隠されると、死の事実だけでなく、死者についての話題もタブー視されてしまう。いつのまにかその存在さえも、あたかもなかったかのように忘れ去られていく。それはなんと哀しいことだろう。

だから私たちは、利用者さんが亡くった時には、必ずその事実を伝える。そして、みんなで仲間の死の哀しみを分かち合い、仲間を弔うお別れ会を開くことにしている。

私がすまいるほーむで働き始めてから何度お別れ会を開いただろう。少なくとも、前著に登場した利用者さんたちのほとんどは既に旅立たれた。その度に、みんなでお別れ会を開き、写真や映像を見ながら、その方の思い出を語り合い、遺影に花を手向けて弔ってきた。

お別れ会の後は、花を手向けた笑顔の遺影をデイルームの壁に飾ることにしている。壁に並んだたくさんの笑顔は、すまいるほーむを見守ってくれているようであり、私たちは、亡くなった仲間たちを、「すまいるほーむのご先祖様」といつしか呼ぶようになった。私の父は利用者ではなかったが、すまいるほーむが我が家の一階に移転してきたのを機に、一周忌を迎えた父の思い出を母がみんなの前で語り、遺影を「すまいるほーむのご先祖様」の中に加えてもらった。

毎年七月に行っている七夕祭りと灯籠流しは、利用者さんやスタッフの亡くなった身内や友人等の思い出を共有する場であるとともに、そうしてお別れ会をして弔い、「すまいるほーむのご先祖様」となった仲間に思いを馳《は》せ、対話をする機会でもある。もはやすまいるほーむを語る時には欠かせない伝統行事なのだ。

この仕事をしていながら恥ずかしいのだが、私は、死と正面から向き合うことに底知れぬ恐ろしさを抱いてきた。物心ついて初めて人の死を体感したのは、小学生の頃に亡くなった母方の祖母の葬儀の時だった。遠方にある母の実家に着いて、居間に安置された祖母の亡骸《なきがら》の傍らに立ち、母に促されるままに、祖母の頬に手を当てた時の冷たい感触。手をつないでくれた祖母の温かくてふくよかで包み込まれるような感触とは全く異なる、生気を失った氷のように冷え冷えとした硬さが掌《てのひら》に伝わってきた。その瞬間、体中に戦慄《せんりつ》が走り、泣き出してしまった。人は死んだら冷たく硬いモノになる。おばあちゃんはもうどこにもいない。幼い心と体に刻み込まれた死への恐怖だった。

それから四十年以上が経ち、いくつかの身近な死を経験してきたが、その時の皮膚感覚と恐怖がまだ私の体にくすぶり続けている。これからそう遠くはない未来にも、私の愛する人たち、大切な存在の死を経験することになるだろうが、そのことを想像しただけで、死別の哀しみと一人残されていく孤独におののき、思考が停止してしまう。自分でも情けないと思う。

そんな私にとっては、介護現場で直面する利用者さんの死は、一人で受けとめ、乗り越えるには大きすぎる出来事だった。以前働いていた施設で先輩スタッフから、「私は絶対にみんなの前では泣きません。お風呂《ふろ》の中で一人で泣きます。それが私たちプロの仕事です」というアドバイスを受けたが、動揺した心を鎮めるものにはならなかった。施設で受けた介護職のためのグリーフケアの研修も、くすぶり続ける恐怖を癒《いや》してくれるものにはならなかった。

利用者さんの死に直面して堕《お》ちてしまった深い哀しみの淵《ふち》から私を救い上げてくれたのは、すまいるほーむで初めてお別れ会をした時の、利用者さんたちの言葉だった。戦時中、挺身隊《ていしん》に行った時のことを聞き書きさせてくれた、さか江《え》さんのお別れ会で、みなが口々にこう言ったのだ。

「さか江さん、ここに来ている気がするね」

「さか江さん、きっといつまでもすまいるほーむを見守っていてくれるね」

そう言われて、私は思わず天井を見上げた。確かに、さか江さんが来ている。そんな感覚を体に覚えて、温かな涙が流れてきた。みんなの顔も穏やかだった。

我が家は仏壇も神棚もない無宗教の家で、そこで育った私は来世も魂の存在も信じてはいない。けれど、共に過ごした利用者さんたちが、さか江さんはすまいるほーむが大好きだったからここに帰ってきている、と言ったその感覚は、素直に心と体に沁《し》みてきた。亡くなった後も、その人の存在を感じ続けることができる、それだけで、人は救われ、死を受けとめて、前向きに生きていくことができる。利用者さんたちは、そうやっていくつもの死の哀しみを乗り越えてきたのだ。そう確信した瞬間だった。

毎年七夕祭りでは、灯籠に、さか江さんをはじめとした「すまいるほーむのご先祖様」たちの名前を書き、「こんな人だったね」「こういうところもあったね」と賑《にぎ》やかに、ワイワイと思い出を語り合う。すると、ご先祖様たちがすまいるほーむに遊びに来てくれているような、そんな温かくて楽し気な感覚を、私も自然に抱くことができるようになった。狩野川灯籠流しで御詠歌の響く中、川面《かわも》を照らしながら流れていく灯籠を静かに眺めていると、切ない思いに再び駆られるが、来年の七夕祭りで再会できると思えば哀しみに耽《ふけ》ることはなくなっていった。

通夜や葬儀、お盆やお彼岸といった死者儀礼が、地域や家で受け継がれるということ。それは死者の弔いや供養であるとともに、遺《のこ》された者に、大切な人の死を受け入れ、死者とのつながりを感じながら、たくましく生きていく術《すべ》を自然に身につけさせることでもあったのではないか。利用者さんの死とみんなで向き合いながら、ここでも、すまいるほーむらしい死者儀礼の形が作られてきた。それによって、私自身も死を受けとめて生きていく術を少しずつ身につけてこられたように思う。

民俗学を専門とし、死者儀礼についてのフィールドワークもしてきたのにもかかわらず、私は、学問の場から介護現場へと身を移し、すまいるほーむで働くようになってから、ようやく、死者をめぐる民俗信仰のもつ意味を身をもって実感することができるようになった。そういう意味でも、すまいるほーむは私にとっての生きていくための実践の場なのである。

けれど、そんな私でも、不在の哀しみと寂しさを乗り越えがたい人の存在もある。平成三十一年の四月下旬に、八十八歳で亡くなった高木さんだ。亡くなってから一年以上が経つというのに、時折、その不在に深い寂寥《せきりょう》感を覚えて、私はひどく落ち込んでしまうのだった。

高木さんがすまいるほーむに通い始めたのは平成二十八年の九月。彼の存在は最初から強烈だった。ラジオ体操が終わり、みんながほっと一息ついた時、姿勢を正した高木さんが突然、大きな声を張り上げて、こう言ったのである。

「今日は、みなさんに、アメリカの人種差別についてお話ししたいと思います」

そして、みんなの驚きをよそに、彼は三十年前の渡米時の経験と、ＢＳニュースをネタに、アメリカでの人種問題について一時間余り語り続けた。

すまいるほーむでは午前中、入浴と並行して、縫物や編み物、塗り絵、習字、工作等、手作業を中心にそれぞれが好きなことをして過ごすのだが、難病で視力を失った高木さんには手作業は難しい。そこで彼が自分で考えた過ごし方が、毎回、他の利用者さんを聴き手にして演説をすることだった。実は旧制中学で弁論部に所属しており、六十代で視力を失ってからも、一人で沼津駅の前に立ち、市政への批判をする演説会を開いた経験もあったのである。

演説のテーマの多くは、国際問題や日本の政治や沼津市政に対する批判だった。それまで、すまいるほーむの日常で政治の話題が出ることはほとんどなく、演説の声もデイルーム全体に響き渡る程大きかったこともあって、最初は、利用者さんたちは驚いて唖然《あぜん》としていた。演説の途中で、高木さんが「みなさんは、どう思いますか」と問いかけても、どう答えていいかわからず困惑しているようだった。慌てて私が応答したものの、利用者さんたちは明らかに迷惑顔。デイルームの中に流れ始めたこの不協和音にどう対処したらいいかと考えあぐねてしまった。

ところが、そうした演説会が繰り返されていくうちに、男性の利用者さんの何人かが、高木さんの話に頷《うなず》いたり、時折「俺もそう思う」と相槌《あいづち》を打ったりするようになった。さらに高木さんの希望により、彼が毎回持参する全国紙の朝刊や地元新聞の記事を私が朗読することを始めると、女性の利用者さんの中にも、縫物をしながら聴き入る人が出てきた。記事をめぐって高木さんと私が議論をしていると、時には他の利用者さんたちも加わり、特に地元沼津の市政についてなどは議論が大いに盛り上がったのだった。

「今度の市長選では、沼津駅高架化問題が争点になります。私は高架化には絶対に反対です」

「高架化すると、沼津が活性化するという主張もありますけど、実際にはどうなんでしょうね」

「そんなのまやかしです。そもそも駅は民間の物なのに、どうして市が我々の税金を何億もつぎ込まなければならないんですか？」

「そんなお金があったら、もっと別なことに使えばいいんだ！」

「そうそう」

「福祉とかね」

「我々年金生活者の暮らしがよくなるようにとかさ」

「そうよね」

それまで私はどこかで思い込んでいた。利用者さんたちは政治や社会の動きには関心などないのではないかと。たとえ話題にしてみても「難しくてわからない」と言われてしまうのではないかと。

でも、そうではないかもしれない。単に政治の話をする場がなかっただけで、実は政治や社会の動きについて知りたいと思っている人も、それについてみんなで話をしたいと思っている人も、案外と多かったのだ。高木さんの存在によって、すまいるほーむに、政治や社会問題について自然と話題にできる場が醸成されていったのだった。

その後、高木さんに触発されて、選挙の際に希望者を連れて期日前投票へ出かけるようになり、今ではすまいるほーむにとって欠かせない恒例行事となっている。また、市議会議員や市の役人が来た時には、市政への不満や意見を積極的に述べる人も増えてきた。

介護の現場で政治をめぐってみんなで議論し、政治に物申し、参加していく。私も含め、高齢者の介護現場で働く者たちに最も欠如している観点ではなかったか。すまいるほーむにその土壌が培われてきたのは、「自分たちが生きやすくなるように、社会は自分たちで変えていかなければならない」という信念をもって生きてきた、高木さんの存在があってこそだったのだ。

私の考え方も、すまいるほーむという場も大きく変えてくれた高木さんを、私は利用者さんという存在以上に、この場を一緒に作っていく頼もしい「同志」のように感じていたのかもしれない。

送迎の時間を使って、私は自分が今疑問に思っていることや関心を持っていること、すまいるほーむで問題になっていることなどを、高木さんとよく話すようになった。複雑化していく介護保険制度の問題点や、認知症の当事者の方たちが発信していること、利用者さんが増えなくて困っていることなど、話は尽きなかった。高木さんは私の話に対して同調したり、感心したり、反対したりしながら、自分の知識と経験から丁寧に答えてくれた。必ずしも意見が一致するわけではなく、話が堂々巡りして平行線のまま車が到着してしまうことも多かったが、片道三十分以上の送迎の道のりは、私にとって高木さんと対話できる楽しい時間だった。

また、私がすまいるほーむの運営において行き詰まっていたり、追い詰められていたりする時には、敏感にそれを察して、こんなことも言ってくれた。

「あんたは本当によくやっている。俺は感心しているんだ。だけど、あまり周りに気を遣わないで、もっと自信を持って、自分がやりたい、やるべきだと思ったことは貫いた方がいい」

私は苦笑いをしたが、高木さんがそんなふうに見守って気遣ってくれることが心から嬉《うれ》しかった。実は、高木さんは、利用し始めてからまもなく、拙著の朗読を録音したCDを市立図書館から借り、何度も繰り返して聴いてくれていた。そして、すまいるほーむでの私の活動に共感し、ずっと応援をしていてくれたのである。

高木さんが亡くなった時期、私は、精神的に追い詰められていた。すまいるほーむが我が家に移転しプライベートな時間が無くなってしまったこと。移転を機に何人かのスタッフが辞め、休みが全くとれなくなったこと。新しい場所で地域の人たちとの関係の作り方を模索していたこと。様々なストレスが重なっていたのだ。そんな状況の中で、頼りにしていた高木さんともはや話をすることができないという現実は、受け入れがたく、より一層辛《つら》さが増した。

コロナ禍の中でも、私の心はたびたび高木さんの姿を探し、語りかけていた。新型コロナウイルスをめぐる政府の政策や沼津のＰＣＲ検査の在り様について高木さんと議論がしたかった。すまいるほーむで感染対策のために利用制限を行うことになったが、本当によかったのかと高木さんの意見を聞きたかった。

「高木さんだったら、どう考える？」

「私はどうしたらいい？」

何度問いかけても答えは返ってこない。

もし高木さんが生きていたら――どうしようもない思いと共に孤独感に苛《さいな》まれた。そんなふうに高木さんの死を乗り越えられないまま、みんなで「すまいるほーむのご先祖様」を迎えて想いを馳せる季節がまためぐってきたのだった。

令和二年の七夕祭りと灯籠流しは、いつもと様相が違っていた。新型コロナウイルスの影響で、沼津市が早々に中止を決めたからだ。例年は、狩野川灯籠流しの運営を担当する沼津市の社会福祉課で事前に灯籠を購入し、七夕祭りでその灯籠に亡くなった方の名前を書いてもらって、灯籠流しをしていた。それが中止となり、さあどうするか。

利用者さんたちと話し合いをする中で、スタッフのまっちゃんが発言してくれた。

「灯籠流しはできないけど、灯籠に亡くなった方の名前やすまいるほーむのご先祖様の名前を書いて供養することは、今年もやりたいと私は思うよ」

嬉しかった。八年間を生活相談員として共に支えてくれたまっちゃんも、死者と向き合い、死者を想う、この行事を大切に思ってくれている。それはどんなに心強いことか。拙著を読んで、令和元年七月からすまいるほーむで働き始めてくれた亀ちゃんも、賛同してくれた。そして二人は、今年は灯籠を手作りして、灯籠流しの代わりに、七月盆の明けにすまいるほーむの駐車場で焼いて送ったらどうか、と提案してくれたのだった。

六月中旬から、七夕祭りに間に合うように、レクリエーションや昼休みの時間を使って、利用者さん一人一人に灯籠を作ってもらった。そうしてできあがった灯籠は、折り紙を切り抜いた草花や家紋などの模様を貼り付けた半紙を角柱状に折り、その四つ角に割り箸《ばし》で脚を付けたものだ。半紙を飾る色とりどりの模様が美しく、ろうそくに火を点《つ》けて灯籠をかぶせると、模様の影が黒く浮かび上がってさらに趣が増す。

七夕祭りでは、思い思いに彩られた灯籠に亡くなった方の名前を書いてもらい、部屋の明かりを消して、灯籠に火を灯《とも》した。「すまいるほーむのご先祖様」たちの名前も灯籠に記し、いつもと同じように、賑やかに思い出を語り合った。

高木さんの名前を記し、思い出を語る番になった時、玄関アプローチに朝顔のアーチを作ってくれた六さんが、高木さんへの思いをぽつりぽつりと語り始めた。

「ひな祭りの時に高木さんはちらし寿司《ずし》をおいしい、おいしいって言って、お代りして食べていたんだ。それが私が高木さんに会った最後だった。……高木さんが居たから、私はここに来ようと思ったんだ。それなのに、すぐに居なくなってしまって……」

その声はくやしさと寂しさと哀しさで震えているようだった。

六さんは高木さんとは一ヵ月余りの付き合いしかなかったが、視力を失っても悲観することなく、何事にも主体的に関わろうとする共通点があったからか、お互い意気投合して、よく政治談議をしていた。高木さんが亡くなった時の六さんの哀しみはとりわけ深く、お別れ会の時にも、遺影に向かってこう語りかけていた。

「高木さん、もう会えないけれど、肉親のように、今でも傍に感じているよ」

ぼんやりとした灯籠の灯《あか》りの中で六さんの震える声を聞きながら、私は思った。簡単に乗り越えられない死があってもいいんじゃないか。私も六さんもそれぞれが哀しみを抱えながら、これからも時折心の中で高木さんを探し、語りかけ続けるだろう。そうやって死者を想い続けることは辛いことだが、死者とつながり生きていく、一つの形なのではないか。

七月十六日の夕暮れ、私とスタッフ、母、そして六さんとで、送り火を焚《た》き、灯籠を燃やして静かに送った。利用者さんたちやスタッフの亡くなった身内や、「すまいるほーむのご先祖様」たちの灯籠が次々と炎に包まれ、煙となって空へと舞い上がっていった。六さんは「またな」と言って高木さんの灯籠にも火を点けた。

高木さん、私はこれからもあなたを探し続けるよ。それでいいよね。

第三章
# たくさんのつながりがあるということ

それは一年ほど前の、令和元年八月のお盆のことだった。

家族がお墓参りに連れて行こうと、みよさんのマンションを訪れたところ、みよさんが家に居らず、携帯電話にも出ないため、娘さんが警察に捜索願いを出した。結局、みよさんは自宅から十キロ以上離れている近隣の市まで歩いて行っていた。そして路上で転倒して、病院に救急搬送されたことで、娘さんに連絡が入り、所在がわかったのだった。

転倒した時に頭を打っていたが、ＭＲＩの結果は脳に異常は見られないとのこと。ただし今後、硬膜下血腫《けっしゅ》ができるおそれもあるので、しばらくは注意深く観察してほしいという医師からの指示を受け、その日のうちに自宅に戻ってきた。

娘さんから電話で報告を受けていた私は、翌日の利用日、いつもより早めにお迎えに行った。インターフォンを押すと、みよさんは普段通りに準備をして待っていてくれたが、見ると、右目の上が打撲により青紫色に腫《は》れ、頬や腕にも擦り傷が残っていて、その姿は痛々しい。「みよさん、大丈夫？　痛くない？」と尋ねると、みよさんは「転んじゃったみたいなんだよ。全くしょうがないよ」と苦笑しながらも、しっかりと歩いて送迎車に乗り込んだ。思ったより元気であったことに少し安心して、車を発車させた。

みよさんはアルツハイマー型認知症という診断を受けていて、記憶が残りにくいという症状がある。たとえば利用日の朝には毎回のように、「今からそっちにバスで行こうと思うけど、どのバスに乗っていいかわからなくて……」と電話がある。「大丈夫だよ。今から、私がお迎えに行くから。二十分くらいかかるから、家の中で待ってて」と答えると、「えっ、迎えに来てくれるの？　悪いね。じゃ、待ってるね」と嬉《うれ》しそうに電話を切る。それが二人の朝の挨拶《あいさつ》のようになっているし、その五分後にまた電話があって、同じやりとりをすることもある。

だから、もしかしたら前日の出来事について覚えてないかもしれないと思い、あえて私からは触れないでいた。けれど、交差点の赤信号で車が停車した時に、みよさんは、ふとこう独り言《ご》ちたのだ。

「私、昨日、どこに行こうとしていたのかな。何か用事があったと思うんだけど。でも、あれが『徘徊《はいかい》』ってことなんだね……」

みよさんの声はいつになく弱々しく哀し気だった。私は本人が「徘徊」という言葉を使ったことにギクリとし、「え？　『徘徊』？」と思わず聞き返してしまった。すると、みよさんは、またこうつぶやいた。

「昨日、娘にさんざん言われたよ。お母さんのしていることは『徘徊』なんだよって。私ももうおしまいだね」

みよさんが前日の出来事のどこまでを記憶しているかはわからない。でも、どこかに行こうとしたこと、たどり着けずに混乱したこと、転んで病院に運ばれたこと、そしてそれが「徘徊」であると言われたことは、一晩経っても、体と心に残る痛みとともに、消えることなく深く刻まれていたのだった。私は何だか泣きたくなった。みよさんをどう励ましていいかわからず、ただ、必死にとりとめのないことを言うことしかできなかった。

「おしまいなんかじゃないよ。みよさんは、どこか行きたいところがあったんだよね。そこに行こうとしただけじゃん。頑張って十キロも歩いたじゃん。すごいよ、みよさん。十キロもなかなか歩けないよ」

「そんなことないよ。若い時から歩くのは別に苦にならないからね。足だけは強いんだよ。もうばあさんだけど」

みよさんは力なく笑っていた。

娘さんから「徘徊だ」と言われたことのショックと絶望が消えたわけではないだろうが、すまいるほーむに着いてからのみよさんは、「徘徊」という言葉を使うこともなく、昨日外で迷ってしまったことも一切触れなかった。他の利用者さんに傷のことを心配されるたびに、「別に大したことないけど、転んだのかな」と首をかしげながら笑い、いつもと変わらず、縫物をしたり、みんなとおしゃべりをしたりして過ごして帰っていった。以来、みよさんの口から「徘徊」という言葉を聞くことはなかった。

書籍や新聞、テレビ、講演等を通して、認知症当事者の方たちの声が社会へと届けられる機会が近年増えてきている。そうした中で、「徘徊」という言葉についても、いくつかのメディアや自治体では、使わないようにしたり、「ひとり歩き」等の別な表現に置き換えたりする動きもある。「何もわからずにうろうろしていたわけではない」「私たちなりの理由や目的があって外に出かけているのだ」という認知症当事者の方たちの声を受けての変化である（朝日新聞デジタル二〇一八年三月二十四日付記事『徘徊』使いません　当事者の声踏まえ、見直しの動き」より）。

確かに「徘徊」という表現は、認知症＝何もわからない人、という誤ったイメージを助長しているように思うし、何よりも当事者の方たちの尊厳が傷つけられているとしたら、使うべきではない。娘さんに「徘徊だ」と言われたことで絶望的な気持ちになってしまったみよさんを見ていても、表現の重要性は本当によくわかる。

認知症についての内部研修を重ねながら、すまいるほーむでも、「徘徊」という言葉は使わないようにしている。けれど「ひとり歩き」では、本人や家族の困った状況は伝わらないように思えるし、かといって適切な表現もなかなか見つからない。そのため申し送りや記録などでは、別の言葉に置き換えるのではなく、状況を具体的に説明するようにしている。

ただ、みよさんの娘さんが、「お母さんのしていることは『徘徊』なんだよ」と思わず言ってしまった気持ちも、わからなくはなかった。

みよさんがすまいるほーむを利用するようになったのは、平成三十一年の四月中旬からだ。その数ヵ月前から一人で外に出かけ、長距離を歩いた末に道に迷い、警察に保護されたり、転倒して救急搬送されたりすることを繰り返していた。そのような状況を心配し、隣接市に住む娘さんは毎日みよさんの様子を見にマンションを訪れていたが、なかなか状況は改善されない。そこで、みよさんを連れて脳神経外科を受診すると、アルツハイマー型認知症と診断され、その際に「徘徊は治らない」と言われたという。娘さんは絶望しながらも、何とか状況が改善されないか、一人暮らしのみよさんが今まで通り自宅マンションで生活を続けていくにはどうしたらいいのかと、地域包括支援センターへと相談し、要介護1の認定を受ける。そして担当となったケアマネジャーがすまいるほーむの利用を薦めてくれたのだった。

でも、すまいるほーむを利用し始めてからも、遠くまで一人で出歩き迷ってしまうことは続いた。その年も五月中旬と下旬、夜間に警察に保護されている。そしてこの八月が三回目。いずれも本人が持っていた携帯電話の履歴や電話帳から連絡先がわかり、夜中に警察から娘さんへ連絡が入ったのだった。

昼間は仕事をしている娘さんが、夜中に警察からの連絡で起こされ、保護された母親を迎えに行き、マンションで朝まで付き添い、再び仕事に行く。どんなに大変なことだろう。しかも、またいつ母親が外出して迷ってしまうか、怪我をしてしまうかわからない。不安と緊張を抱える毎日も相当なストレスに違いなかった。

娘さんからは時々すまいるほーむに電話があり、これからを不安に思う気持ちや母親にどう接していいのか迷っていること等を率直に話してくれる。長い時には三十分近い電話になることもある。お話を聞き、こちらの考えを伝え、そしてまた娘さんの思いを聞く、ということだけで何も解決策を提示できるわけではないのだが、話すことで少しでも娘さんのストレスが軽減されればいいという思いがある。それに、何よりも、私たちも共にみよさんを見守り、みよさんや娘さんの力になりたいと思っていることが伝わればいい。だから娘さんには、いつでも遠慮せずに電話をしてほしいと伝えていた。

この時も娘さんから電話があり、状況を詳細に報告してくれた上で、こう言っていた。

「私もイライラしてしまって、家に帰ってきてから、母に『お母さんのしていることは「徘徊」なんだよ』って言っちゃったんです。そしたら母が黙っちゃって……。しばらく落ち着いていたと思ったんですけどね。やっぱりだめなのかな。『徘徊は治らない』ってお医者さんにも言われていますから」

娘さんも、「徘徊」と言ってしまったことを後悔していた。五月の下旬以降二ヵ月半も何事もなく、母親が落ち着きを取り戻したことに安心していたのではないかと思う。そこへ再び警察からの電話で動揺し、「徘徊は治らない」という主治医の言葉が頭を過《よ》ぎり、将来を嘆いて思わず「徘徊」という言葉で責めてしまったのかもしれない。

娘さんに「徘徊」と言われたみよさんの絶望と、母親を「徘徊」と言ってしまった娘さんの落胆と後悔。どちらもよくわかって心がヒリヒリした。二人ともどうしようもない状況にあった。「お母さんのしていることは『徘徊』なんだよ」と言ってしまった娘さんを責めることも、それを正すこともできなかった。

「徘徊は治らない」という主治医の言葉に異論はあったが、娘さんが主治医を信頼していることは知っていた。だから私はただ、娘さんにこう伝えた。

「それにしても、携帯電話を持っててよかったですよね」

唐突な言葉に、受話器の向こうで、娘さんは一瞬戸惑った様子だった。こんな時に何を能天気なことを言っているんだと困惑していたかもしれない。私は続けた。

「だって、今回も携帯電話を持っていたから、警察から娘さんに連絡がきたじゃないですか。携帯電話を持ってでかける習慣が身についていてよかったですよ。それに、みよさんは、何か困ったことがあれば自分で携帯電話で電話をかけられるし。私、本当にすごいと思うんですよね」

みよさんは、息子さんが買ってくれたという、首にかける長い紐《ひも》のついた携帯電話をショルダーバッグのファスナーがついた外ポケットに入れて持ち歩いていた。すまいるほーむに来る時にも持ってきていて、時には充電器も持参し、充電していることもある。

みよさんはかつて保険の外交や箱根《はこね》のホテルの洗い場の仕事をした経験があった。すまいるほーむを利用し始める半年くらい前までは静岡県東部地区にあるリゾートホテルの洗い場で働いていた。職場の仲間や友達とよく旅行にも出かけていたという。カラオケのあるスナックに友達と飲みに出かけることも多かったとも聞いたことがある。いつから携帯電話を使うようになったのか尋ねても、「いつだったかな。昔から持っていたと思うけど」と明確な答えは返ってこないけれど、とにかく外出する機会の多かったみよさんにとって、認知症になる以前から、携帯電話は欠かせないアイテムだったことは想像できる。その携帯電話を認知症と診断された今も使い続けている。しかも、自分で着信履歴を見てかけ直すこともできる。八十五歳という年齢から言っても、それはすごいことだと私は心から感心するのである。

それに、単なる習慣化ということだけでなく、もしかしたら、みよさん自身が、自分がまた出かけて迷ってしまった時の命綱として、どこかで意識して携帯電話を持ち歩いているのかもしれない、とも思った。

たとえば、若年性アルツハイマー型認知症とともに生きる丹野《たんの》智文《ともふみ》さんは、以前から勤務していた職場で働き続けているが、記憶が残りにくいという障害への工夫として、仕事のやり方を細かく記したノートと、計画と行動記録を書いたノートの二冊を持っていて、常にそれを確認しながら仕事をしているという。また、通勤で降りる駅を間違えてパニックになることがあるため、定期入れには若年性アルツハイマーであることや、どの駅で降りるのかを記したカードをはさんでいるという（丹野智文著『丹野智文　笑顔で生きる』文藝春秋）。その他、若年性認知症の方たちが発信していることを読んでいると、それぞれが自分の障害と共に生きるための工夫をしていて、それによって安心した生活を送ろうとしていることがわかる。だから、携帯電話を持ち歩くみよさんも、言葉には明確には出さないけれど、自分なりの工夫をしているのかもしれない――。

そんなことを思いつくままに話していると、「みよさんはすごいです」という私の言葉に最初は当惑していた娘さんも、少し納得したようで、先ほどまでとは違った明るい声でこう言った。

「なるほど、そういうふうに考えていいんですね。確かに、母が、携帯電話を持ち歩く人でよかったです。いつも携帯電話を持っていてくれたら、またどこに歩いて行っても、見つけることができますもんね」

　そして、「今後ともよろしくお願いします」と言って、娘さんは電話を切った。少し安心してくれたようで、私はほっと胸をなでおろした。

　よくよく考えれば、これからも外へ出る時に携帯電話を忘れないで持ち歩き続ける確証はないし、もっと先には携帯電話を使えなくなる日が来ることは想像できる。そうしたら、遠くに歩いて行って迷ってしまったみよさんが見つからないかもしれない。先を考えれば不安なことばかりが思い浮かぶ。けれど、娘さんは、とりあえず、携帯電話を持ち歩き、電話をかけることのできるみよさんの今をよしとしてくれた。それでいいんじゃないかと思えた。携帯電話が使えなくなったら、またその時に、みよさんも含めて、みんなで一緒に新たな工夫を考えればいい。そんなふうに考えるのは楽観的すぎるだろうか。


　私には苦い経験があった。認知症の親を介護している家族が、症状が進んでいくことを憂えて、本人の同意も本人への説明もなしに、突如施設への入所を決めてしまうというケースが何度かあったのである。いずれも私たち現場のスタッフから見たら、まだまだ住み慣れた自宅での暮らしが続けられるだろうと思える方ばかりだったから、とてもショックを受けた。

でも、後から話を聞いてみると、家族は私たちが想像していた以上に追い詰められていたことがわかる。お嫁さんに宝石を盗まれたという被害妄想があったり、詐欺にあったと警察へ駆け込むことがたびたびあったり、家族を強い口調で責め立てたり。信頼している主治医に相談するたびに薬が増え、それでも症状は悪化したりして（症状の悪化は薬の副作用とも考えられるのだが）、本人と家族の置かれた状況はあっという間に深刻化していく。そして、主治医から施設への入所を促されれば、家族がそれ以外の選択肢はないと思ってしまうのは当然かもしれない（ちなみに、認知症の方の「暴言」とか「暴力」とか言われる行動の背景や、認知症の方の服薬の功罪等について考える手がかりとして、認知症専門医の木之下徹《きのしたとおる》さんの『認知症の人が「さっきも言ったでしょ」と言われて怒る理由』（講談社＋α新書）をお薦めしたい。本人にも家族にも、希望が持てる良書である）。

施設への入所が悪いと言っているのではない。けれど、本人が置き去りにされたまま、家族が半ば騙《だま》すようにして本人を施設へ入所させてしまうというのは、本人にとっても、そしてそうせざるを得なかった家族にとっても、とても不幸であるように思うのだ。

私たちはこれまで、利用者さん本人がいかに心地よく、そして安心して過ごせる場をすまいるほーむに作っていくか、ということに注力してきた。本人がここでたくさんのつながりを結び、生きる希望を持つことができれば、自宅での暮らしに安心感や平穏を取り戻すきっかけになるのではないかと思ってきたからだ。けれど、当たり前だが、デイサービスで私たちがかかわれるのは生活のほんの一部にすぎない。それ以外は自宅で過ごし、家族とのかかわりや暮らしがある。家族には私たちとのかかわり以前からの長い歴史があり、それぞれの事情がある。私たちは自分たちができることが限定的であると自覚しながら、仕事をするよりほかはない。

　でも、できれば、家族が孤立し、追い詰められて早急な決断を出す前に、一息ついてから、本人と向き合い、考えを共にめぐらせることができるように、わずかでも力になれればとも思う。たとえば、みよさんの娘さんに対してのように、不安な気持ちの聞き役になってもいい。何か前向きになれるような情報を提供したり、そう考えてもいいんだと力を緩められるような、ちょっとした発想の転換を促すことができたりすれば行き詰まった家族も、そして本人も、少しは楽になるのではないか。私たちでなくてもいい。家族会に参加したり、信頼できる医師やケアマネジャーに相談したっていい。とにかく、家族だけで抱え込まずに、いくつもつながりを頼ってほしいと思う。私たちもその一助を担えたら嬉しい。

　今や私自身の年齢が介護する側のお子さんたちの年代とほぼ変わらなかったり、むしろ少し上になったりしているケースもあり、電話に限らずメールやＬＩＮＥで気軽に連絡をくれたり、相談してくれたりすることも増えた。こちらも自宅での様子を聞いたり、すまいるほーむでの様子を伝えたり、あるいはお願い事をしたり、頻繁に連絡をとるようにしている。スタンプや絵文字で互いを気遣う気持ちの交換がゆるくできるのも、メールやＬＩＮＥのいいところだ。

　私たちと家族とのつながりが少しずつ結ばれてきている。それは決して、利用者さん本人をないがしろにしようというのではない。利用者さんとスタッフとのつながり、利用者さん同士のつながり、スタッフ同士のつながり、利用者さんと家族とのつながり、そして、家族とスタッフとのつながりが、さまざまな方向に向かって交差したり、重なり合っているのだ。

すまいるほーむにかかわる人たちに、それぞれ複数のつながりがあり、そのつながりの束がこの場所にあればあるほど、利用者さんも、家族も、スタッフたちも生きやすくなる。だから、できるだけ多様なつながりが結ばれるように場を開いていきたい。そう私が思うようになったのは、小児科医で、自らも脳性麻痺《まひ》の障害を持っている熊谷晋一郎《くまがやしんいちろう》さんが、さまざまな場面で繰り返し強調されている「自立とは、依存先を増やすこと」という言葉に影響されたことが大きいように思う。熊谷さんは言う。

「一般的に『自立』の反対語は『依存』だと勘違いされていますが、人間は物であったり人であったり、さまざまなものに依存しないと生きていけないんですよ。（中略）健常者は何にも頼らずに自立していて、障害者はいろいろなものに頼らないと生きていけない人だと勘違いされている。けれども真実は逆で、健常者はさまざまなものに依存できていて、障害者は限られたものにしか依存できていない」（『ＴＯＫＹＯ人権』第五六号・インタビュー「自立は、依存先を増やすこと　希望は、絶望を分かち合うこと」）

つまり、障害者とは、「依存先が限られてしまっている人たち」のことだという。だから、障害者が自立を目指すためには、親以外の依存先を社会に増やさないといけない。とはいえそれは、障害者本人の自助努力でできるわけではなく、社会が依存先の選択肢をたくさん提供していくことが必要だ、というのである（Mugendai 2018.8.02インタビュー「『自立』とは、社会の中に『依存』先を増やすこと――逆説から生まれた『当事者研究』が導くダイバーシティーの未来」）。

「自立とは、依存先を増やすこと」というこの熊谷さんの主張にまず救われたのは私自身だった。結婚もせず、親と同居して、八十歳を過ぎた母親に家事を任せっきりで仕事と原稿執筆と講演活動に明け暮れている。そうした「自立できない自分」「依存している自分」に常に後ろめたさと申し訳なさと劣等感を抱いてきた。一方で、辛《つら》い時でも誰にも助けを求めることができず、倒れる寸前まで心身ともに自分を追い詰めて、結局母親に心配をかけるという事態をこれまで何度も繰り返してきていた。

けれど、熊谷さんのこの言葉に出会ってから、「依存している自分」を肯定してもいいのかもしれない、と思えるようになった。そして、実は私には、依存できる先がたくさんあるのではないかと気づいたのだ。

そのころから少しずつ、辛い時には弱音を吐いて、上司やスタッフ、それに利用者さんにも助けを求められるようになった。職場以外でも、丁寧な説明で安心感を与えてくれる主治医の存在や、定期的に通っている鍼灸《しんきゅう》師の存在、いつも寄り添ってくれる愛犬マロンの存在、そして毎日何度も繰り返し聴いている米津《よねづ》玄師《けんし》さんのアルバム。すべてが私にとっては依存先だと思えるようになると、とても気持ちが楽になった。熊谷さんの言葉に出会い、私はやっと「大丈夫、私は生きていける」と思えるようになったのである。

だから、熊谷さんのいう依存先を「つながり」と考えれば、すまいるほーむにもたくさんの多様なつながりがあった方がいい。そして、できれば、利用者さんにも、家族にも、スタッフたちにも、すまいるほーむの外に複数の頼れるつながりができてほしい。

そういう視点で見てみると、みよさんも、実はたくさんの依存先とつながりを持っているように思える。他の利用者さんやスタッフとのつながりは一つ一つ、みよさんの心を支える依存先だと言えるし、携帯電話もみよさんを外の世界へとつなげ、道に迷ったりして困った時には命を救う依存先だ。携帯電話を通して、みよさんは昼夜問わず、娘さん、息子さん、かつての職場の同僚たち、もちろん私ともつながれる。私の部屋にはすまいるほーむの電話の子機が置いてあり、私の携帯からかけた着信履歴がみよさんの携帯に残っているから、みよさんからの電話はだいたいとることができる。娘さんは「迷惑をかけてすみません」と謝るが、明け方にかかってくる電話であっても、「ああ、みよさんが頼りにしてくれているんだ」と思えて少し嬉しかったりする。確かに眠いけれど。

そして、みよさんには、自宅にいる時に、時々、亡くなったご主人や寝たきりで会えなくなったお姉さんの姿が見えている。認知症の症状の一つである幻視だと思われる。でも、みよさんはそれを怖がったりはしておらず、「姉さんがまた来て一緒にご飯を食べた」等と親しみをもって語ってくれる。だから、そうした幻視のご主人やお姉さんも、マンションに一人で暮らすみよさんの寂しさに寄り添ってくれる、きっと大切な依存先なのだ。

みよさんは、たくさんの依存先を頼りに逞《たくま》しく生きている。やっぱり、すごいよ、みよさん。

さて、明日の朝も、みよさんから電話がかかってくるかな。「今日行く日だっけ？　どうやって行けばいいかな」というみよさんのさわやかな声が聴けることを楽しみにして、今夜も眠りたい。

第四章
# 聞き書きの行方

この年の七月下旬のある日、久しぶりに聞き書きをした。コロナ禍の緊張と不安の日々は続いていたが、そういう状況にみんなも慣れてきたこともあって、すまいるほーむに平穏な日常が戻りつつあり、私自身も心と時間に少しだけゆとりができたのだった。そこで、午後のレクリエーションの時間を使って、以前から気になっていた六さんの仕事について聞き書きをすることにした。

調理の仕事をしていたという六さんと話をしていると、沼津の老舗《しにせ》レストランで働いていたかと思えば、ある時は、東京のデパートで食材の仕入れの仕事をしていたというし、また洋上でコックをしていて、世界中を旅していたという話にもなる。いったいいくつの仕事にどの順番で就いていたのか、聞いているこちらは混乱してしまう。これは一度、時系列的に聞いて整理してみないとだめだな、と思っていたのである。

「六さんはいろいろな仕事をしていたみたいですが、あまりに多くて、私、よくわからなくなってきたので、今日は、六さんがどんな仕事をしてきたのか、年表を作ってみたいと思っています。六さん、一番初めにした仕事は何ですか」

「うちの農業の仕事を手伝いながら、土建業もやったりしたよ」

「それは何歳くらいの時？」

「学校を出てから二十歳までだね。農閑期には映画の俳優もやったよ。御殿場《ごてんば》で、東宝の『最後の脱走』っていう映画の撮影があって。谷口千吉《たにぐちせんきち》が監督で、鶴田浩二《つるたこうじ》と原節子《はらせつこ》が主役の映画で、終戦後に満州《まんしゅう》で中国の八路軍《はちろ》に追われる話なの。私はエキストラで参加したんだけど、原節子の子供役にされたんだよ」

「え、六さん、映画に出たの？　しかも、原節子の子供役で？　すごいね、どうだった、原節子は？　きれいだった？」

「原節子に手を握られたよ。まあきれいだったね」

調理人の仕事の話を聞こうと思ったら、最初から驚きの展開。映画に、しかも原節子の子供役で出演していただなんて、初耳だ。聞き書きはこうした予期せぬ展開があるから面白い。

『最後の脱走』に出たのをきっかけに、俳優になろうと思ったそうだが、父親に大反対されて断念したという。その後、二十代で三島《みしま》にある総合病院で給食を調理する仕事に就き、入って一年で院内感染による赤痢に罹《かか》り、一ヵ月隔離された。そのことで院長と喧嘩《けんか》になり、病院を辞め、沼津の老舗レストランの調理師になった。そこで出会った洋食の料理部長がかつて宮内庁の調理人として働いていた経歴のある人で、調理の技術だけでなく、身なりや礼儀、教養まで厳しく指導され、その人の下で働いたことで調理人として成長できた、と六さんは言う。

三十歳を過ぎた頃に、人事に反発して老舗レストランを辞め、東名《とうめい》高速道路のドライブインのレストランの調理人に転職。チーフを任され、人集めに奔走したそうだ。

「このあたりのチンピラ小僧を集めてきて使ったんだよ。血の気が多くて、すぐに喧嘩するから、その仲裁も大変だった。でも、そういう人は、まじめになるとちゃんと仕事をするようになるんだ。厳しく叱ったし、自分の奢《おご》りで何度も飲みに連れて行って、励ましたり、悩み相談にのったりした。飴《あめ》と鞭《むち》だね。みんなよく頑張って、他の職場でチーフになった人も多いよ」

面倒見がよくて、いつも周囲に気遣いをしてくれる六さんらしいエピソードだ。こうした人材育成方法も、六さんを老舗レストランで指導した元宮内庁調理人の影響だったらしい。そのうえ六さんは自己研鑽《けんさん》にも熱心だった。料理の研究のために、銀座《ぎんざ》のフランス料理店のマキシム・ド・パリ等、高級レストランの食べ歩きをしたという。

「銀座のマキシムにも何回も行ったよ。ものになりそうな若い子を連れて行ったこともある。もちろん、全部私がお金を払ってさ。人並のことをしていたら、人の上には立てないよ。自分はそれ以上に勉強しないといけない。料理の工程はすべてフランス語を使うから、フランス語も独学で勉強したさ」

お金も時間も努力も惜しまず、洋食の調理の仕事と勉強に打ち込み、後輩の指導にもあたってきた六さんだが、ドライブインのレストランは二年くらいで辞めたという。どうして辞めたのかはここでは聞けなかったが、一つの職場に執着しない、六さんのこの潔さが私には心地よく感じられた。そして貿易船のコック長となって洋上へ。そこでタイムアウト。三時のおやつの時間になり、残念ながら聞き書きはストップせざるを得なかった。

約五十分の間に聞いた十代半ばから三十代半ばまでの二十年の出来事についての語りは、予想以上に紆余《うよ》曲折があり、聞いている私もまるで六さんと一緒にジェットコースターに乗っているかのように上下左右に揺られ、ドキドキしながら猛スピードで過ぎていった。農業、土建業、俳優、そして、病院、老舗レストラン、ドライブインレストランの調理人、貿易船のコック長と、すでに七つの仕事を渡り歩いた六さんが、それから六十代までの約三十年間、いったいどれだけの職場で働いてきたのか。私の好奇心はますます刺激され、胸は高鳴った。


久々の聞き書き体験は刺激的で、私はとても興奮した。思いもよらないような経験をしてきた利用者さんたちの人生語りを聞くのはやっぱり面白い、と率直に感動していた。

けれど終わってみると、これまでの聞き書きと何かが違う、という残念な思いも少なからず残った。いったい何が違うのか。それは今回の聞き書きが、六さんと私との一対一のやりとりに終始していたように思えたことだった。確かに、テーブルを囲んで座っていた他の利用者さんたちも、私の六さんへの聞き書きを聞いていた。でも、そこにみんなが積極的に参加している、という感じではなかったのだ。すまいるほーむでここ数年行ってきた聞き書きの定番は、みんなで一人の利用者さんへの聞き書きをして、その方の思い出をみんなで共有する、という形だった。同じようにみんなが集まるデイルームで六さんへの聞き書きをしたのにもかかわらず、今回はどうして聞き書きがみんなに開かれていかなかったのだろう。

私がすまいるほーむで働き始めたのは平成二十四年の十月。『驚きの介護民俗学』を読んだ三国社長が「是非、すまいるほーむでも聞き書きを通して、利用者さんたちと一人の人間として向き合う場を作ってほしい」と誘ってくれたのがきっかけだった。ところが実際は思いのほか難しかった。介護職として送迎から排泄《はいせつ》、入浴、食事介助等、現場のあらゆる仕事に携わりながら、管理者、生活相談員としての業務や事務処理をこなしていくことで精一杯で、利用者さんにゆっくりと聞き書きをする時間をとることはできなかったのだ。それに、それまでの大規模の施設と違って、聞き書きのために私が別室に籠《こも》れるような人員的余裕もない。

そこで苦肉の策として始めたのが、みんなが集うデイルームで、一人の利用者さんに聞き書きをするということだった。とりあえず、昼食後のみんながまったりと寛《くつろ》いでいる時間に、利用者さんの横に座り、聞き書きを始めてみた。すると、テーブルをはさんで前に座っていた利用者さんが興味をもってくれて、相槌《あいづち》をうったり、質問をしたりと、聞き書きの中に参加してくれるようになったのである。同世代の利用者さんが加わることで語り手も饒舌《じょうぜつ》になる。聞き書きは少しずつ盛り上がり、さらに他の利用者さんも加わったり、スタッフも間に入ってフォローしてくれたりするようになった。聞き書きはいつの間にか、私と対象の利用者さんとの一対一の形から、デイルームにいるみんなを巻き込んだ開かれた形に展開していったのだった。

そんな中で新たに始めたのが、みんなで聞き書きをして「すまいるかるた」を作る、という試みだった。すまいるほーむが開所十五周年となる平成二十七年の秋、記念に何か作ろうという提案を利用者さんたちにしたところ、かつて切ない恋バナを披露してくれた利用者のゑみ子さん（詳しいエピソードは『介護民俗学という希望』にて）が、「かるたがいい！」と提案してくれたのである。

それまでも、みんなで聞き書きをして利用者さんの思い出の味の再現をしたり、聞き書きしたエピソードをマスに書いて並べて人生すごろくを作って遊んだりしていた。けれど「すまいるかるた」作りが今までと違う展開を見せたのは、聞き書きをみんなで行い、さらにその場でみんなで協力してかるたの読み札を作ってしまう、つまり聞き書きからその作品化までのプロセスをすべて共有するということだった。

「すまいるかるた」作りは、午後二時から三時までのレクリエーションの時間を使って行うようになった。デイルームのテーブルを囲んで座っている利用者さんと共に、スタッフもその間に腰掛けて全員参加する。聞き書きのやりとりについていくのが難しい耳の遠い利用者さんには磁気ボードに要旨を書いて伝えたり、認知症の症状が進んで、その場の状況把握が難しい利用者さんの横では実況中継したりするなど、スタッフがフォローをしてくれながら、みんなで参加する雰囲気が作られていった。

たとえば、沼津の片浜《かたはま》海岸のすぐそばで生まれ育った静枝《しずえ》さんのかるたの制作過程は、こんな感じ。

「静枝さんは、この間、片浜海岸でよく魚が獲《と》れたと言ってたよね」

「獲れましたよ。大きな魚に追われてね、はっちゃがるの」

「はっちゃがる？」

「はっちゃがるの。岸にね、波と一緒にさーっと上がってくるの。イワシとかアジとか」

「獲れたんだね」

「そう。そうするとね、浜にいる衆が呼ぶの。浜で『おーい、おーい。魚が獲れるからバケツ持ってこい』って」

静枝さんは、向かいに座っているとよさんに向かって、大きく身振り手振りを加えながら、魚が浜に「はっちゃがる」様子を語ってくれる。新潟生まれで、そんな海の暮らしについては知らないとよさんは、頭にたくさんのクエスチョンを浮かべながら、目をまん丸にして聞いている。さらに他の利用者さんやスタッフも加わって、聞き書きは進んでいった。

「獲れたイワシはどうやって食べるの？」

「生で開いてさ、すり身にしてもさ。煮てもさ。目刺しにしてもさ。食べるだけ食べたよ。だけどいっぱいだから食べきれないじゃ。だから、田んぼに刺すの」

「田んぼに刺すの？　なんで？」

「肥やしになるじゃない」

「えー、すごい！」

「稲を植えてあるでしょ、その根元に刺すの。そうすると肥やしになるの」

「そのまま？　生で？　干したものを？　硬いの？」

「硬くなきゃ刺せない」

「そりゃそうだ（笑）」

食べるためにイワシを獲りに行ったのだと思ったら、実は田んぼに刺して肥料にしていたとは。この予想外の展開に、みんな驚きの声を上げる。もちろん、私も大興奮。北海道で大量に獲れたニシンから油を搾ってニシン粕《かす》にし、それが各地で肥料として高値で売れたことは知っていたが、イワシを丸のまま干して田んぼに刺すなどというのは初めて聞く話だった。

そんな熱気の中で、耳が遠いため、スタッフが磁気ボードに文字を書き要旨を伝えていたゑみ子さんも聞き書きの中に入ってきたが、その質問はその場の空気とは時間差があり、「静枝さんは、兄弟は何人いるの？」というものだった。その質問で、みんなが盛り上がっていたイワシを田んぼに刺す話題は中断されてしまったが、それを咎《とが》めたり、嫌がったりする人はおらず、静枝さんもゑみ子さんに向かって指で「七（人）」を示し、にっこりと笑った。

すまいるほーむでの聞き書きには、何の決まりもない。みんなが聞きたいことを質問し、語り手は答えたいように答える。人を攻撃したり、侮辱したり、傷つけたりしなければ、それでいいと私は思っているし、みんなもそれをよしとしてくれている。だから行きつ戻りつするし、急に別な話題へとポーンと飛んでしまうこともある。でもその自由さがあるから面白いし、予期せぬ方向へ展開した先に、今まで聞いたことのない宝石のような記憶が語られたりすることも多いのだ。

そうやって聞き書きを楽しんでいると、レクリエーションの一時間のうちの四十分くらいはあっという間に過ぎてしまう。そこでいったん聞き書きを終え、残りの二十分くらいをかけて、今度はみんなで読み札づくりに取りかかる。

「いろいろ聞いてどれもすごく面白かったんだけど、やっぱり今回はイワシのことをかるたにしたいな、いい？」

「うん、うん」

「えー、大きな魚に追われ……」

「追われたイワシがはっちゃがり」

「大きな魚に追われたイワシがはっちゃがり、バケツを持って海に飛んでった静枝さん」

（笑）

「面白いね。何だか目に浮かぶようだね」

「それを、カワラ（海岸のこと）に干して」

「乾いたら田んぼの肥やしにする」

「田んぼに刺すんだよね」

「刺す手間のない家は、粉にして撒《ま》く」

「ああ、その方が簡単だよね」

「簡単だけどね、頭から刺した方が効くだよね」

「刺した方が効き目がいいんだ。面白いね。それも入れよう」

私が考えた言葉をつぶやくと、そこに語り手である静枝さんや、他の利用者さん、スタッフたちが、あれやこれやと言葉を連ねてくれる。そんな共同作業によって静枝さんの読み札は出来上がっていった。

「は——大きな魚に追われたイワシがはっちゃがり、バケツを持って海に飛んでった静枝さん。カワラに干して、乾燥させたイワシを田んぼに刺す。粉にするよりよく効くだ」

最後に、これでいいか？　と静枝さんに尋ねると、静枝さんは、「うん、その通り」と頷《うなず》いてくれた。みんなからは拍手がわいた。


コロナ禍になる前まで、こんなふうに開かれた聞き書きによる「すまいるかるた」作りを何度も重ね、利用者さんとスタッフ全員のかるたを作ってきた。思い出が一枚では収まりきらず、何枚も読み札を作った人もいるし、最初に作った時から随分と時間が経った後に、新たに思い出が語られることもあり、それをまたかるたにする、ということもあった。新しく利用者さんやスタッフが入ってきたら、少し慣れてきたあたりでかるたを作る。みんなが新しい仲間のことを知り、互いの距離を縮めていくきっかけになっていった。

取材や見学のお客さん、地域の方が遊びに来た時には、利用者さんとスタッフの紹介として、一人一人の読み札を読むことも多かった。逆にお客さんに聞き書きをして、かるたをプレゼントしたこともある。何をしているのか、何のために取材に来たのか、なぜ今の仕事に就いたのか、と鋭い質問をする人もいれば、結婚しているのか、相手とはどうやって知り合ったのかなど、プライベートなことを質問する人もいて、対象となったお客さんたちは多少なりとも緊張した様子だった。取材や見学で一方的に見られる対象だった利用者さんやスタッフが、かるた作りをすることで、お客さんを見る側となる。その関係性の逆転は少なからずみんなの心を解放したようで、来客を楽しむようにもなっていった。

仲間が亡くなった時には、お別れ会の中でその人の思い出やその人への思いを語り合い、かるたにまとめて来た。たとえば、第2章で登場した高木さんのお別れ会では、こんなかるたができあがった。

「わ――ゲームに負けると本気で悔しがり、勝つと大喜びする、わたがしが好きな少年のような人だった。そして、いろんなことを教えてくれて、聞く耳も持っている人だった。もっとたくさん話を聞きたかった。議論がしたかった。高木さん、もう会えないけれど、肉親のように、今でも傍に感じているよ」

そうやって様々な場面で作られたかるたの読み札は、改めて数えてみると一一八枚――元気にすまいるほーむで活動する人のかるたもあれば、亡くなった人や去っていった人のものもある。一期一会のお客さんもたくさん。一枚一枚、一人一人の思い出と、その思い出をみんなで聞いた時の空気が凝縮されている。それが重なった一一八枚のかるたの厚みは、まさに地層のようにすまいるほーむという場に流れ、積もっていった時間の厚みでもあるのだ。もし、他のデイサービスと異なる雰囲気、そこに居ることの心地よさのようなものが、このすまいるほーむにあるとしたら、たぶん一一八枚の厚さまで、この聞き書きの時間が積み重ねられてきたことによるものが大きいのではないかと思う。開かれた聞き書きとかるた作りを重ね、互いの歩んできた道やその思いを共有してきたことによって、いくつもの人と人とのつながりを結ぶ場が育《はぐく》まれてきた。ここで結ばれたつながりが、すまいるほーむに集う人たちにとっての一つの希望や力となってきたのではないだろうか。

だから、この開かれた聞き書きによる「すまいるかるた」をその先も作り続けるだろうと、私は漫然と考えていた。

それにこの「すまいるかるた」作りは特定のスタッフに大きな負担がかかることもなく、訓練も知識も技術も不要、誰でもすぐに始められる。各地で講演させて頂く時には、後半に必ず「すまいるかるた」を作るワークショップを行わせてもらった。参加者の多くは「面白かった」「現場に帰ってすぐにできそうな気がする」という前向きな感想を寄せてくれたのだった。

それまで拙著を読んだり講演を聴いてくださった方から、「聞き書きは意味のある活動だが、自分の働く現場は忙しすぎてできない」「知識や経験のある六車さんにはできるかもしれないが、自分たちにはハードルが高すぎる」という意見をもらうこともあった。どう答えたらいいのかずっと迷ってきたのだが、「すまいるかるた」が一つの明確な答えになるように思えた。誰でも簡単に始められて、しかも現場を変えていく力のある聞き書きの形。試行錯誤を続けてきた聞き書きの「完成型」だという自負もあった。

にもかかわらず――。開かれた聞き書きが、できなくなった。

六さんへの聞き書きは、仕事遍歴を整理するための年表作りが目的で、「すまいるかるた」を作ろうとしたわけではない。でも、あの時もしかるたを作ろうとしても、作ることができただろうか。以前のようにみんなが身を乗り出して語り手の話を聞き、質問とそれに対する応答が飛び交っていた熱気が、その時にはほとんど感じられなかった。利用者さんもスタッフもテーブルを囲んで座り、形としては開かれていたし、六さんの人生語りもとても興味深いものだった。なのになぜ、聞き書きの場の空気を共有することができなかったのだろう。

考えられる要因の一つは、マスクである。聞き手である私も、語り手である六さんも、周りで聞いていた利用者さんたちもスタッフもみんなマスクをつけていた。当然表情はわかりにくく、相手に感情がなかなか伝わらない。声も籠って聞こえにくいし、常にマスクをつけている状態の息苦しさや不快感を多少なりとも感じている。みんなの心も開放的にはなりきれないのかもしれない。

もう一つ大きいのが、アクリルボードの存在だ。コロナの脅威をいよいよ身近に感じ始めたその年の四月の中旬、飛沫《ひまつ》感染を防ぐために、ホームセンターで大きなアクリルボードを六枚購入し、デイルームのテーブルの中央に設置していた。利用者さんたちは特に嫌がることもなく「いいアイディアだね」と許容してくれたのだが、実際には少なからず変化があったのだ。

たとえばいつも周りを気遣ってくれる美砂保《みさほ》さんは、アクリルボード越しのテンさんやハコさんの様子を見て、「お元気ですか?」「素敵なマスクをしていますね」と声をかけてくれる。テンさんやハコさんはそれでなくても耳が遠いから、美砂保さんの声は全く届かず、「え?」「何言っているんだかわからない」と首をかしげる。美砂保さんは、また頑張って声を大きくして、身振り手振りを加えて話しかける。それでも二人には美砂保さんの言葉は届かない。見かねたスタッフが二人の傍に行って、耳元で、美砂保さんの言葉を伝える、といった具合なのである。耳が遠くなくても、声を出す方も、その声を受ける方も、お互いに相当頑張らないと言葉が届きにくい。そんな状態なので、以前ほど、みんなの会話ははずまなくなっていた。

それに加え、以前はよく見られた微笑ましい光景も見られなくなった。テーブルの中央には共有のティッシュペーパーや花瓶を置いているのだが、以前は誰かがティッシュペーパーに手を伸ばそうとしたら、向かいに座っている利用者さんがそっと手を伸ばして箱を押してあげたりしていたし、向かいの人同士が「きれいだね」と花を愛《め》でて、花瓶を交互に手に取って香りを嗅《か》いだりしていた。こうしたさりげない触れ合いや香りの共有は、アクリルボードの設置によって失われてしまったのである。

すまいるほーむの日常を変えたマスクとアクリルボードが、聞き書きの場の共有にも大きな壁となっているのではないだろうか。

そこで思い出すのが、精神科医の斎藤環《さいとうたまき》さんが、二〇二〇年四月二十日に公開した「コロナ・ピューリタニズムの懸念」というnoteの記事である。斎藤さんは、新型コロナウイルスの感染拡大が続く中で獲得されていった禁欲主義を、「コロナ・ピューリタニズム（CP）」と名付ける。そして、CPによって、「他者に触れてはならない」という他人の身体との接触を禁止する、まったく新しい倫理観がもたらされたという。なぜなら、ハグやキスを含む日常的な挨拶《あいさつ》や対話は、感染リスクのある「体液の交換」であることが判明したためであり、だから、「体液の交換」を伴う一切の接触が禁止されたのだ、と。

「つまり、ここに至って『親密さ』は、体液の交換として再定義されたのだ。もちろん、他人と〝知り合う〟ことはいささかも禁止されていない。ネット上で知り合いたければ、それはいくらでもどうぞ。しかし親密な関係性は築かれないだろう。親密な関係は、その人に身体的に寄り添い、声を交換することなくしては構築が難しいからだ。そして、寄り添いも対話も、そのままエアロゾルという体液の交換にほかならないのだ」

親密な関係を築く寄り添いも対話も「体液の交換」である、という。「体液の交換」というこの一見過激な言葉に、私は深く得心がいった。私たちが現場で行ってきた利用者さんたちとのかかわりも、開かれた聞き書きも、このキーワードで考え直すことができるかもしれない。

斎藤さんは、フィンランドの精神科医療において始まった「オープンダイアローグ」という対話主義の治療方法にいち早く注目して、日本に紹介し、その実践を行っている。「オープンダイアローグ」、すなわち「開かれた対話」を、患者本人と家族、医師や看護師等の専門職とが平等な立場で何度も繰り返すことによって、関係性が修復され、精神疾患の症状は改善されていく、という。

対等な立場で、話題を限定せずに何でも語り合える雰囲気で対話を進めることや、何度でも対話を繰り返すことによって関係性が変化していくこと等の特徴は、すまいるほーむで重ねてきた開かれた聞き書きと類似点が多く見られる。勉強不足で、オープンダイアローグと聞き書きとを関連付けて説明することはまだできないが、私はオープンダイアローグを知ってから、勝手にシンパシーを感じている。

そのオープンダイアローグの実践者であり、人間関係の構築や修復における対話の重要性を指摘してきた斎藤さんが、対話は「体液の交換」によって成り立っている、という。おそらく、「体液の交換」とは、コロナ禍がなかったら意識されなかった自明の構成要素だったのではないだろうか。

すまいるほーむでの聞き書きで言えば、私はこれまで、言葉のやりとりと、身振り手振りや表情などの身体表現には注目してきた。けれど斎藤さんのいう、対話とはすなわち「体液の交換」によって成り立っているということを参考にすれば、聞き書きも、触覚、嗅覚《きゅうかく》、味覚も含めた全身の感覚を使って体液を交換し合うことだったと言えはしないだろうか。とりわけ、みんなでその場を共有して、一人の語りに耳を傾ける開かれた聞き書きは、それぞれが感覚をフル活用したところで初めて成り立っていたのだと思う。

ところがマスクとアクリルボードによって、そんな全身の感覚を使ったやりとりが阻害されてしまった。コロナの脅威の中で、開かれた聞き書きによる「すまいるかるた」作りは、もうできないのだろうか。できないとすれば、みんなが希望や力を得てきたつながりは、この場でどうやって結んでいったらいいのだろう。

向かうべき方向性を見失って私はオロオロするばかりだったが、そんな中でスタッフたちは、面白そうなことを自ら見つけて始めていた。

亀ちゃんとまっちゃんが、コピーの裏紙を切って作ったメモ用紙に、時々何かを書き込んではクリアファイルに入れていた。見せてもらうと、利用者さんたちが発した言葉や、利用者さん同士の会話が記録されていた。

たとえば、大正十二年生まれのハコさんが立ち上がる時にいつも口にする掛け声である「よいとどっこい、きたこらさ」。誰かがクシュンとくしゃみをした時にタケコさんがよくつぶやく「一褒められ、二憎まれ、三惚《ほ》れられて、四風邪をひく」。六さんによるオムレツの上手な作り方の教えの「ダンスを踊るように、体全体を動かすんだよ」。あゆみさんとみよさんのおじゃみ（お手玉のこと）をめぐる会話――あゆみさんが「お茶の実を入れたから、『お茶の目』からおじゃみになった」と言ったのに対し、みよさんは「うちでは海の浜で石を拾ってきて入れたよ」。

なんともバラエティ豊かだ。利用者さんの普段の会話から、面白いとか、すごいと思った言葉をとにかくメモして集めている。聞けば、こうやって集めた言葉を一日一言ずつ書いて日めくりカレンダーを作ろうかと思っているとのこと。利用者さんの人となりや、その人に対するスタッフの愛情も感じられて、素敵な日めくりカレンダーになるに違いない。三六五枚集まるまでにはもう、ここにいない人もいるかもしれないけれど、毎日一枚ずつめくって言葉に出会うことで、その仲間に思いを馳《は》せるきっかけになるだろう。

九月になると、今度は亀ちゃんが中心となって、「すまいる劇団」による劇「白雪姫」のシナリオをみんなでワイワイと考えていた。「すまいる劇団」は利用者さんたちもスタッフも全員が参加する劇団で、毎年一回、敬老会に向けて起《た》ち上げられる。前年からは高校で演劇部に所属していたという亀ちゃんに台本制作を任せており、前回の演目は「かぐや姫」。地域の老人会の方たちを招待して披露した。この年はコロナの影響で老人会との交流はできないため、十月に文化祭と称して、内輪で披露しようと考えていた。

亀ちゃんがまず「白雪姫」のシナリオの下案を作ってきてくれた。そこには、白雪姫役のハコさんが「よいとどっこい、きたこらさ」と言って息を吹き返すとか、「さすらいの料理人」の六さんが船に乗って片浜海岸に登場して、りんごをおいしく調理するとか、過去の聞き書きやメモの言葉がふんだんに盛り込まれている。亀ちゃんは耳の遠いハコさんの隣に座って、このシナリオを大きな声で読み上げて、みんなに意見を聞いていた。マスクとアクリルボードがあるけれど、亀ちゃんの大きな声はよく通り、みんな頷いたり、笑ったりしながら聞いている。

すると、総監督となった六さんが駄目だしを入れる。

「白雪姫が倒れて、王子様が登場するまでに、白雪姫を介護する人が出てきた方がいいんじゃない？」

「介護する人？　七人の小人が心配するんじゃ駄目なの？」

「小人じゃなくて、介護する人。白雪姫を寝かせたり、背中をさすったりする人さ」

「そうか、誰がいいかな」

「優しいから美砂保さんがいいんじゃないの」

「私でいいの？　じゃあ、『大丈夫？』って駆け寄って、手をさすったり、背中をさすったりします」

「美砂保さんが適任だよ。じゃあ、美砂保さんは看護師さんとして登場することにしよう」

お互いのことをよく知っている仲間だからこそ、この役はこうだからこの人がいい、とみんなから意見が出され、決まっていく。決まった配役から、その人の経験や思い出に合わせて、シナリオも修正されていく。何だかみんな楽しそうだ。聞いている私もワクワクしてくる。さらにシナリオの書き直しをして、みんなで議論を何度か繰り返し、小道具作りとセリフ合わせが進められていく。

コロナ禍での聞き書きの行方や、すまいるほーむのこの先の在り方を案じて、私が呆然《ぼうぜん》と立ち尽くしている間に、これまで耕されてきたすまいるほーむの土壌に新しい芽がいくつも生えていた。それらの芽がどんなふうに成長するか、どんな意味を持つかはわからない。マスクとアクリルボードの壁に打ち勝てるかはもちろんわからない。

けれど一つだけ言えるのは、みんなが面白いと思えることを、とにかくやり続けていくしかない、ということだ。そうすることできっと次の何かが見えてくる。そもそも聞き書きも最初から何か意味を見出《みいだ》して始めたわけではなく、好奇心に駆り立てられて進めてきたのだ。それを信じて自分も楽しみたい。形にこだわらず、面白いという気持ちに任せて、聞き書きもまたしていこう。やがてきっと新しいすまいるほーむが生まれていく。

# 第五章
# すまいる劇団「富士の白雪姫」

さて、ここでいったんブレイクタイム。前章で触れたすまいる劇団の演目「白雪姫」が実際にどんなお芝居になったのかを紹介したい。

すまいる劇団は、利用者さんたちもスタッフも全員が参加する劇団だ。毎年一回敬老会に向けて起《た》ち上げられ、昨年は地域の老人会の方たちを招待して披露した。しかしこの年は、コロナの影響で老人会との交流ができなくなったので、十月に文化祭と称して、内輪で披露しようということになったのである。

利用者さんたちと一緒に、今年は何のお芝居をしようかと話し合ったところ、「白雪姫」がいいんじゃないか、ということになり、スタッフの亀ちゃんがシナリオを作ってくることになった。亀ちゃんは、白雪姫役は、すまいるほーむ一番のご長寿・九十七歳のハコさんがいいと考え、日頃のハコさんの言動や好きな歌を取り入れて、ハコさんが主役を演じることを前提とした、「富士《ふじ》の白雪姫」と題したシナリオの下案を書いてきて、九月中旬にみんなの前で披露してくれた。

昔々、歌が上手なかわいい女の子がいた。富士の高嶺《たかね》の白雪のように輝いていたので、白雪姫と呼ばれていた。白雪姫は優しくて人気者。それに嫉妬《しっと》した継母《ままはは》が、白雪姫を駿河《するが》湾に臨む千本浜《せんぼんはま》（※）に捨ててしまう。それでも、白雪姫は小人たちと「浜千鳥《はまちどり》」の童謡を歌って楽しく過ごしていたが、それにまた嫉妬した継母が変装して千本浜までやってきて、白雪姫に毒リンゴを食べさせてしまう。そこに通りがかった王子様が、気を失った白雪姫を見つけ、助けようとする。今はソーシャルディスタンスの関係でキスはできないから、王子様が小人たちと一緒に元気になる歌を歌ってくれると、白雪姫は「よいとどっこい、きたこらさ」と息を吹き返し、元気になる。

※千本浜は、狩野川河口から富士市の田子《たご》の浦《うら》にかけて続く駿河湾の海岸である。浜沿いには、戦国時代に増誉《ぞうよ》上人《しょうにん》が住民を塩害から守るために、五年の歳月をかけて手植えしたと伝えられる千本松原が広がる。千本浜から常緑の松原越しに望む富士山《ふじさん》は美しく、沼津市を代表する景勝地である。

「白雪姫」の物語の構成は変わらない程度にすまいる風にアレンジされたシナリオだった。

だが、亀ちゃんは、シナリオを読み終わった後で、継母はこれでいいのかと迷っていると言い出した。継母は意地悪な上に、白雪姫に毒リンゴを食べさせてしまう悪役だから、利用者さんの誰がこの役をやってくれるのか、そもそも利用者さんにこんな役を引き受けてもらっていいのかどうか、と不安になってしまったという。

すると、総監督を引き受けてくれた六さんが「継母はタケコさんがいいよ」と言った。その場に一瞬、緊張感が走った。指名されたタケコさんは、まだピンと来ていない様子。六さんはこう続けた。「継母は、優しすぎちゃだめ。だから、しっかりしたタケコさんがいいの」と。確かにタケコさんは、日頃からスタッフの言葉遣い等に厳しく、いつもがつんと言ってくれるから、そういう意味ではぴったりだと言える。タケコさんもようやく状況が呑《の》み込めたようで、「私？」と自分の胸を指さし、こう続けた。「継母は嫌！　本当のお母さんがいい」。そこで、継母ではなく、母親役となった。

私からは「意地悪じゃなくて、愛情はあるけど、厳しいお母さんでいいんじゃない。お母さんが厳しいので、白雪姫は千本浜に逃げて行ってしまった、とすれば」という意見を出してみた。タケコさんも、六さんも納得。でも問題が残る。毒リンゴをどうするか？

そこにスタッフのまっちゃんが、タケコさんに尋ねた。「タケコさんは、娘さんを育てる時に厳しく育てたって言ってたけど、食べ物に好き嫌いがあったらどうした？」タケコさんは、「好き嫌いは許さなかったよ」と即座に答えた。

「じゃあ、毒リンゴじゃなくて、白雪姫がリンゴが嫌いだった、っていうのはどうかな」

「生で食べたら気絶しちゃったんだけど、六さんがおいしく調理して、これを食べてごらん、って言って食べさせたら元気になったとか」

「さすらいの料理人六さんが通りかかって、リンゴを調理するんだ」

「六さん、何に調理する？」

「う〜ん、焼きリンゴかな」

「芯《しん》をくりぬいて、グラニュー糖を入れて、ブランデーを垂らして香りづけしてから、オーブンで焼く。ローリエがあったらもっといいね」

「おいしそう！」

「でも、そうしたら王子がいらなくなっちゃうね」

「そうしたら、六さんが王子になればいい。コック帽をかぶった王子様」

「王子？　嫌だなあ。料理人でいいよ」

「継母役モンダイ」という亀ちゃんの悩みの告白から、解決のための話し合いで物語にアレンジが加えられ、継母も毒リンゴも王子様も無くなってしまった。

　さらに、白雪姫を介抱する看護師さんが出てきた方がいいとか、千本浜だからウーさんは小人じゃなくて、昔塩を作っていたから浜で塩作りをしている人役でいいんじゃないかとか、様々な意見が出されていき、とうとう小人も登場しなくなった。

　こうしてアレンジにアレンジが重ねられていったのである。

　利用者さんやスタッフの言いたい放題の意見を反映しながら、亀ちゃんは何度もシナリオを作り直した。登場人物の設定やセリフに、それぞれの利用者さんから聞き書きした内容や、普段よく使う言葉や好きなこと、しぐさ等を存分に盛り込んでいき、「白雪姫」の原型をほぼ留《とど》めない、全くのオリジナルの「富士の白雪姫」のシナリオを完成させた。

　登場人物役を担う利用者さんや、お芝居に関わったスタッフや他の利用者さんたちについて、ここに紹介しておきたい。なお、名前の後の括弧《かっこ》内には、配役や役割を記した。

○ハコさん（白雪姫役）
すまいるほーむ一番のご長寿九十七歳の元気な利用者さん。千本浜の近くに生まれ育った。長年詩吟をたしなまれ、師範の資格も持ち、お願いすると私たちにも教えてくれる。詩吟をされていただけあって、みんなで歌を歌う時には、腹式呼吸でお腹から声を出して大きな声で歌ってくれる。好きな歌は、「浜千鳥」。昭和二十四年に作られた「沼津夜曲」もよく覚えていて、時々口ずさんでくれる。口癖は、立ち上がったり歩いたりする時の掛け声「よいとどっこい、きたこらさ」。

○タケコさん（白雪姫のお母さん役）
戦後生まれの利用者さん。二人のお子さんを厳しく育てられ、絶対に学校を休ませなかったという。私たちスタッフの言動にも厳しく、発音や言葉遣いが気になると、びしっと指摘してくれる。でも心根は優しく、面倒見がいい。

○きよしさん（物知りのご長寿きよしさん役）
男性利用者さんの中での一番のご長寿九十五歳。昨年、夫婦合わせて一八五歳ということで、地元自治会から表彰を受けた。長年自分で工場を営んでこられた経営者だったためか、すまいるほーむの朝の挨拶《あいさつ》の時に、「今日もいろいろあると思いますが、よろしくお願いします」とみんなにあたたかなエールを送ってくれる。最近は居眠りをしていることが多いが、こちらが問いかけると、「何バカなことを言っているんだ」と言いながらも口調は優しい。口笛を吹いてマロンを可愛がってくれる。

○ウーさん（千本浜で塩作りをしているウーさん役）

物静かだが、カラオケの大好きな男性利用者さん。小学生の時に東京から沼津に疎開してきて、千本浜の近くに住んでいた。板金の仕事をしていた父親の手伝いをする一方、終戦直後には千本浜から潮水を汲《く》んできて塩を作り、売り歩いて家計を支えていた。当時、千本浜で塩作りをした先駆けは、ウーさん一家だったらしい。

○スズさん（千本浜で浜木拾いをしているスズさん役）

大正生まれの女性の利用者さん。愛鷹山《あしたかやま》の麓《ふもと》の地域から、千本浜の近くの農家に嫁に来て驚くことばかりだったと、当時の話をよく聞かせてくれる。特に、煮炊きに使う燃し木にするために、台風の後に、浜木（浜に打ち上げられた流木）を浜辺に拾いに行くのに朝早くから起こされたことは、辛《つら》かったそうだ。

○美砂保さん（看護師の美砂保さん役）

芸術をこよなく愛する女性の利用者さん。すまいるほーむに来る前は、ステンドグラスの作品をたくさん作っていた。他の利用者さんやスタッフをいつも気遣ってくれる優しい心の持ち主。敬虔《けいけん》なクリスチャンであり、誰かが病気になったり、辛いことがあったりすると、幸せが訪れますようにと祈ってくれる。

○六さん（さすらいの料理人六さんの役、総監督）

二十代から調理師として、沼津の老舗《しにせ》レストランやドライブインのレストランで働き、その後、貿易船に乗って、洋上でコック長をした経験もある。船に乗っていた時には、各地に寄港するとよくディスコで踊っていたとのことで、演歌よりも、アバなどのダンスミュージックが好き。すまいるほーむでは、行事等の企画や運営時に様々な意見を積極的に言ってくれる頼れるご意見番である。

○テンさん（リンゴ売りの少女テンさん役）

歌の大好きな元気な女性利用者さん。ＣＤやカラオケで曲がかかると、初めて聞いた曲でも、メロディを口ずさむことができるという得意技の持ち主。一人娘を育てるために、呑兵衛《のんべえ》のご主人に代わって、朝から晩まで働いたという。特に、うどん屋で働いていた時には、一番値段の高い「天釜《てんかま》うどん」をお客さんに薦めて注文を取るのがうまく、ボーナスをたくさんもらった、とよく話を聞かせてくれる。

○うみさん（庭にあるローリエを提供するうみさん役）

すまいるほーむの利用を始めたばかりの女性の利用者さん。自宅の庭には、大きな月桂樹《げっけいじゅ》（ローリエ）があり、送迎の時に、何枚か葉っぱをもぎって、「料理に使いな」とスタッフにくれる。当日はお休みをされたので、マロンが代役を務める。

○亀ちゃん（ナレーション、シナリオライター、黒子）

すまいるほーむの若手介護スタッフ。高校の時に演劇部だったということで、入社直後から、すまいる劇団のシナリオ作りを任せられている。シナリオの打ち合わせや劇の練習をするたびに、利用者さんたちやスタッフから次々と「こうした方がいい」と意見が出されるので、そのたびに何度も根気強くシナリオを書き直してくれた。

○まっちゃん（黒子）

すまいるほーむの生活相談員。管理者の私が大雑把な分、環境整備や利用者さんの体調や関係性など細かいところによく気がついて対応してくれる。私は「すまいるほーむのお母さん」と呼んで頼りにしている。この時も耳の遠い利用者さんや認知症の利用者さんのフォローを丁寧にしてくれた。

○みよさん（小道具作り）

手先が器用で働き者の利用者さん。コロナ禍ではみんなのマスクを何枚も縫ってくれている。本劇では端切れでかわいいパッチワークのリンゴを十個も手際よく作ってくれた。

○カイさん（小道具作り）

すまいるほーむの介護スタッフ。デザインの仕事をしていた経験を存分に活《い》かし、デイルームの素敵な飾りをデザインし、作ってくれる。段ボールを使った作品作りに凝っており、今回の劇では、さすらいの料理人六さんが乗ってくる船を段ボールで作成。細部の模様まで本格的な出来栄え。

さて、こんなバラエティに富んだ人々によって作られた「富士の白雪姫」。いったいどんなお芝居になったのだろうか。

十月二十日文化祭当日、午後二時、観客として招待した、私の母と厨房《ちゅうぼう》スタッフで母の俳句仲間であるフミさんがすまいるほーむに来てくれた。観客二人はディルームに隣接する和室に座ってもらい、舞台に見立てたディルームには、登場人物全員が観客に向かって半円を描いて並んで着席。

それでは、始まり始まり――。

六さんが立ち上がり、拍子木をかんかんかんと打つ

六さん「始まり～始まり～。只今《ただいま》から、すまいる劇団『富士の白雪姫』始まります」

オープニングソング「沼津夜曲」をみんなで歌う

♪上りの下りのあの汽車とめて　沼津いとしや薄化粧

眉《まゆ》もほのぼの　お頭富士に

そっとかざした　そっとかざした　雲の笠《かさ》　雲の笠

ナレーション「昔々あるところに、とてもかわいくて歌が上手な女の子がいました。富士の高嶺の白雪のようにキラキラと輝いていたので、白雪姫と呼ばれていました」

全員「白雪姫～！」

白雪姫役のハコさん「は～い！」（ハコさん、とてもかわいらしく返事をしてくれた）

ナレーション「優しい白雪姫はみんなの人気者でした。そんな白雪姫のお母さんは、背の高い

きれいな人で、厳しいけれどたくさんの愛情をもっていました」
お母さん役のタケコさん「白雪姫～！」
白雪姫役のハコさん「は～い、お母さま」
お母さん役のタケコさん「今日のおやつはリンゴですよ」
白雪姫役のハコさん「リンゴ？　好きじゃないなあ」
お母さん役のタケコさん「そんな、わがまま言ったらいけません！」
（「いけません！」とびしっと言うタケコさんに観客から「上手《うま》い！」の声）
白雪姫役のハコさん「おいしくないよ～」
お母さん役のタケコさん「好き嫌いはいけません。リンゴを食べるまで外に出てなさい！」
白雪姫役のハコさん「え～ん、え～ん」
ナレーション「白雪姫は、泣きながら、千本浜まで走っていってしまいました」
　ハコさんは顔に手をあてて泣いている
　ハコさんの車いすを黒子（亀ちゃん）が押して、舞台をぐるっと回る
（観客から拍手が起こる）
ナレーション「淋《さび》しいので、白雪姫は『浜千鳥』を歌いました」
　みんなで「浜千鳥」を歌う
♪青い月夜の浜辺には　親を探して鳴く鳥が
　波の国から生まれ出る　濡《ぬ》れた翼の銀の色

スズさんが浜木を拾っている
(浜木は亀ちゃんが千本浜から拾ってきて用意してくれた本物)
白雪姫役のハコさん「スズさん、何してるの?」
スズさん「浜木を拾ってるだよ」
白雪姫役のハコさん「ああ、なるほど」
スズさん「白雪姫は何をしているの?」
白雪姫役のハコさん「リンゴを食べるまで帰れないの」
スズさん「そうかね」
(大正生まれ同士のやりとりは、あっさりしていている。それがまた面白い)
ウーさんが、バケツで潮水を汲んでいる動作をする
白雪姫役のハコさん「ウーさん、何をしているの?」
ウーさん「塩を作っているだよ」
ウーさん「白雪姫、何しているの?」
白雪姫役のハコさん「リンゴを食べるまで帰れないの」
ウーさん「歌を歌ってごらん。歌えば食べられるようになるよ」
(最近目が見えにくくなってきたウーさん、黒子の持つカンペに十センチまで顔を近づけて、一語一語、一生懸命セリフを読んでくれた)
みんなで「リンゴの唄《うた》」を歌う

お母さん役のタケコさん「白雪姫はどこまで行っちゃったのかしら？」
お母さん役のタケコさん「物知りご長寿のきよしさんに聞いてみましょう」
（きよしさん、居眠りをしてしまっている。みんなで「きよしさ～ん、きよしさ～ん」と呼びかけると、きよしさん、目を覚まし、顔をあげた）
お母さん役のタケコさん「白雪姫はどこへ行っちゃいましたか？」
きよしさん「……」
（黒子のまっちゃんが、「きよしさん、『千本浜へ行ったよ』って言ってみて」ときよしさんの耳元でささやく）
きよしさん「せ～ん～ぼ～ん～」
（きよしさん、小さな声だが、歌舞伎のセリフ回しのように言ってくれる。観客から、「きよしさん、すごい！」と拍手が起こる）
お母さん役のタケコさん「あらそう」
（きよしさんのセリフと、対するタケコさんのあっさりした返事とのギャップに、観客から笑いが起こる）
お母さん役のタケコさん「千本浜まで探しに行きましょう」
　黒子（亀ちゃん）がタケコさんの手を取って、舞台を歩き回る
お母さん役のタケコさん「白雪姫～、白雪姫～、どこかな？」
白雪姫役のハコさん「白雪姫～！」

黒子（まっちゃん）「ハコさんが白雪姫だよ！」
白雪姫役のハコさん「そうだった。ははは（笑）」
（ハコさんも思わず、大きな声で「白雪姫～！」と叫んでしまい、みんなで大笑い）
白雪姫役のハコさん「は～い、お母さま」
黒子（亀ちゃん）「白雪姫がいました。見つかりましたよ」
お母さん役のタケコさん「リンゴをうさぎさんにしたから食べてごらん」
　タケコさん、うさぎの形に切ったリンゴをハコさんに手渡す
白雪姫役のハコさん「あ～りがとさん！」
（ハコさんの元気な返事に観客から大笑い）
白雪姫役のハコさん「うさぎさんは好きだけど……」
全員「白雪姫、がんばって！」
白雪姫役のハコさん「えい！　パクリ。まず～い。ぱたり」
　ハコさん、ぱたりと倒れる動作をする
お母さん役のタケコさん「まあ大変。そうだ、看護師の美砂保さんに助けてもらいましょう」
全員「美砂保さ～ん！」
美砂保さん「どうしたの？」
スズさん「白雪姫が倒れてしまったの」
ウーさん「リンゴを食べて死んで……」

（観客から「まだ死んでないよ！（笑）」の声があがり、黒子の亀ちゃんが「死んだように倒れちゃったんですよね」とフォローする）

お母さん役のタケコさん「どうか助けてください」

美砂保さん「よしよし」

美砂保さん、ハコさんの肩を優しく撫《な》でたり、背中を撫でたりする

美砂保さん「きっと本当においしいリンゴを食べさせれば、白雪姫は元気になります」

全員「あらそうなんだ。おいしいリンゴって？」

お母さん役のタケコさん「誰か詳しい人はいないかしら？」

美砂保さん「こんな時、あの人が来てくれればいいんだけど……」

アバの「ダンシング・クイーン」が流れる

船に乗った六さんが登場

（船は小道具・カイさんの手作りで、六さんの腰の上にはまるように作られている）

六さん「どうしたのみなさん？」

美砂保さん「さすらいの料理人、六さん！」

お母さん役のタケコさん「どうかおいしいリンゴの食べ方を教えてください」

ウーさん「塩でよければここにあるよ」

六さん「でもリンゴがないね」

リンゴ売りの少女テンさん登場

黒子（まっちゃん）がテンさんの車いすを押して、六さんへと近づく
（テンさんは、小道具・みよさんが縫ってくれたパッチワークのリンゴが十個入った籠《かご》を抱えている）
テンさん「リンゴ、リンゴ～。リンゴはいかがですか～。おいしいリンゴですよ」
六さん「何があるの？　種類は」
テンさん「ふじとね、なんだっけっか？」
（黒子のまっちゃんが「つがる」と小声で教える）
テンさん「つがる！　ふじとつがるがあります」
六さん「じゃあ、つがるちょうだい」
テンさん「あ？」
（耳が遠くなったテンさんには聞こえなかった様子に、観客から笑いが起こる。黒子のまっちゃんは「つがるだって」と小声で教える）
テンさん「いくつあげます？」
六さん「十個だよ。十個でいくら？」
テンさん「いくらだっけ？」
（黒子の亀ちゃんが「二千円って言っておきな」とテンさんにささやく）
テンさん「千円！」
（黒子の亀ちゃん、「千円じゃ安いよ」と小声で）

テンさん「二千円ちょうだい」
六さん「二千円じゃ高いよ」
テンさん「一個百五十円だから……千五百円でいかがでしょう」
六さん「まだ高い！」
テンさん「生活かかってますからね」
（練習でも出なかった思わぬ言葉に全員から大笑いが起こる）
テンさん「おまけしますよ。しょうがないからね。千二百円にしてあげます」
六さん「それで手を打とう」
テンさん「毎度ありがとう！」
（テンさんと六さんとのやりとりはほとんどアドリブだったが、二人とも仕事柄きっとそれぞれがこんなやりとりをしてきたんだろうと思わせる程上手だった）
　テンさん、六さんにリンゴが入った籠を渡す
テンさん「おいしいリンゴばっかりですよ」
六さん「じゃあ、焼きリンゴを作ろうかな」
六さん「ちょっとスパイスが足りないな。ローリエあるかな？」
黒子（亀ちゃん）「うみさんが、今日お休みなので、マロンがローリエを持ってきてくれますよ」
六さん「マロンちゃ〜ん！」
（マロンがなかなか近寄ってこないので、黒子の亀ちゃんが干鹿肉を見せて誘う）

マロンがローリエを首輪につけて登場
六さん「マロン、ワンは？」
（マロン、干鹿肉につられて、「ワン！」）
全員「マロンちゃん、おりこうさん」
六さん、包丁でリンゴの芯をくりぬいて、焼きリンゴを作る動作をする
六さん「できましたよ」
六さん、お皿に載せた焼きリンゴを差し出す
全員「やったー！」
美砂保さん「白雪姫、さあ食べてごらん。おいしいリンゴですよ」
ハコさん、パクリと一口食べるしぐさをする
白雪姫役のハコさん「よいとどっこい、きたこらさ！」
ハコさん、起き上がって元気になる
全員「白雪姫が元気になった。バンザイ！」
六さん「みんなのもあるよ。どうぞ」
ナレーション「こうして、おいしい焼きリンゴを食べて、みんなとりあえず百歳まで生きられるようになりましたとさ。めでたしめでたし」
エンディングテーマ「パプリカ」をみんなで手拍子を打ちながら歌う
（最後に「パプリカ」を歌って締めようと言ったのは六さん。すまいるほーむでは、二歳の娘

さんを連れて勤務しているスタッフが中心となって、半年前から、レクリエーションの時間に「パプリカ」ダンスをみんなで練習しているので、馴染《なじ》みの曲であり、みんな口ずさむことができる。全員から盛大な拍手が起こり、舞台は幕を閉じた）

アドリブもハプニングも盛沢山の「富士の白雪姫」だったが、演じる利用者さんも黒子のスタッフも、観客の二人も大笑いして本当に楽しそうだった。

お芝居が終わった後、昼休みに六さんに作ってもらった焼きリンゴをみんなで食べた。おいしい焼きリンゴ。みんな百歳まで元気に笑って生きられそう。そんな気がした。

第六章
# 利用者さんが入院する、ということ

すまいる劇団のお芝居「富士の白雪姫」が文化祭で上演されてからほぼ一週間。月曜日の早朝、白雪姫の厳しくも優しいお母さん役を見事に演じたタケコさんのご主人から電話が入った。タケコさんが、土曜日に自宅前の路上で転んで、大腿骨頸部《だいたいこっけいぶ》を骨折し市内の総合病院に入院した、というのだ。

タケコさんはここのところ視力の衰えが著しく、そのためか歩行がおぼつかなく、これまでも何回か自宅で転倒を繰り返していた。けれど六十代後半でまだ若く、今までは顔や腕や手に打撲や擦り傷を負う程度で済んでいた。骨折してしまう、しかも、歩行に重要な大腿骨頸部の骨折とは、予想もしていなかった。電話で入院を知らせてくれたご主人の声も暗く、かなりショックを受けている様子。お芝居ではあんなに上手にお母さん役を演じていたし、数日前まではいつもと変わらずにみんなと共に過ごしていたこともあって、私が、タケコさんが骨折して入院したことを伝えると、利用者さんたちもスタッフも一様に「嘘！」「信じられない」と動揺していた。

脚の付け根にある大腿骨頸部は、高齢者が転倒をした際に骨折しやすい部位の一つである。腕等の骨折の場合はギプスで固定し、自然な接合を促す保存的治療が行われることも多いが、大腿骨頸部骨折は保存的治療が難しく、骨折部を金属等の器具で固定する手術が行われるのが一般的だ。術後は急性期を過ぎると、リハビリテーション専門の病院に転院して、三ヵ月を目途に歩行訓練等のリハビリが行われる。だから手術が成功して、リハビリが順調に進んだとしても、タケコさんが自宅に戻り、すまいるほーむにまた来られるようになるのは、早くても翌年の二月になってしまうと思われた。

ただし高齢者で既に介護を受ける状態にあった方の場合、必ずしもそのように順調には行かない、というのが介護現場で十年間働いてきた私の実感であった。

一般社団法人日本骨折治療学会のホームページの説明には、「受傷前に屋外活動を一人で行うことが可能であった患者さんでも、半年から一年後に元通りに近い歩行能力を獲得できるのは、全体の五〇％程度」に過ぎず、「本人のリハビリテーションに対する努力と、家族の励ましが重要」だと記されている。身体機能や認知機能が衰えた要介護の高齢者であれば、さらに確率は下がるはずだ。すまいるほーむでも、自宅で転倒して大腿骨頸部を骨折した方が何人かいたが、在宅生活に戻り、すまいるほーむの利用を再開できた方はほとんどいないのが現実だった。

まだ比較的年齢の若いタケコさんに内在する力を信じて、すまいるほーむへ戻ってきてくれることを私たちは願うばかりだったが、そう楽観視できないという気持ちも正直あった。

タケコさんはすまいるほーむで過ごす時も、「目が見えないから嫌だ」と言って、午前中にそれぞれの利用者さんが取り組んでいる塗り絵や貼り絵、縫物、編み物、新聞折りといった手作業をしないことが多く、体操や機能訓練の時に体を動かすことにも消極的だったからだ。ここ一年くらいはトイレや浴室まで歩くことさえも億劫《おっくう》がっていた。視力が低下し、見えにくいということも大きく関係しているだろうが、生きることに対しての意欲や、楽しもうという気持ちも低下してきているように思えていた。

タケコさんが希望を持って生きていけるようにしていくにはどうしたらいいのか、何が必要なのか。これまでスタッフで何度も話し合い、試みてきたのだが、その難しさに歯痒《はがゆ》い思いを重ねてきたのである。

術後のタケコさんがやはりそのように意欲や希望を持つことができなかったら、リハビリも思うようには進まないだろう。もし歩行機能が回復せず、車いすを利用することになったら、家の外も中も段差が多く、廊下も狭い自宅に戻ることはできないに違いない。いろいろと想像していくと、タケコさんがすまいるほーむに戻ってくるというのは絶望的なことのように思えた。

何とかタケコさんを励ましたい。いつもならスタッフみんなでお見舞いにいくのだが、再び新型コロナウイルスの感染が拡大していた時期のため、タケコさんが入院中の病院では面会は家族だけに制限されていた。そこで、利用者さんたちやスタッフでタケコさんへのメッセージを色紙に書き、ご主人からタケコさんに渡してもらうことにした。

色紙には、お芝居「富士の白雪姫」の時に撮った笑顔の集合写真を真ん中に貼りつけ、その下に、「タケコさん、みんなで待っているよ！」とピンク色の色鉛筆で大きく書いた。その周りにメッセージを書いてほしいとみんなにお願いし、色紙をまわす。それぞれが快くタケコさんへの思いとあたたかな励ましの言葉を記してくれる。中でも、タケコさんのことが大好きで、隣や真向かいにタケコさんが座ると上機嫌だったテンさんは、脳出血による左上下肢の麻痺《まひ》が強く、視野障害もあって筆記が難しいのだが、「自分で書くよ」と言って右手でペンを固く握り、体を斜めに傾け色紙に顔を近づけて、一文字一文字ゆっくりと丁寧に書いてくれた。

「タケコさんかいないとさみしいよ　はやく元気になてきてね　テン」

誤字も脱字もあるし、字は大きくなったり、小さくなったり、ゆがんだり。でも、渾身《こんしん》の力で記したテンさんのメッセージはきっとタケコさんの心に届くに違いない。

みんなの気持ちが込められた色紙を預かり、帰りの送迎の後にタケコさんの自宅へと届けた。ご主人は病院へお見舞いに行っているのか留守だったので、色紙を入れた紙袋にメモを貼り付け、玄関先に置いてきた。この色紙を読んで、タケコさんが少しでも気持ちが前向きになり、リハビリを頑張ってくれればいいと願うばかりだった。

タケコさんがすまいるほーむに通い始めたのは平成三十年の二月からだ。アルツハイマー型認知症の診断を受けていて、家事もほとんどできなくなっていた。家に閉じ籠《こも》ることが多くなり、このままでは認知症の症状がより進行してしまうのではと心配した娘さんが、すまいるほーむの利用を勧めてくれたのであった。

娘さんからも本人からも長年自宅で和裁の仕事をしていたと聞いていたので、午前中の手作業の時間は、当初は、他の利用者さんにいただいた反物で暖簾《のれん》を縫ってもらったり、巾着《きんちゃく》袋や雑巾を縫ってもらったりした。手つきは速く、丁寧だった。けれど三ヵ月もしないうちに「目が見えにくいからできない」と言って、針仕事に対して意欲も興味もなくしていった。そんなタケコさんに、これだったら楽しく取り組めるのではないかと、ちぎり絵を薦めてくれたのは、若手女性スタッフのモッチーだった。いつも私が気づかない利用者さんの体調や状態の変化、心の動きを、スタッフたちは素早く察知し、私よりもずっと柔軟な思考でいろいろな対応を考え、試みてくれる。モッチーにもいつも助けられている。本当にありがたい。

とはいえ、ちぎり絵の工程は意外と複雑だ。折り紙を何色もちぎる作業、どこに何色の色紙を貼るのかを考える作業、塗り絵の台紙に糊《のり》を塗る作業、そしてちぎった色紙を一片一片貼り付ける作業。縫物よりもよほど作業工程は多く、完成までに時間がかかるものだったが、タケコさんはしばらくは熱心に取り組んだ。そして、作品が完成する度にすまいるほーむの壁に貼ると、他の利用者さんが「上手だね」「きれいだね」とタケコさんに声をかけていた。タケコさんも「そうかなあ」と言いながらも、嬉《うれ》しそうな表情を見せてくれたものだ。

一方で既にその頃から、タケコさんは視力の低下や認知症の進行により、できないことが増えていくことに強い不安を感じているようだった。自分のことを「ボケ老人」と言い、朝の送迎時、車に乗り込んだ途端に「今日も超ボケだけどよろしくね」と口癖のように毎回言った。文字にしてみると、「超ボケ」という言葉を自虐ネタ的にあっけらかんと使っているようにも思えるが、本人は「超ボケ」であることをひどく深刻にとらえていて、「お父さん（ご主人）にはすまいるのみんなに迷惑かけるなよって言われるけど、超ボケだから何が迷惑だかわからないだよ」と涙ぐむことも多かった。同乗していたアルツハイマー型認知症のみよさんが、いつもこう励ましてくれていた。

「大丈夫だよ、私もおんなじだよ。自分でも本当にバカをやっているなってやんなっちゃうよ。でも、こうしてさ、みんなで集まってさ、楽しくやれるのはありがたいじゃん」

「そうなんだけどね……」

不安は拭《ぬぐ》えないものの、「同じだよ」というみよさんの言葉にタケコさんも少し落ち着きを取り戻しているようだった。

他の利用者さんたちもそうだ。タケコさんが「超ボケ」であることの不安を口にすると、それぞれが、特に認知症の利用者さんたちが、「大丈夫」「私も同じだよ」と優しく声をかけてくれた。同じような不安や生き辛《づら》さを抱える利用者さんのこうした言葉は、私たちスタッフのどんな励ましよりも、タケコさんの心をあたたかく包み込んでくれるものだったように思う。

スタッフもそれぞれがタケコさんを励まそうと考え、声をかけていた。タケコさんが「もうボケ老人でしょうがないよ。どうしてこんなになっちゃったんだろう」と言えば、「ボケてなんかいないよ。自分でご飯も食べることができるし、トイレにだって行くことができるじゃん」と返したり。でも、認知症の進行を自覚し絶望している本人が、「ボケてないよ」と言われたことで励まされたかどうかはわからない。

私もどんなふうに声をかけたらいいのかと悩み続けていた。悩んだ末に、こんなことを言ってみたことがある。

「タケコさんは不安なんだよね。気持ちはわかる気がするよ。でもね、ボケたっていいんだよ。ここは、ボケたっていいところなの。安心してボケていいの。何かできないことがあれば、私たちがお手伝いするし、不安なときはいつも一緒にいるよ」

「でもそれじゃあ、情けないし、みんなに迷惑をかけるだけじゃ」

「迷惑かけたっていいじゃん。タケコさんだって、おばあちゃんやお母さんの面倒みたでしょ。今度は私たちの番だよ。それに私だって、みんなに迷惑をかけているよ。お互い様だよ」

「あなたは、本当に優しいね」

認知症になっても、認知症が進行しても、互いに助け合って、安心して共に過ごし続けられる場。すまいるほーむがそんな場所になればいいとずっと思ってきた。タケコさんへとかけた言葉もそんな思いから出たものだ。けれどタケコさんは、「あなたは、本当に優しいね」と言って会話を閉じてしまった。結局、私には、不安と絶望の中にあるタケコさんを安心させることも、勇気づけることもできなかったのだと思う。

私たちスタッフの言葉が、利用者さんたちの言葉に比べて、タケコさんの心に届かなかったのはなぜだろう。それはタケコさんが、スタッフと自分との関係の非対称性を敏感に感じ取っていたからではないだろうか。

私たちは利用者さんとの関係を、介護する／されるという関係を超えた、人と人とのつながりとして結べるようになりたいと考えてきた。聞き書きをベースに、様々な試みを通して、いくつものつながりを作ってきたつもりだ。タケコさんとも、それぞれのスタッフが人と人として向き合おうとしてきたのである。

けれど、認知症の進行に対して絶望しているタケコさんを励まそうとするとき、自分の気づかないうちに上からの物言いになってしまっていたのではないか。それが、かえってタケコさんを追い詰めていたのではないだろうか。

そのことは、タケコさんの認知症の進行に対する不安が強くなるにつれて、スタッフに対し声を荒らげる場面が増えたことからもうかがえるかもしれない。

特にひどかったのは、トイレを促そうと声をかける時だ。タケコさんはその頃、自分でトイレに立つことはほとんどなくなっていたため、昼食の前後や帰りの送迎の前等、定期的に声をかけてトイレへ誘導する必要が出てきていた。

ところがスタッフが声をかけると、「行きたくない」とほとんど必ず拒絶する。それでも何とか表現を変えながらトイレへと誘導しようとすると、「行きたくないって言ってるじゃん」と強い口調で言い、スタッフの手を振り払ったりした。タケコさんの大きな声に、周りの利用者さんたちも驚き、デイルームの空気は一瞬凍りつく。もうそうなるとタケコさんは頑《かたく》なに拒絶するばかりで、みんなにとってもよくない。スタッフは「わかったよ。ごめんね」と答えてその場を離れる。本人も落ち着き、デイルームの雰囲気も元に戻った頃に、改めて他のスタッフが声をかけて促してみる。そんなことを繰り返していた。

そのうち今度は、スタッフと利用者さんのたわいもない会話に対しても、「何を言っているかわからん！」と大声で非難したり、広告紙でごみ箱を折ってくれないかと頼んでみても、「できない！」と拒絶したりと、否定的な態度や言動が際立つようになった。もちろん、そうでない時もあったのだが、私も含めてスタッフ全員が心を痛め、緊張し、戸惑っていた。

タケコさんが心穏やかに過ごすにはどうしたらいいのか。タケコさんとの関係をどう続けていったらいいのか。それぞれが悩み、話し合ってみるものの、なかなか先行きは見えなかった。

タケコさんが強い言葉や態度で拒絶するのは、すまいるほーむばかりではなかった。様子を見に来た娘さんによると、自宅でも、ご主人や娘さんのちょっとした言葉や声がけに対して、急に怒り出してしまうことが増えてきたという。

でも今から思えば、タケコさんは、今までできていた日常生活の作業や動作ができなくなっていくという受け入れがたい現実を、行動を促すためにかけられる言葉や、介助の場面が増えていく度に、鋭い刃物のように痛烈に突きつけられていたのではないか。そうやって一方的に助けられて生きるしかない人間なんだ、自分には生きる価値がないのではないかと、絶望を深めていったのではないだろうか。

トイレ誘導等の介助に拒絶的で、スタッフの言動を強く非難していたのは、自分の存在価値が貶《おとし》められることへの必死の抵抗だったのではないか、と思えた。

けれど、タケコさんの拒絶と言動に傷つけられ、精神的に消耗していた私たちは、そうした思いに気づくことはできなかった。そればかりでなく、タケコさんが入院したことについても、予想外の出来事にショックを受けたと同時に、またいつ声を荒らげて拒絶されるかもしれないとビクついたり緊張したりすることから、一時的ではあれ解放されたという安堵《あんど》もなかったとは言えなかった。

ところが、タケコさんが入院してから一週間も経たないうちに、今度はタケコさんが不在であることが急激に寂しく感じられるようになって、みんなが一様に「タケコさんがいなくて寂しい」と口にするようになっていた。ほぼ毎日利用していたタケコさんは、もはや、すまいるほーむにはなくてはならない存在になっていたのだ。声を荒らげたり、拒絶したりする場面でさえも、それがないと物足りないような、そんな気さえしてくるから不思議である。

そしてスタッフみんなが改めて実感したのは、「私たちはタケコさんに随分と助けられていた」ということだった。

すまいるほーむには認知症の方が何人も通ってきている。中には認知症の進行により、意思疎通が難しくなった方たちもいる。いずれもお話好きで、誰か傍にいればいつも話しかけるのだが、何を言わんとしているのか理解するのは難しく、他の利用者さんたちは話しかけられてもどう対応していいのかわからず、隣に座るのを嫌がる方が多い。

ところがタケコさんは、そうした認知症の方に話しかけられることを一度も拒絶しなかった。話しかけられたことに対して、時々相槌《あいづち》を打ちながら、根気強く耳を傾けて、一生懸命理解しようとしてくれていた。私たちスタッフ以上に、その方たちの言葉を理解しているように見えた。やはり時々、理解できないことがあっても、怒り出すのでも拒絶するのでもなく、スタッフを手招きし、「何か言っているけど、私にはわからないから、聞いてあげて」と穏やかに助けを求めてくれたのである。

また、認知症の方が、テーブルの中央にあるティッシュの箱からペーパーを何枚も出し入れするのを他の利用者さんたちが強く咎《とが》め、すると本人が怒り出してしまい、慌ててスタッフが間に入っておさめることがよくある。ところがタケコさんの場合、「これはみんなで使うものなんだよ。一枚取ったら、箱はそこに置いときな」とやんわり伝えて見守ってくれていた。

自分の認知症の進行に絶望し、介護されることに拒絶的だったタケコさんが、認知症の重度の方に対して、なぜそんなに優しく関われたのだろう。もしかしたら、タケコさんには、祖母や母親を介護した経験があったのかもしれない。いずれにせよ、多くの利用者さんたちが、特に、軽度、中度の認知症の方が、重度の認知症の方に対して「わけがわからない」「あんなふうにはなりたくない」と拒絶的になるのに対して（そういう発言は私たちにとってひどく哀しいことであり、重度の認知症の方もまるごと受け入れられる雰囲気を作っていきたいのだが）、優しく見守れるタケコさんは稀《け》有《う》な存在なのであった。

そんなタケコさんの不在ゆえに、重度の認知症の方と他の利用者さんとの間のトラブルも増えていった。そのため、毎日の席順にも今まで以上に配慮が必要になった。できるだけスタッフが重度の認知症の方の隣に座り、関わる時間を増やす必要もあった。

そうしてみると、今までどれだけタケコさんに私たちが助けられてきたのかがわかる。タケコさんには、認知症の方を優しく見守り、寄り添う、そういうすごい力があったのだ。そのことにもっと前にちゃんと気がついていたら、タケコさんを絶望から少しでも救えたかもしれない。私は、タケコさんのいない寂しさとタケコさんを救えなかった後悔を嚙《か》みしめていた。

日が経つにつれ、タケコさんの不在の寂しさが身に沁《し》み、タケコさんへと思いを馳《は》せる時間が増えていった。でも、哀しみに耽《ふけ》ってばかりいるわけにはいかない。私は、すまいるほーむというデイサービスの運営に責任を持つ管理者であるからだ。

利用定員十名という小規模のデイサービスにとって、毎日来ていた方が利用中止になるということは、入ってくる報酬が大きく減額することを意味する。しかも、その頃は新型コロナウイルスの感染拡大を予防する観点から、各曜日の利用定員を八名まで減らしていた。経営的な打撃はさらに大きいのである。

また、不思議なことに、十月から十二月という寒くなる時期は、毎年何人もの利用者さんが、まるで連鎖反応のように、転倒や病気のために入院したり、施設に入所したり家族の都合で転居したりして、利用を中止されるケースが重なる。この時もタケコさんを皮切りに、一人はやはり転倒して入院、一人は末期がんであることがわかり自宅療養に、一人は体調不良で来られなくなった。いずれもタケコさんと同様に、すまいるほーむの仲間にとって既に大切な存在であった人ばかりだ。その別れは本当に哀しいし、残念でならない。

そんな心残りを胸に抱きながらも、私は管理者として、新しい利用者さんを紹介してもらえるように、お世話になっているケアマネジャーさんたちに営業活動をする。電話をかけたりファクスを送ったりして、空いている曜日と人数を知らせ、是非また利用者さんを紹介してください、とお願いする。

タケコさんの復帰を心から願う一方で、いつ戻ってこられるのか、本当に戻ってこられるのか先行きが見えない状態の中では、タケコさんのための利用枠を何ヵ月も確保しておくことは、経営上できないのもまた現実であった。経営状態が悪化すれば、すまいるほーむの存続は難しくなる。それは、ここを頼りに来てくれている利用者さんや、家族、そしてスタッフたちの期待や希望に沿えないようになることを意味する。

何としても、すまいるほーむを存続させなければならない。

タケコさんたち、すまいるほーむに不在となった仲間たちへ馳せる思いと、新しい利用者さんを獲得しなければならない管理者としての責任感の間で、私の心は引き裂かれる。鈍い痛みを感じ続けながらも、前に進んでいくよりほかかない。

十二月から、新しい利用者さんが二人、通うようになった。すまいるほーむに集うみんなにとって明るい希望が見えてくることを祈った。

第七章

# それぞれの年末年始

すまいるほーむはデイサービスなので、サービス提供時間は日中のみ、九時から十六時十五分である。毎週日曜日と十二月三十日から一月三日までの年末年始は休業日とさせていただいている。

働いている側からすると、特に一年のうちで唯一取れる年末年始の長期休暇は、一年間頑張ってきたことへのご褒美のように嬉《うれ》しく、仕事から解放され、心身ともにリフレッシュして、新しい年へと臨むためのエネルギーを溜《た》め込む大切な時間だ。

けれど利用者さんたちにとっては、予定もなくのんびり過ごせる時間であるとともに、スタッフや仲間たちと離れて過ごす、寂しさや不安を募らせる時間でもあるのだ。

ご主人と二人暮らしの美砂保さんは、週三日、すまいるほーむを利用されていた。元気なうちは毎週日曜日には教会に通っていたが、それも大変になり一年くらい前から行くことはなくなったという。月に一回自宅で開いてきたステンドグラス仲間との集まりも、家族の助言でその前年の年末に完全に閉じてしまった。他者とのつながりをとりわけ大切にしてきた美砂保さんにとっては辛《つら》い決断だったようで、「本当に哀しいの。でもね、私にはすまいるほーむがあるから。すまいるほーむに行くことだけが、私にはたった一つの楽しみなの。だから、これからもよろしくお願いします」と、送迎車の中で涙を浮かべながら話してくれたのが印象的だった。

年末年始直前の利用日。そんな美砂保さんが、朝の送迎車の中で、お休みについてこんなことを言った。

「明日からお休みですね。寂しいです。私の楽しみは、すまいるほーむに来ることだけなんです。すまいるほーむでみなさんにたくさんの力をもらっているからね……。わかっています。由実さんも、スタッフのみなさんも、マロンちゃんもお休みしないとね。ゆっくり休んでくださいね。今日も一日楽しみます！」

好きなことである細密画の塗り絵に集中したり、その作品を仲間に感謝の気持ちとしてプレゼントしたり、楽しいことをみんなで共有して心を躍らせたり、仲間の辛い思いを受けとめて励ましたり、逆に、仲間の言動から勇気をもらったり。美砂保さんにとって、すまいるほーむは家族以外の人との強いつながりを感じられる場所であるのだと思う。

病気を患ってから思うように家事ができなくなり、代わりに家事を行うご主人に対して、負い目とともに、細かなことに小言を言われる鬱陶《うっとう》しさも感じている様子の美砂保さんは、すまいるほーむで仲間と過ごす時間があることによって、ご主人と二人きりの生活も気分的に楽になってきたとよく言っていた。

そんな美砂保さんにとって、仲間と会えない約一週間はどんなに不安で心細いものだろう。不安な気持ちを漏らしながらも、私たちスタッフを気遣う言葉を忘れず、最後には明るく「今日も一日楽しみます」と言ってくれた美砂保さんに、私は「ありがとう。ごめんね」と伝えることしかできなかった。

年末年始のデイサービスの長期休業は、利用者さんの心の拠《よ》り所がなくなるという点ばかりでなく、特に一人暮らしの利用者さんにとっては、食事や排泄《はいせつ》、入浴、服薬等の介助サービスが受けられないため、実際の生活に支障が出てしまうこともある期間だ。

その間は訪問介護によるサービス提供を手厚くするという選択肢もあるが、沼津市内の訪問介護事業所はやはり年末年始を休業とするところが多く、私たちの法人の訪問介護部門も同様である。デイサービスの代わりに訪問介護サービスを増やすのはそう容易ではない。だから、その間は家族にできるだけ訪問してもらい、見守りや介護への協力をしてもらうようお願いすることになる。

とはいえ家族も年末年始に仕事が入っていたり、頻繁に訪問できる距離や状況にはなかったり、あるいはコロナ禍で帰省ができなかったりと、様々な事情を抱えている。そうした場合にケアマネジャーが勧めるのが、年末年始のショートステイ（短期入所）の利用である。

ショートステイは一人暮らしの方ばかりでなく、同居する家族の都合で一時的に介護ができなくなった時に利用したり、家族の息抜や休養のために定期的に利用したりするケースも多い。

そうした需要に応《こた》えるべくショートステイを専門にする施設も市内にはいくつかできた。在宅介護による自宅での生活を長く継続していくためには、宿泊ができて、食事や入浴のサービスもあり、夜間も見守りの体制の整ったショートステイは、大切な社会資源だと私は思う。すまいるほーむの利用者さんの中にも、ショートステイを定期的にあるいは臨時的に利用している方が何人かいる。

ただ、利用者さん本人は、ショートステイの利用を本意としてない場合もある。それはそうかもしれない。ショートステイはデイサービスとは違って、馴染《なじ》みの関係が作りにくいからだ。デイサービスは利用する曜日が固定されているので、それぞれの利用日のメンバーはほぼ同じ。何回か通ううちに利用者さん同士の関係が深まり、仲間意識も生まれてくる。でもショートステイの場合は、利用する頻度も日数も利用者さんによって異なるため、一度仲良くなっても、次回も同じ利用者さんと一緒になるかどうかはわからない。だから利用者さんたちは、無理やり一人旅に出されるような、そんな不安と孤独を抱きながらショートステイを利用されているのかもしれない。

独り暮らしのウーさんは、それまでの年末年始は時々家族が訪問することで自宅で無事に過ごすことができた。だが体力低下が著しくなり、体調も思わしくない。一人で過ごすことは難しいのではないかとケアマネジャーが判断し、家族と相談の上、その年の年末の三十日から新年三日までショートステイを利用することになった。

年末最後の利用日に、私は「明日から、お泊りだね」と声をかけた。するとウーさんは、「知らないところに行きたくねえなぁ」と普段は口にすることがない弱音をポロリとこぼした。

確かにその気持ちはわかる。けれど、家族は毎日訪問することはできないというし、年末年始に入ってくれる訪問介護サービスも見つからなかった。体調の変化や転倒の心配のあるウーさんが年末年始を無事に過ごすには、ショートステイを利用してもらうしか方法はなかった。

少しでもショートステイに行く不安が解消し、わずかでも楽しみがもてればと、こんなことを言ってみた。

「でもさ、きっとお正月にはおせち料理が出るよ。年末には年越しそばも出るかもしれないし。個室だし、テレビは見放題だし、お風呂《ふろ》にも入れるし、そんなに悪いところではないと思うよ。温泉にでも行くつもりで、ゆっくりしてきたらいいよ」

当然そんな言葉は、何の気休めにも慰めにもならなかった。ウーさんは、聞こえるか聞こえないかくらいの小さな声で、ぼそっとこうつぶやいた。

「俺は、すまいるに来られれば、それで満足なんだよ。正月だって、すまいるに泊まれればなぁ。(駄目なのは)わかっているけど……」

私はウーさんの口から出た意外な言葉に驚いた。ウーさんは気分が乗ってくると昔の話はよく聞かせてくれるが、今どう思っているのかとか、どうしたいのかとか、自分の気持ちや希望を言葉にすることはほとんどなかった。すまいるほーむに来ていることも、実際どう思っているのか、楽しんでいるのかどうか、本当のところ、私たちスタッフにはわからなかったのである。

そのウーさんから、「すまいるに来られれば満足だ」と初めて言葉として聞いて、正直、涙が出そうなくらい嬉しかった。「そうか、そう思ってくれていたんだ」と。でもウーさんからしたら、翌日から始まる未知なる場所での生活に対して不安でいっぱいで、思わず本音を吐露してしまったというところなのかもしれない。

そして、もう一つの本音「正月だって、すまいるに泊まれれば」というのは、単にショートステイに行きたくないということではなく、いつもの知っている場所で、いつもの仲間と一緒だったら泊まることだって厭《いと》わない、ということなのだろう。


我が家の一階に移転するずっと前から、「すまいるほーむに泊まりたい」という利用者さんたちの要望は、実はこれまでも何度か出ていた。多くはショートステイを利用している方からだが、その話題になると、普段はショートステイを利用していない方でも「もし泊まれるなら泊まってみたい」という人が何人もいた。みんなで夜までいろいろ話をして過ごしたいのだと言う。まるで女子高生の修学旅行みたいだ。でも、本当にそうできたらどんなに楽しいだろうと、想像しながら私たちスタッフもワクワクしていた。

デイサービスの中には、日中の業務終了後、施設内での宿泊を介護保険適用外の自費サービスとして提供する、通称「お泊りデイサービス」を行っているところもある。私たちの法人でも利用者さんたちからの要望を受け、「お泊りデイサービス」か、もしくはショートステイのような宿泊のサービスを提供できないか検討したことがある。でも、夜間のスタッフを確保することや宿泊するための環境を整備することなど、乗り越えなければならないハードルは高く、結局実現できないままになっていた。

我が家の一階に移転してからはますます実現は難しくなった。一階と二階、三階で分かれているとはいえ、職場と住まいが同じ建物の中にあるというのは、私や家族にとって想像以上のストレスを抱えることになったからだ。夜間や日曜日、年末年始の休みは、建物の中は家族だけが過ごす空間で、緊張感から解き放たれてほっとできる唯一の時となる。二十四時間、三百六十五日、他人の声や物音がしたり、人の出入りがあるようになったら、気を休める時間が全くなくなるのは容易に想像できる。おそらく私たち家族の生活は破綻《はたん》し、私もこの仕事を続けていくことはできなくなるだろう。

美砂保さんやウーさんの思いを受けとめていくこと。利用者さんが信頼できる関係性の中で、夜も週末も年末年始も安心して過ごせるようになること。そうした環境をスタッフや利用者さんや地域のみなさんと作っていくこと。それは一つの大きな理想であるし、その可能性をさぐることはこれからも続けていかなければならない。

けれど私たちにできるのは、この限られた環境と条件の中で可能な限りのことを精一杯していく、それしかない。

さらに言えば、利用者さんの要望や必要とするサービスのすべてを自分たちの組織で引き受け、事業展開していくことが、本当にいいことなのかという迷いもある。むしろ利用者さんと他者との関係が、すまいるほーむという場の中だけで完結してしまうことにより、かえって利用者さんもスタッフも、追い詰められたり、息苦しさを感じたりすることもあるのではないか。

そんなことを考えさせられる出来事が、まさにこの年末に起きたのだった。


年末年始の休みに入る直前の月曜日、午後三時半頃。トイレに行ったり、荷物を自分の席に持ってきたり、上着を着たりと、みんなが忙《せわ》しなく帰り支度をし始めた時間に、それは起きた。あゆみさんが急に席を立ち、荷物を抱えて、玄関を飛び出していこうとしたのだ。

あゆみさん、七十歳。アルツハイマー型認知症と診断されている。一年前からすまいるほーむを利用され、ミュシャの絵をモチーフにした細かな塗り絵に一六〇色の色鉛筆を駆使して熱心に取り組むほど芸術的感性が豊かだ。運動会で行う準備体操をスタッフと一緒に考えたり、デイルームの季節の飾りつけを手伝ってくれたりと、デイサービスの活動にも積極的に参加してくれている。短期記憶については障害があり、何度も同じことを繰り返し確認することもあるが、子供の頃のことは細部まで覚えていてお話好きの側面もある。春先になると竹林で筍《たけのこ》掘りをし、筍寿司《ずし》を作ってよく食べたことや、真冬にはまだ舗装されていない通学路の水たまりに氷が張っていて、それを足で蹴《け》って割りながら登校したことなどを聞かせてくれた。

そんなあゆみさんが「もう嫌！　私、帰ります。すみませんが、もうここやめますから」と叫んで、スタッフたちの説得も制止も振り切り、物凄《ものすご》い勢いですまいるほーむを出ていこうとした。帰りの送迎が迫る忙しい時に起きた予期せぬ出来事にスタッフも私も動揺したが、様子を目撃したまっちゃんがすぐに報告してくれた。男性の利用者さんがあゆみさんの後ろ姿を女性スタッフと勘違いして、そばに近づき、悪戯《いたずら》っぽく「コレコレ！」と声をかけたのがきっかけだったようだ。その男性利用者さんは「ごめんなさい、間違った」とすぐに謝ったそうなのだが、あゆみさんの怒りは収まらず、かえって激昂《げきこう》してしまったという。

生真面目なあゆみさんは、饒舌《じょうぜつ》で多少説教臭いところのあるその男性利用者さんのことが以前から苦手で、どちらかと言えば嫌悪感を持っているようだった。これまでも二人の間で何度かトラブルがあったので、お互いの席を離すとか、あるいはカラオケという同じ趣味をきっかけにスタッフが間に入って関係づくりを促してきた。それで何とか乗り切ってきたつもりだったが、男性利用者さんのちょっとした勘違いによるこの悪戯が、あゆみさんを激昂させ、すまいるほーむを飛び出すという行動を引き起こすことになってしまったのだ。

報告を受けた私はすぐに車のキーと免許証、スマホを持ち、あゆみさんよりも早く玄関を出て、駐車場に停めてあった車を出して、門の前に横づけした。そして、玄関から飛び出してきたあゆみさんに「車で家まで送ります」と車に乗るように促したが、感情が爆発したあゆみさんは必死に抵抗するばかりである。「大丈夫です、自分で歩いて帰りますから」と、私が差し出した手を振り払って道路に飛び出そうする。あゆみさんの家までは車で二十分はかかるし、たとえあゆみさんが健脚で歩けたとしても、ここまで感情的になっている状態で一人で帰ったら、途中で事故に遭ってしまうかもしれない。そう言っても、あゆみさんの心に言葉は全く届かなかった。

あゆみさんを止めに外に出てきてくれたまっちゃんと一緒に、ほとんど力ずくで、嫌がるあゆみさんを車に乗せた。シートベルトを締め、車を発車させると、もはや抵抗する様子はなかったが、うなだれて、泣き出した。

「どうしてなんでしょう。いつもあの人は私にばかりひどいことをするんです。私の前を通る時には、いつも私の方を指さして、睨《にら》みつけるし。何か私に恨みがあるんでしょうか」

この出来事のきっかけを作ってしまった男性利用者さんは、私の知る限りそんなことはしていないし、むしろ、あゆみさんの感情に触れないように距離を置いていたように思う。そうした認識はあゆみさんの一方的な被害妄想とも言えた。

ただ、あゆみさんの中では、彼に対してずっと負の感情を持ち続けていたのだ。それが風船が膨らむように心の奥にたまり続け、間違いとはいえ突然声をかけられたことで、風船がパンと割れて怒りや恐怖の感情が爆発してしまったのかもしれなかった。

私が答えに窮していると、あゆみさんは黙ってしまい、またうなだれた。車が自宅に着くやいなや、自分でシートベルトを外し、「すみません、やっぱり私、辞めさせてもらいます」という言葉を残して、自宅の玄関の中へと走って入っていったのだった。

すまいるほーむへの帰路を運転する私は疲れ切っていた。その後も何とか他の利用者さんの送迎を済ませ夕方すまいるほーむに戻ってくると、他のスタッフたちも同様に疲労困憊《こんぱい》しているようだった。今回の出来事をどう受け止めていいのか、これからあゆみさんにどうかかわっていくのがいいのか。みんなが混乱していた。抵抗するあゆみさんを力ずくで車に乗せるという、利用者さんに対してあるまじき行為をしたことへの後味の悪さも残っていた。けれど、いったいどうしたらよかったのか。

あゆみさんが感情を爆発させて、すまいるほーむを飛び出すという出来事は、実はその時が初めてではなかった。同年の十月の上旬にも立て続けに二回起きていた。一回目は、車に乗ってもらおうとしたものの強く拒絶され、まっちゃんがあゆみさんについて歩いて帰り、疲れて途中で座り込んだところで、娘さんに電話をして迎えに来てもらった。二回目は私が一緒に歩き、やはり三十分ほどで暑さと疲れで座り込んでしまった。日陰に入り、二人で四方山《よもやま》話や子供の頃の思い出話を三十分くらいしているうちに、あゆみさんの気持ちも落ち着いて、会社に電話をして三国社長に車で迎えに来てもらい、自宅まで送り届けたのだった。

どちらも幸いなことに午前中で、人員に多少の余裕もあり何とかなったのだが、送迎時間直前に起きたこの出来事については余裕など欠片《かけら》もなく、力ずくで車に乗せて送り届けたことは仕方がなかったと思うより他になかった。

私たちが最も困惑したのは、誰の言葉も耳に入らないほど感情が昂《たか》ぶり、すまいるほーむを飛び出すという衝動的行動の根本的な原因がわからない、ということだった。

それぞれきっかけはあった。今回は男性利用者さんの勘違いによる声かけ。一回目は、あゆみさんがトイレを使った後、床がびしょ濡《ぬ》れなことに気づいたスタッフがさりげなく掃除をしようとしたのを本人が見てしまったこと。二回目は、昼食中に歌を口ずさんだあゆみさんに対して、今回と同じ男性利用者さんが感染予防のために食事中は歌を歌うもんじゃないと軽く注意をしたこと。いずれも、他の利用者さんだったら、あるいは普段のあゆみさんだったら、そこまで感情的にならずに受け流せるような些細《ささい》なことがきっかけだ。それがどうしてあれほどの感情の昂ぶりに結び付いてしまったのか。

本来であれば、本人とそのことについて話し合うべきだった。あゆみさんがどんな気持ちだったのか、あゆみさん自身はどんな時に感情が抑えきれなくなってしまうのか、それについてどう思っているのか、私たちはどんな配慮が必要なのか。率直に聞いてみたかった。

ところが、日が経ちあゆみさんが冷静になった頃には、自分がすまいるほーむを飛び出したことを記憶していなかった。十月に私が付き添って歩いた時もそうだ。怒りのままにずんずんと歩いている時には、「もう嫌、私、辞めます」と何度も叫んでいたのに、自宅まで送ってくれた三国社長の車を降りる時には、「ありがとうございます。では、またよろしくお願いします」と次の利用を約束する言葉を笑顔で口にしていた。

出来事の次第を、帰宅後の家族やケアマネジャーに報告した時も、あゆみさん自身は家族に何も言わなかったというし、普段と様子も変わらなかったという。ケアマネジャーがその日の夕方に自宅を訪問した時には、本人から「すまいるほーむの利用をもっと増やしたいけれど、まだ空きはないのか」と急《せ》かされたともいう。

あゆみさんが本当に記憶していないのか、それとも自分の心身を守るために傷に触れないように言葉にしないのか、家族やケアマネジャーに心配をかけないように大丈夫なふりをしているのか、真実はわからなかった。いずれにせよ、あゆみさんとこの一連の出来事について、率直に話し合うことは難しいと思われた。

十月の出来事の後、あゆみさんは休まず元気に通ってこられていたし、今回も特に落ち込んでいる様子はない。ひとまずは安心した。けれど結局あゆみさんに振り回されているだけのような徒労感と、何が原因だったのかわからないもやもやとした気持ちが、私たちの心をより一層重くしたのだった。


年末の最終日の業務が終わった夕方、母が淹《い》れてくれたコーヒーを飲みながら、簡単な「お疲れさん会」をしていた時だった。その場にいたスタッフはみな、自然と、今回のあゆみさんの出来事についてそれぞれ思うところを語りだしていた。翌日からせっかくの長期休暇に入るというのに、このもやもやとした気持ちを一人で抱えたままでいるのはみんな辛かったのだろう。

みんなの意見はやはり、あゆみさんが激昂し、衝動的に飛び出す原因が何なのかに集中した。認知症によって感情の抑制が利かなくなっているのではないか、あるいは何か他に障害があるのではないか。確かにこれまでも日常的に、たとえば落ち着きがなくトイレに何度も出入りをしたり、おしゃべりを始めると止まらなかったり、音に異常に敏感だったり、他の女性の利用者さんの行為を一方的に非難して、その場の空気を凍らせてしまったりしていたからだ。

こういう出来事が重なったからには、家族に一度、精神科の受診を相談してみようということになった。それが何かの解決策に結び付くかわからない。けれど、私たちだけでこの問題を抱え込むのは重すぎたし、何か診断名がつくことで、あゆみさんの行動の原因が理解でき、このもやもやした気持ちもすっきりとするかもしれない、という勝手な期待があったのである。

翌三十日の午前中、私はそのことを伝えるＬＩＮＥを娘さんへ送った。すると午後に、丁寧な返信をいただいた。

娘さんは、スタッフや他の利用者さんたちに迷惑をかけたことを謝罪した上で、長年生活を共にしてきた立場から見ると、むしろ、この一年の自宅での環境の変化があゆみさんの心に大きなストレスとなり、精神的に不安定になりやすい状況を作り出してしまったのではないかと冷静に分析していた。環境の変化とは、コロナ禍で在宅勤務が増えて家族の多くが一日中家にいるようになったこと、出かけるのが好きだったあゆみさんが全く外出できなくなったこと、などである。また、認知症になる前から自律神経の失調があり、体調不良に苦しんできたこと等も原因ではないか。娘さんや家族も、あゆみさんのストレスをどのように軽減し、穏やかに過ごしてもらえるのか、手探りの状態であり、体調をみながら精神科の受診も促していきたい、と書かれていた。

娘さんのＬＩＮＥを読みながら、家族も、そしてあゆみさん本人も、長い間、体調や精神の不調に対してどうしていいのかわからず苦しんできたことを知った。様々な要因が複雑に絡み合い、感情をコントロールできないところまであゆみさんが追い詰められてしまうことがある、ということも理解できた。けれど理解できたところで、では私たちはすまいるほーむでいったい何ができるのだろう、ということがますますわからなくなってしまった。

ＬＩＮＥにはこんなことも書かれていた。あゆみさんがおしゃべりが止まらないという私の指摘に、娘さんは驚いたというのだ。あゆみさんは自宅では遠慮してほとんど話をすることがないという。すまいるほーむでは、利用者さんやスタッフとの関係の中で安心して話ができるのではないか、それだけ、すまいるほーむを信頼し、リラックスしているのだと思う、と娘さんは感謝してくださっていた。

それはありがたいことだと思った。あゆみさんも、すまいるほーむをもっと多く利用したいと言ってくれている。すまいるほーむが彼女にとって心地よい居場所になっている。それは確かなのだ。でも、その心地よいと思っていた場所が、時には飛び出して行きたくなるほど息苦しく、彼女に苦痛を与える場所に突如一変してしまうことがある。そのことを、私たちは、どう考えたらいいのだろう。

年末年始はそのことを悶々《もんもん》と考え続けて、あっという間に過ぎてしまった。でも、考え続けたからといって、何か明確な答えや解決方法が見つかったわけではない。

ただ一つだけ、気がついたことがあった。私はこれまで、すまいるほーむという場所が、利用者さん一人一人にとって希望や心地よさを感じられる居場所になってほしいと考えてきたし、そういう場所ができつつあるという自負もあった。が、すまいるほーむが、ある人にとっては逃げ出したくなるほど居心地の悪い場所にもなりうるということは、考えてみたことがなかったのだ。何と浅はかだったのだろう。

私たちが大切にしてきたことは、利用者さんもスタッフも、一人一人がそれぞれのつながりを結び、それを強くすることで、これからを生きていこうとする力を得ていくことだった。だから、人と人との結びつきは密であるし、心理的距離も近い。けれど、かえってその近い距離感ゆえに、必要以上に傷ついたり傷つけたり、やり場のない感情を一人で抱え込み、爆発させざるを得なくなることもあるのではないか。あゆみさんが、すまいるほーむを飛び出してしまったように。あゆみさんばかりではない。私が気づかない内に、すまいるほーむにそんな暴力性や息苦しさを感じている人が他にもいるかもしれない。

年の瀬に起こったこの出来事は、あゆみさんのストレスをいかに軽減できる環境を作っていくかという問題とともに、すまいるほーむという場所の在り方を根本から考え直す、あるいは、この場所が持つ希望も絶望も含めて、正面から向き合う覚悟を持つ、私にとっては大きな課題に膨らんでいった。

まだ何も見えない、この先が。けれど年は明け、すまいるほーむも新しい年の幕を開けた。

美砂保さんは、朝の送迎車の中で今までと変わらず、元気に新年の挨拶《あいさつ》をしてくれて、お正月にお孫さんの顔を久しぶりに見られたと笑顔で報告してくれた。ウーさんは、ショートステイでおせち料理は食べられたが、話す人がいなくてつまらなかったと愚痴をこぼしつつも元気な様子。そして、あゆみさんも、何事もなかったかのように、清々《すがすが》しい笑顔でデイルームに入ってきて、仲の良い利用者さんに「久しぶり！」と声をかけていた。

それぞれがそれぞれの年末年始を何とか無事に過ごし、そしてまた、今年もすまいるほーむに通ってきてくれている。そのことの意味を深く受けとめて、すまいるほーむとは何か、そこで私たちがすることとは何かを、これからも右往左往し、彷徨《さまよ》いながらも考え続けていこう。

第八章

# 「不要不急」の河童

令和三年の一月中旬のある日の朝のこと。「河童《かっぱ》、見たことあるよ」と言ったのは、前年の十月からすまいるほーむに通い始めた、九十代の千恵《ちえ》さんだ。

「西伊豆町《にしいずちょう》の○○っていう山の上にある村に旦那《だんな》の実家があったんだけどね、そこへ行く途中にある池に河童がいたんだよ」

「河童を見た」という千恵さんの言葉に、私も、他のスタッフたちも、心が沸き立った。私たちは思わず千恵さんを質問攻めにしてしまった。

「えっ、千恵さん、河童見たことあるの？　どんな格好してた？」

「どんな格好って、池の中にある岩をよじ登っているところだったよ」

（千恵さんは、両手の爪を立てて、交互に動かし、岩をよじ登るようなしぐさをした）

「岩をよじ登ってたの？　何色だった？　やっぱり、緑？」

「何色かな。毛が生えていて、茶色と緑が混ざってたかな」

「え？　毛が生えてたの？」

「生えてたよ、手にも足にも」

「頭の上にお皿があった？」

「どうだったかな。そう言えば、頭の上が平らだったような気がするけど。何しろ、『あれ、河童がいるよ』というくらい普通にいたから、そんなにじっと見たわけじゃないし……」

「え？　河童が普通にいたの？　河童を見て、千恵さん、びっくりしなかった？」

「別にびっくりしないよ。あの辺の人は、河童がいるってみんな知ってたよ」

まだまだ聞きたいことはたくさんあったが、朝の忙しい時間だったので、ひとまず質問は終了。でもみんなの興奮は冷めやらない。なぜかと言えば、まずは何といっても「河童を見た人」に初めて会ったから。スタッフの誰もが、驚きだったようだ。

特に私は、とうとう会えた！　という喜びと感激がひとしおだった。というのも、山形の大学に勤務していた時に、当時の上司で、東北各地をくまなく歩いて聞き書きを重ねていた、尊敬する民俗学者の赤坂憲雄《あかさかのりお》さんが、一緒に食事をした時などに、「俺は、『河童を見た』というばあちゃんに会ったことがある」という話をよく聞かせてくれたからだ。私は「人を騙《だま》す狐がいた」という人に会ったことはあるものの、「河童を見た人」に出会えたことがなく、内心悔しさと会いたい思いを抱き続けていたのである。東北にいた八年間では会えず、地元沼津に戻ってきて介護の仕事を始めてから十二年目にして、しかも、すまいるほーむという私にとって大切な場所において、やっと「河童を見た人」に出会えた。「やったー！」と叫びたいぐらい興奮したのだった。

もう一つ、私たちにとって驚きであり喜びであったのが、千恵さんが、これまで見たことがないくらいに目をキラキラと輝かせて河童の話をしてくれたことだった。

千恵さんは、すまいるほーむに来る一年程前までは、近くの畑で毎日農作業をしては、収穫した野菜を近所に配ったりするぐらい元気で、友達も多い社交的な人だった。生まれてから病気一つしたことがないというほど健康的な千恵さんだが、一年前から、胃腸の具合が悪くなったり、夏場には熱中症になって倒れたりすることが重なった。体力の衰えを心配した家族の勧めもあって、畑を手放すことになって以来、家に閉じ籠《こも》るようになり、近所付き合いもほとんどなくなってしまったという。そんな生活が続いたことで、気分の落ち込みが激しく、日中も寝て過ごすような状態になり、家族がケアマネジャーに相談して、千恵さんはすまいるほーむに通うようになったのだ。

千恵さんから裁縫や編み物などをよくしていたと聞いた私は、同じように裁縫が得意なみよさんと一緒に、利用者さんのためにマスクや、連絡帳を入れる巾着袋《きんちゃくぶくろ》を作ってほしいとお願いしてみた。千恵さんは快く引き受けてくれて、来るたびに一生懸命にマスクや巾着袋を縫ってくれた。もう使わないからと言って、自分の裁縫のために持っていた布地やボタン等の材料も提供してくれた。千恵さんは、あっと言う間にすまいるほーむの雰囲気に馴染《なじ》んでいき、毎回利用するのを楽しみにしてくれるようになっていった。

関係が深まるにしたがって、千恵さんは「実はあんたに聞いてもらいたいことがあるだよ……」と深刻そうな面持ちで、私に、しばらくすると他のスタッフや利用者さんたちに、悩みを打ち明けるようになった。ほとんどは同居する家族への不満である。具体的なことは書けないが、最初は他の利用者さんたちからもよく聞く、些細《ささい》なことから始まるお嫁さんへの不満。嫁姑《しゅうとめ》の関係は一筋縄ではいかない難しい問題だという思いを私たちは内心抱きながらも、できるだけ丁寧に耳を傾け、「それは辛《つら》いね」と千恵さんの気持ちに寄り添っていた。周りの利用者さんも「私らも同じだよ」と言って、自分の家での経験や思いを話したりして、励ましてくれていた。千恵さんも「そう言ってもらえて嬉《うれ》しいよ。話を聞いてくれてありがとう」と、話をすることで落ち着きを取り戻すことができているように見えた。

ところが、千恵さんの家族への不満はそれで収まるどころか、日が経つにつれてエスカレートしていき、「毒を盛られて殺される」という被害妄想にまで発展していってしまったのだ。朝来所しても、表情は暗く、体調もよくないようで、縫物をしていても失敗したと言って糸をほどいてはやり直すことを繰り返し、かえって落ち込むことも多くなった。自宅では、家族への猜疑《さいぎ》心で眠ることができず、食事もほとんど摂《と》れていないとのことだった。体や心が徐々に弱っていく一方で、家族を非難する言葉の語気は強く、きつく、毒々しくなるばかりで、スタッフはともかく、聞いている利用者さんたちは一様に戸惑うようになっていた。

千恵さんは家族への不満を語りながらも、「どうしてこんなことになってしまったのかな。私、おかしくなったのかもしれない」と涙を流すこともあった。千恵さん自身、被害妄想の呪《じゅ》縛《ばく》の中でもがき苦しんでいたのだ。

家族も、非難と疑いを向けられていることに対して、そして千恵さんがそれを口外していることに対して、深く傷つき、動揺し、憤りを感じていて、時々電話でそのやり場のない気持ちを語ってくれていた。

千恵さんも家族も、出口の見えない暗闇の中で行き場を見失い、苦悩していた。すまいるほーむでも、利用者さんもスタッフたちも、千恵さんの苦しみにどう向き合っていいのか、わからないでいた。

千恵さんの被害妄想への対応については、ケアマネジャーともたびたび話し合った。ケアマネジャーは、コロナ禍の閉塞感《へいそく》が精神面へと影響しているということとともに、千恵さんの体調の悪化を心配していた。千恵さんは「毒を盛られたから、昨夜お腹が痛くて死にそうになった」と訴えることがたびたびあったが、それは胃腸の病気を抱えている千恵さんの体調が実際に悪化しているためではないか。痛みや苦しさの原因を体調の悪化だとは自覚できず、家族に責任転嫁することで納得しようとしているのかもしれない、という。私は、なるほど、と思った。

実際、ケアマネジャーの勧めで、家族が千恵さんを連れて病院を受診し、何度か点滴治療を受けた後は、腹痛もなくなり、体調がよい日が増えていった。すまいるほーむで見せる表情にも明るさが戻ってきて、相変わらず家族への不満は言い続けていたが、その表現も以前と比べれば穏やかになったように思われた。

千恵さんが、河童の話を活《い》き活《い》きと語ってくれたのは、ちょうどそんな時期だったのだ。体調も気分もよくなったことで、被害妄想の呪縛から少しずつ解放されてきたのだろう。これまでのマイナス思考の言葉とは全く関係のない河童の話を楽しそうにしている。そこには、苦悩していた時とはまるで別人のような、明るく陽気な千恵さんの姿があった。

そんな姿を目の当たりにした私には、河童が、千恵さんを絶望の淵《ふち》から救い上げてくれた救世主のようにも思えた。河童様、ありがとう。心から感謝したい気持ちでいっぱいだった。


千恵さんを絶望の淵から救ってくれた河童に、実は私自身も救われていた。

一年に及ぶコロナ禍でのストレスで疲弊しきった心に、追い打ちをかけるように年末に起きたあゆみさんの出来事。年末年始の休みを悶々《もんもん》と過ごし、仕事が始まってからもずっとその気持ちを引きずって過ごしてきた。新しい年が始まったというのに、前向きなことを思い浮かべることができない。

そんな鬱々《うつうつ》とした心に、「河童を見た」という千恵さんの言葉は、愛のキューピッドが放った矢のごとく突き刺さった。千恵さんの語る河童に、一瞬にして魅了されてしまったのだ。

その日の午後、私はメモ帳を持ち、千恵さんの隣に座って、河童のことをもっと教えてほしいと懇願していた。千恵さんがあんなに目を輝かせて話してくれたという嬉しさもあるが、私自身の枯渇した心が、千恵さんの河童に潤いを求めていたのかもしれない。千恵さんは、私が河童にそんなに興味を持っていることが不思議でたまらないという顔をしながらも、ちょっと嬉しそうに詳しく教えてくれた。私は久々に心躍らせながら聞き書きを始めた。

始めてすぐに衝撃を受けたのは、千恵さんが河童を見たのは○○という集落に嫁いでからであって、生まれ育った隣町の集落では見たことがないということだった。河童などの妖怪《ようかい》についての共同幻想は、感性豊かな子供の頃の体験や祖父母から聞く昔話に影響されて共有されると思っていたが、実はそればかりではなかったのか。

千恵さんが○○という集落に嫁に行ったのは二十三歳。嫁いで間もなくして、嫁ぎ先の親戚《しんせき》と池の前を通った時に「ここには河童がいるだよ」と教えられたという。その後しばらくしてから一人で池の前を通った時に、何かが岩をよじ登るのを見た。見てすぐに河童だと思ったが、少しも怖いと思わなかった。

「河童は別に悪さをするわけではなくて、そこに棲《す》んでいるだけだから」

千恵さんは笑っていた。

「河童は別に悪さをするわけではなく、そこに棲んでいるだけ」という言葉も、柳田国男《やなぎたくにお》の『遠野《とおの》物語』等で知られる河童像とはかけ離れたもので、私には驚きだった。『遠野物語』では、河童は夜な夜な娘の床に通って河童の子を孕《はら》ませたり、馬を川に引きずり込もうとしたりする厄介者として登場する。全国各地に散見される伝承や近世まで遡《さかのぼ》れる資料では、人の足を引っ張って川の中へ引きずり込んだり、厠《かわや》で人の尻《しり》を撫《な》でたり、人に相撲を挑んだりもしている（中村禎里『河童の日本史』）。

けれど、千恵さんが嫁いだ集落の池に棲む河童は、人と積極的なかかわりは持たず、ただそこに棲んでいる、野生動物のような存在だった。

「〇〇だけじゃないよ。伊豆の方に行って、河童を見たことがある人はいるかって聞いてみな。『俺も会った』という人がたくさんいるよ。だって、伊豆は水がきれいだからね。河童は水がきれいなところにいるだよ」

天城山《あまぎさん》に降り注いだ雨が湧き水となっていろいろなところに流れ出ていて、伊豆にはそういうきれいな水が流れる川や池がたくさんある。河童は、きれいな水がある豊かな自然の象徴のような存在として、人々の心に棲みついていたのかもしれない。

千恵さんの話を聞きながら、美しい水の湧く池の中で、岩によじ登った河童がひっそりとこちらをうかがっている光景が、私の頭の中に浮かんでいた。キラキラとした目で楽しそうに話す千恵さんの姿と重なって、私の頭の中に浮かぶ河童も、そのつぶらな瞳《ひとみ》が池に射す陽の光に照らされて輝いていた。

私は千恵さんが語る河童を見たくてたまらなくなった。河童が今も実在するとは思ってはいない。けれど、千恵さんが河童を見た場所に立つことで、千恵さんが見たこと、感じたことのほんのひとかけらでも私の体に伝わって、それが私にも希望を与えてくれるかもしれない。そんなふうに思えた。

そこで、さらに詳しく場所を聞いてみた。千恵さんは、西伊豆町を通る国道一三六号から〇〇集落へ上る道と池のあるだいたいの位置を教えてくれた。ネットで調べるとそれらしき池が見つかった。

「コロナがもう少し収まったら、絶対に行ってくるね」と私は約束した。千恵さんは「昔はみんな歩きだったけど、今は道も舗装されて車が通るようになっているから、（河童は）もういないと思うよ」と笑っていた。「いないかもしれないけど、でも行ってみるよ。もしかしたら、会えるかもしれないし」と食い下がると、「じゃあ行ってきな。いいところだよ。ついでに私の妹がやっている酒屋にも寄ってきな。百七十年以上経つ立派な建物で有名だから」と酒屋さんの場所も教えてくれた。

妹さんの話から、兄弟の話へ、そして、料理屋の板前でありながら、わさび田の石積みや茅《かや》葺《ぶ》き屋根の屋根葺き等なんでも器用にこなしていたという父親の話へ。今まで聞いたことのない千恵さんの家族の話も聞かせてくれた。

午後の休憩時間が終わりに近づき、ベッドで休んでいた利用者さんたちが起き始めようとしていた。聞き書きはここで終了。ベッドから立ち上がろうとしている利用者さんのもとへ行き、倒れないように介助をした。

私は自分の心と体が昂揚《こうよう》しているのを感じていた。久々に聞き書きができたという充実感もある。でも、それればかりではないようにも思えた。河童の魔力。そんな言葉がふと浮かんだ。

実は、千恵さんが河童の話をし始めたのにはきっかけがあった。前日に私がサブさんから「河童って、どう笑うか知ってる？」と聞かれたのがそもそもの始まりだ。突然の質問に戸惑いながら「わからない」とだけ答えた私に、サブさんは「ケッケッケって笑うんだよ」とニヤニヤしながら教えてくれた。たぶん、サブさんは顔色のさえない私を笑わせてくれようとしたのだろう。でもその時の私は笑えず、反応に困ってしまったのだ。苦し紛れに、ちょうどスタッフの亀ちゃんに車いすを押されて前を通り過ぎようとしたきよしさんに、「きよしさん、河童に会ったことある？」と質問を振ったのだった。

きよしさんも困るだろうな、と思っていたら、河童という言葉を聞いたとたんに、無言でうつむいていたきよしさんが生気を取り戻したように顔を上げ、目を見開いて、ニヤッと笑った。

私も亀ちゃんもびっくりして、二人できよしさんの顔を覗《のぞ》き込んだ。

「きよしさん、河童に会ったことあるの？」

「どこで？」

「狩野川？　黄瀬川《きせがわ》？」

きよしさんは「黄瀬川？」と言う質問に対してだけ「うん」と頷《うなず》いた。そのきよしさんの反応に私たちはさらに驚いて、「黄瀬川で河童に会ったの？　河童、どんなだった？」と畳みかけると、「教えらんねえ」と真顔で答えて、後は黙ってうつむいてしまった。サブさんは「うそだぁ」と笑っていたが、私も亀ちゃんも、「教えらんねえ」と口をつぐんだきよしさんの態度が、妙に気になって仕方がなかった。

翌日の朝の挨拶《あいさつ》の時に、亀ちゃんがみんなにそのことを話した。それを聞いた千恵さんが即座に「河童、見たことあるよ」と答え、それまで家族への猜疑心で苦しんできた千恵さんとは別人のように活き活きと河童のことを語りだしたのだった。そして、千恵さんの語る河童に私もすっかり魅了され、ここ一年で感じたことがない昂揚感に満たされた。

河童の魔力。人をワクワクさせたり、生気を取り戻させたり、幸せな気持ちにさせたりする不思議な力があるのだ。


それからしばらく、すまいるほーむは河童の話題がブームとなった。

私や亀ちゃんは他の利用者さんたちにも、河童を見たことがあるかと、昼休みとか入浴介助の時とか、送迎車の中でなど、機会があるたびに聞いてみた。他のスタッフも時々、その聞き書きの中に入って、興味津々で聞いてくれた。

千恵さんと同じ九十代のスズさんは、ひとしきり考えた後に「見たことないねぇ」と首を振った。ただ「私が住んでいたところには川とか池が傍になかったからね」と言って、河童の存在を否定はしなかった。

最年長のハコさんも「河童ってどういうの？」「私は知らないねぇ」と言いながらも、その存在を否定することはなかった。

実際に河童を見たことはなくても、九十代の利用者さんたちの多くは、河童などの自然界に棲む不思議な存在をどこかで感じ、共有できる感性が、これまで生活してきた経験の中で醸成されてきたのかもしれない。

戦後に幼少期から青年期を過ごした八十代の人たちになると、河童の存在に否定的になる人が多い。けれど、面白かったのは、「河童なんているわけないじゃ」と言ったテンさんが、いろいろと話を聞いているうちに、沼津に嫁いだばかりの時に、門池《かどいけ》で茶色い毛が生えた「変なやつ」が平泳ぎをしているのを見たことがある、と語りだしたことだった。

茶色い毛の生えた、人間ではなく、猿でもない、池の中にいる「変なやつ」。千恵さんの見た河童そっくりである。門池は、今は周囲を桜並木で囲まれた美しい公園に整備されているが、もともとは灌漑《かんがい》用のため池だった。しかも龍《りゆう》の伝説もある。そういえば千恵さんも、河童のいた池の岩には、龍が通った跡がくっきり残っていたと言っていた。龍もいたきれいなため池の門池で、テンさんは河童を見たのかもしれない。その場のスタッフも利用者さんたちも、テンさんの話を興奮気味に聞いていた。

帰りの送迎の時、私はあゆみさんにも聞いてみた。あゆみさんは生まれ育った家は農家で、祖父母の農作業も手伝っていたというし、竹林とかお茶畑などのある山にもよく行っていたと話していたので、河童についても聞いたことがあるのではないかと思ったのだ。七十歳のあゆみさんは「河童ですか？　見たことある人がいるんですか？　何かを見間違えたんじゃないかな？」と河童の存在には否定的だったが、「河童って、何類に属するんですかね」とあゆみさんなりに話に乗ってきてくれた。

「何類かな？　ほ乳類かな？　ほ乳類ではないと思うけど。両生類かな？」

「そうですかね」

「でも、子供を産ませるっていうから、ほ乳類かな？」

「何だろう？」

「まだ分類されてないのかもしれないね」

家に到着するまでの二十分間、あゆみさんと私は、河童のことをずっと語り合って笑っていた。

冷静沈着なスタッフのカイさんは、河童話に入ってくることはなかったが、節分の飾りつけの一つに、恵方巻ならぬ「河童巻き」の人形を作ってきて、ディルームの天井に吊《つ》るしてくれた。利用者さんたちはそれを見上げて「河童だ」「かわいい」と喜んでいた。

千恵さんの「河童を見た」発言から（正確には、サブさんの冗談からだが）始まったすまいるほーむでの河童ブーム。河童の話題でひとしきり盛り上がったすまいるほーむは、春のやわらかい陽の光とさわやかな空気に包まれたかのように、緊張感がほどけた時間が流れているようだった。久々に訪れたゆるゆるとした心地よさ。これも河童の魔力だろうか。

そんなことを感じながら、私は大好きな米津玄師さんの「眼福」という歌を口ずさんでいた。

そうだ。河童の話は、米津さんが歌っているように「何にも役に立たない」「くだらない」話だから、みんなの緊張感を一時でも解きほぐして、気持ちをゆるやかにしたのではないだろうか。それこそ「不要不急」の話題。誰のためでも何かを解決するためでもなく、今どうしても聞かなきゃいけないことでもない。ある意味どうでもいい、役に立たないことにみんなで夢中になった時間が、この場の雰囲気を、一人一人の心を明るく、潤いのあるものにしてくれたのではないか。

コロナ禍の中、介護現場にはそれまで以上に必要急務として、感染防止対策、利用者さんの安全の確保、利用者さんの心のケアが求められていた。確かに私たちの仕事として取り組まなければならないことだ。けれど「不要不急」のことを心から楽しめる場や時間を作り出すことも、こんな時期だからこそ、介護現場では大切にしなければならないのではないか。

「大切にしなければならない」というのはちょっと違うかもしれない。私自身が肩の力を抜き、「こうしなければならない」の呪縛から解放されて、千恵さんの河童話の時のように、ふと目の前に偶然現れた面白いことに、ただただ夢中になってみる。それをみんなも楽しめたらいいなという程度の希望を抱きながら。

河童の魔力が引き起こしたような、そんな光景がまたすまいるほーむで見られたら、それこそ私にとっての眼福なのである。

第九章
# マロンもまた、つながりの中で生きている

「不要不急の河童《かっぱ》」の原稿を書き終えた私は、久々に充実感と安らぎとを覚えていた。コロナ禍が続くことでの閉塞《へいそく》感や利用者さんとのかかわりの中で生じる緊張と葛藤《かっとう》。重なるストレスで疲れ切った中でも、ふと救われた「不要不急」で「役に立たない」ものに夢中になるという経験を自分なりに表現できた。そのことが自信になり、ハッピーな気分で満たされていた。

が、そんな気分も長くは続かなかった。

原稿を編集者へと送った翌日、夕方に仕事を終えた私は、鼻歌でも歌いたいような爽快《そうかい》な気分で、日課であるマロンの散歩に出かけたのだった。土手の上を軽快に歩くマロンに、「気持ちがいいね」「川に鳥さんがたくさんいるね」などと時折話しかけ、マロンもそれに応《こた》えるように私の顔を見上げる。「ああ、かわいい。大好きだよ」とにんまりとしながらまた歩く。そんなことを繰り返しながらの帰り道、土手の階段を下り切ったところで、マロンが突然動かなくなった。「どうしたの、マロン?」見ると左後ろ肢《あし》を上げて、困ったような表情で私を見上げていた。もしやまた靱帯《じんたい》を痛めたのか?

マロンは前年の四月中旬に右後ろ肢を痛め、かかりつけの近所の動物病院から紹介された市外の動物総合病院を受診したところ、十字靱帯の完全断裂と診断、手術を受けている。その際に獣医師から言われていた。「片方の十字靱帯が切れた子は、もう片方の十字靱帯も痛めている可能性があり、だいたい一～二年以内にもう片方の十字靱帯も断裂することが多いから、それは承知しておいて」と。

確かに承知はしていた。でも、マロンは手術から三ヵ月後ぐらいからほとんど支障なく歩けていた。二階から階段で下りて来てはみんなの間を匂いを嗅《か》いで回ったり、撫《な》でられたり、ベッドで休んでいる利用者さんの横で添い寝したりして過ごし、また二階に戻っていくという気ままな生活に戻れていた。私は安心しきっていたのである。

それが今度は左肢が去年の右肢と同じ状態になっている。どうしようもなく辛《つら》い日々の記憶が頭を過ぎった。入院中は怯《おび》え続けて、ご飯も水も全く受け付けなかったこと、退院後も一週間近く、吠《ほ》えることも食べることも寝ることもできず、母と私が二十四時間交代で介抱したこと――。再び手術を受けることになったらどうしよう。マロンをまたあの過酷な状況におくことになるのか。家族はそれに耐えられるのだろうか。安らぎと爽快さは一気にどこかへ吹き飛んでしまい、暗闇の中に放り込まれてしまったような気分になった。

上がったり、下がったり。気分の浮き沈みの激しい、何て厄介な性格なのだろう。

次の休み、さっそく前回手術を受けた市外の動物総合病院を受診した。触診とレントゲン検査をして、十字靱帯の部分断裂ではないか、と獣医師は言った。完全断裂ではないので今のところ手術はできないが、痛み止め薬の服用とレーザー治療をして、しばらく様子を見てみてはどうか、という提案を受けた。患部にレーザーを照射して痛みの緩和をする治療で、関節の疾患の他、皮膚疾患や手術後の患部の治療にも使われる新しい治療方法だという。

手術を覚悟していたのでまずは一安心したし、レーザー治療で痛みが和らぎ、手術しなくても歩けるようになるのなら是非受けさせたいと思った。だが、レーザー治療のためには、自宅から車で一時間近くかかる動物総合病院へと通院しなければならない。しかも最初の一週間はできるだけ毎日治療した方がいいという。仕事を連日で休むことは無理だが、帰りの送迎を代わってもらい午後四時過ぎにすまいるほーむを出発できれば、受付終了前には何とか到着できそうである。

三国社長とスタッフたちに事情を説明して、協力をお願いしてみたところ、みんな快く引き受けてくれた。さらに今後手術を受けることになった場合も、勤務変更等できることは何でも協力してくれる、と。マロンと私に「頑張って！」「応援しています」とＬＩＮＥでエールを送ってくれたりもした。

みんなの言葉はありがたかった。私は最初の一週間はほぼ毎日、次の週は一日おきに、マロンをレーザー治療に連れて行った。その甲斐《かい》あってか、だんだん肢を地面につけられるようになり、カートに乗せて向かう散歩も、歩く距離を少しだけ延ばすことができるようになった。このまま手術しないでも済むかもしれない、そう希望を抱いたのもつかの間、最初の受診から二週間後のレントゲン検査で十字靱帯が完全断裂していることがわかり、結局その翌日、手術を受けることになったのだった。

獣医師からの急な手術の提案に、私はうろたえながらも勤務表を確認し、病院から若手スタッフのモッチーに電話をすると、翌日の勤務の交代を「大丈夫です」と二つ返事で引き受けてくれた。

手術は三時間以上かかったものの無事に終了。その後の入院期間も、夕方の送迎後すぐに病院へ向かわせてもらい、前回同様ご飯も食べずに怯えて啼《な》き続けるマロンに毎日面会して励まし、何とか五日間の入院を乗り切った。そして三月中旬、無事に自宅に戻ってくることができたのだった。

最初の受診から退院するまでの約三週間、職場のみんなに大変な迷惑をかけてしまった。三国社長やスタッフたちの理解と協力と応援がなければ、この事態を乗り切ることができなかったと、心から感謝している。

すまいるほーむの管理者になってから、スタッフ本人の体調が悪い時はもちろんのこと、家族が体調を崩した時、病院へと付き添う必要がある時、あるいは家族の大切な行事がある時など、遠慮なく休める環境であることを心掛けてきた。他のスタッフもそれを決して責めることなく、お互い様だとフォローし合ってきてくれた。子育て中のスタッフたちが、ここで仕事をし続けてくれているのも、こうした助け合いの雰囲気が醸成された職場環境であることが大きな理由ではないかと思ったりもする。

このすまいるほーむの職場環境のありがたみと重要性を、今回私は改めて実感したのだった。

仕事の後、毎日夕方に往復二時間近くかけて車を運転し、家にたどり着いた頃には、疲れ果てて呆然《ぼうぜん》としている私の心と体を心配しながらも、母がしみじみと言った言葉が印象的だった。

「ペットのことなのに、理解して、協力してくれる上司や職場でよかったね」

確かに、言われてみればその通りである。こんな職場はそうはないかもしれない。私自身、もしもマロンを飼っていなかったら、スタッフからそういう申し出があったとしても、直ちにOKを出せたかどうか自信がない。

みんながすぐに協力してくれたのは、彼らが猫や犬を飼っている、あるいは飼った経験があり、ペットが大切な存在だと理解していた背景があったからかもしれない。でもなにより、すまいるほーむが我が家の一階に移転してからの二年間で、利用者さんたちにとっても、スタッフにとっても、マロンは共に過ごすかけがえのない仲間だという意識が生まれていたことも大きい。

マロンは訓練されたセラピードッグのように積極的に彼らに近づいていったり、抱かれたりすることはできないが、時には近づき、時には距離を保ちながら、同じ空間の中で過ごすことを好んでいた。この「ただ一緒にいる」ということで生まれる、互いにとってのほどよい結びつき。それこそが、すまいるほーむでみんなが感じる心地よさの大切な要素なのだ。

そしてもう一つ、私とマロンとのやりとりを身近に見てきたみんなは、私にとって、マロンは単なるペット（愛玩動物《あいがん》）ではないことをわかってくれていた。そう、私や母にとって、マロンは人生を共にする大切な「家族」である。

今やそんなに珍しいことでもないだろう。子供に接するように、飼い主が愛犬や愛猫に愛情を注ぐ姿はいたるところで見られる。けれど私は、他人に対して、マロンを「家族」とか「子供」などと言うことに何となく引け目を感じていた。子供のいない淋《さび》しさを、マロンを擬人化することで癒《いや》そうとしているだけではないか、マロンを「家族」と思うことは、人間である私の側のエゴにすぎないのではないか、と。

動物総合病院に通い続けてみて、同じように、病気や怪我をした愛犬や愛猫を連れて、藁《わら》にもすがる思いでその病院を頼ってくるたくさんの人たちがいることを目の当たりにし、何人かの飼い主さんたちと言葉を交わす機会もあった（前年は、周りの状況や他の人たちへと目を向ける余裕は全くなかった）。そこで感じたのは、彼らにとっても愛犬や愛猫は、「家族」そのものだということ。大切な「家族」だから命を助けたい、痛みを和らげてあげたい。みんな必死だった。そうした思いは、人間の「家族」への思いと何ら変わりがない。愛犬、愛猫を、私にとってはマロンを、「家族」だと言うことに何ら引け目を感じる必要などないのではないか。むしろ愛犬や愛猫を家族の大切な一員とすることが、現代における家族の一つのカタチだと考えてもいいのではないか。そんなふうに思えてきた。

もちろん、みなが同じと言いたいわけではない。犬や猫と飼い主やその家族とのかかわりはそれぞれである。関係が疎遠だったり、虐待を受けていたりするケースだって多くある。人間でも、親子の関係、夫婦の関係、兄弟姉妹の関係等はさまざまであり、いろいろな家族のカタチがあり、そこには多くの問題が生じているように。

マロンは「家族」。だからこそ、この手術までの間、私は悩んでいた。マロンにとって何がベストな選択なのか、ということだ。

実は、レーザー治療を始めて一週間後、思ったほど治療の効果がでていないと判断した獣医師から、次のような説明を受けていた。それはかなり衝撃的なものだった。

十字靱帯が完全断裂していれば、レントゲンで関節がずれていることがわかり、確定診断ができて、手術を検討することはできるが、部分断裂の場合は、関節がずれておらず正常な位置にあるし、十字靱帯そのものもレントゲンには写らないので確定診断はできない。だから、手術を検討することはできない。すなわち手術をするには、十字靱帯が完全に断裂するのを待つしかない、というのだ。痛みを抱えているマロンを思うと、それは何とも残酷な言葉に思えた。

そんな心の内を察したのか、獣医師はさらに付け加えた。

「十字靱帯が断裂するのを待つというのは辛いことですよね。それが耐えられないという飼い主さんには、確定診断のために関節鏡検査ができる大学病院を紹介することもあります。関節鏡検査は全身麻酔をして、関節に直接カメラを入れて、十字靱帯の状態を撮影する検査です。全身麻酔をするということは、手術をするのと同様のリスクがあります。あるいは、完全断裂しても、手術をせずに、痛み止め薬やレーザー治療である程度まで痛みを緩和し保存的治療で済ますという選択肢もあります。何となく歩けるようにはなるし、痛みも慢性化していずれ感じなくなりますが、今より状態がよくなるということはありません。いずれにしても、飼い主さんの考え方次第です。どうしますか？」

「どうしますか？」と聞《き》かれても、私の頭は混乱していて、すぐには返事ができなかった。靱帯が完全に断裂するのを待っているのは辛いが、県外の大学病院まで何度か通うということはつまり仕事を何日も休まねばならず、それにここに通うのでさえマロンは大きなストレスを感じているのに、遠方の大学病院に連れて行くことに耐えられるだろうか？　手術をせずに保存的治療で済ますことがマロンにとっていいことだろうか？　考えは頭の中をぐるぐると回り続けるだけで、何の結論も出そうにない。ともかくレーザー治療をしながら、もうしばらく様子を見る、ということでその場はとりあえずの決断をするしかなかった。

本当はマロンに聞いてみたかった。マロンはどうしたい？　と。でも本人の意思を確認することはもちろんできない。私が最終的な決断をしなければならない。それは想像以上に苦しいものだった。

人間と犬とを一緒に考えていいのかどうかはわからないけれど、認知症が進行し、言葉によるコミュニケーションが難しくなった利用者さんの、治療方針や今後の生活の場や介護のあり方等について決断を迫られる家族の苦しみや葛藤が、少しだけ理解できたような気がした。介護現場で働く私たちは、家族の悩みを聞いたり、今後のことを検討するにあたって相談を受けたりすることはある。しかし最終的に決断し、その決断に責任を負うのは家族である。私たちは、家族の決断に従い、そのサポートをするしかない。時には「本当にそれが利用者さんにとっての幸せなのか?」と家族の決断に対して疑問を感じることもないわけではなかった。でも、どんな決断をするにせよ、長年共に暮らし、歴史を編んできた家族はそれぞれが悩み苦しみ、何度も自問自答し続けていたに違いない、と思えるようになった。相手に自分の意思や思いを聞くことができない、ということは、大切な存在であればそれだけ辛いことなのだと思う。

私自身について言えば、手術や治療方針等、家族の命や人生に関わる重大な決断を私が下すということを、これまで経験したことがなかった。亡くなった父は何の相談もなく何もかも自分で決めてきて、私たち家族は事後的にその決断を知らされ、否《いや》も応もなく受け入れ、支えざるを得ないという状況だった。母は相談はしてくれるし、医師との話し合いに私も立ち合いはするが、最終的な決断は母自身で下してきた。姉は義兄が相談役になったりサポートをしたりしている。だからマロンについてのこの決断が、私にとっては初めての体験で、その責任の重さに戸惑っていた。

それからの一週間、病院の行き帰りの車の中でも、レーザー治療を受けるのを待っている時も、夜、私のベッドの隣で寝息を立ててマロンが横になっている時も、マロンだったらどんな選択を望むのかを考え続けた。もし、言葉がしゃべれたとしたら、臆病《おくびょう》で環境の変化に弱いマロンは「手術なんてしたくない、入院なんてしたくない」と言うだろうな、と想像してみたりした。マロンは手術を嫌がるだろうが、かといって保存的治療でいいとも簡単には決断できなかった。何となくは歩けたとしても、今までのように自分で階段の上り下りをすることはできなくなるだろうし、散歩もカートなしではできなくなるかもしれない。痛みがなければ、それはそれでいいと考えることはできる。けれどマロンは今十歳、人間の年齢で言えば五十代で、私とそう変わらない。その選択がベストといえるのだろうか？　考えれば考えるほどわからなくなる。私は夜、熟睡することができなくなった。

そんなある日、一つの出来事があった。

午前中、すまいるほーむではひな祭りのちらし寿司《ずし》をみんなで賑《にぎ》やかに作っていた。まもなく出来上がるという頃になって、マロンが自分で階段を下り、みんなのところへとやってきたのだ。マロンが階段を下りてこないようにペット用の柵《さく》を置いておいたのだが、器用に鼻で押して隙間を作ってすり抜けてきたようだ。痛そうに左後ろ肢を上げている。

「マロン、どうしたの！」

思わず駆け寄って、マロンを抱きしめた。二階で独りぼっちでいるのが淋しくなったのか、あるいは、一階から楽しそうな声が聞こえてきて、みんなの仲間に入りたくなったのだろう。ともかく柵や痛みという障害を乗り越えて、自らすまいるほーむのみんなの所へやってきた。

その時、わかったような気がした。マロンにとっての幸せとは、家族やすまいるほーむのみんなと共に過ごし続けることである、と。私や母、利用者さんたちやスタッフとのつながりの中でマロンも生き、そこに安らぎや心地よさを感じているのだ、と。

とすれば、自分で階段を下りてみんなの中で過ごし、気ままに二階へ戻っていく生活に戻れるのなら、足腰の衰えてきた母ともまた一緒に散歩ができるようになるのなら、手術を受けさせてあげたい。私はそう思った。

「大学病院に連れていくことはやっぱりできないけれど、手術や入院でまた痛い思いや怖い思いをさせてしまうと思うけれど、でもママ（私）やバーバ（母）が一生懸命支えるから、頑張ろう」

じっと私の目を見つめるマロンにそう語りかけて、またマロンを抱きしめた。

マロンが私の言葉を理解したわけではないと思う。けれどマロンは大手術と五日間の入院を乗り切り、家に戻ってきてくれた。退院した日の晩は、たくさん水を飲み、ご飯を食べ、おしっことうんちもたくさんして、夜は私のベッドの隣で寝息を立ててぐっすりと眠った。マロンはマロンで頑張ったのだ。

何の支障もなく歩けるようになり、自分で階段を下りてきて、すまいるほーむの仲間の中に入れるようになるにはまだ時間がかかるだろう。私たち家族も、すまいるほーむのみんなもマロンをあたたかく見守り、また一緒に過ごせる日がくるのを待っている。

頑張れ、マロン！

第十章

# 共にあるということへの想像力

マロンの肢《あし》は日に日によくなり、三ヵ月もするとカートを使わずに散歩ができるようになった。階段を使って自分で二階の自宅と一階のすまいるほーむとを行き来できるようにもなり、利用者さんやスタッフに「マロンちゃん！」と呼ばれたり、撫《な》でられたり、利用者さんの横で添い寝したり、以前のように自由気ままに過ごしている。

そんな様子に安堵《あんど》すると同時に、マロンの手術の決断をめぐる葛藤《かっとう》を改めて振り返りながら、すまいるほーむが我が家に移転する前にかかわった、レビー小体型認知症の文子《ふみこ》さん（享年八十二）のことを思い出していた。徐々に意思疎通が難しくなる中で、一人暮らしである文子さんの今後についてどういう方向性がありうるのか、ことあるごとに、私たちはケアマネジャーと話し合った。でも、いつも話し合いに結論はでず、私たちは葛藤し、迷いながらも、ぎりぎりまで文子さんが在宅で生活するための支援を続けてきた。文子さんが亡くなった後も、その支援の在り方は本当に文子さんにとってよかったのか、文子さんが望んだものだったのか、と自問自答をし続けてきたのだった。

認知症が進行し、本人の明確な意思が十分に確認できない状況で、どうしたら本人の希望する暮らしを支援していくことができるのか。それは介護の現場にかかわる人間にとって大きな課題である。

厚生労働省は平成三十年に「認知症の人の日常生活・社会生活における意思決定支援ガイドライン」をまとめている。そこでは、一見すると意思決定が困難であると思われる場合であっても、本人の意思を尊重した支援をすることが重要であり、言語による意思表示が難しい場合には「身振り手振り、表情の変化も意思表示として読み取る努力を最大限に行うことが求められる」とされている。また、本人の意思の確認が難しい場合には「推定意思・選好」を確認し、それを尊重することとしている。

「推定意思・選好」とは何かと言えば、ガイドラインの脚注には、こう説明されている。

「本人に意思決定能力が低下している場合に、本人の価値観、健康観や生活歴を踏まえて、もし本人に意思決定能力があるとすると、この状態を理解した本人が望むであろうところ、好むであろうところを、関係者で推定することを指す」（厚生労働省「認知症の人の日常生活・社会生活における意思決定支援ガイドライン」三頁、二〇一八年）

言語的なコミュニケーションが難しくなった利用者さんに対して、身振り手振りや表情から本人の意思を読み取ろうと努力したり、それまでのかかわりの中で得た本人の価値観や生活歴の情報から本人の意思を推定するということは、おそらく心ある現場では今までもされてきているに違いない。

すまいるほーむでも、意思疎通が難しくなった利用者さんに対して、言語的なコミュニケーションができる段階で行った聞き書きや、本人の行動や表情から、何を望んでいるのかをみんなで話し合い支援してきた。けれど、日常生活の具体的な場面において、たとえばコーヒーとお茶のどちらを飲みたいかなどということは行動や表情から推測できても、これからの生活の場はどこがいいのか、自宅がいいのか施設がいいのかといった重大な決断が必要になる局面では、本人の意思を読み取ることはなかなかできない。今までのかかわりから本人の意思を推測したところで、それが本当に本人が望んでいることなのかを確信することはできない。葛藤を抱えたまま、支援をしていくしかないのが現実である。

文子さんがすまいるほーむを利用するようになったのは、平成二十五年の十二月だった。その三年前にくも膜下出血を起こし、手術を行ったが、術後に高次脳機能障害の症状が現れ、記憶力が低下し、調理の手順がわからなくなったりして、要支援1の認定を受け、訪問介護のヘルパーによる家事支援を受けて生活をしていたのだ。

ところが、同居するご主人が肝臓がんの末期で入院した頃から、幻視が見えるようになったり、ご主人のお見舞いに行った時に病院内で迷ってしまったりと、さらに生活面で支障が出てくることが多くなった。精神科を受診するとレビー小体型認知症だと診断され、介護認定の変更申請を行い、要介護1と認定。ご主人が亡くなった後、独り暮らしとなった文子さんの生活を心配したケアマネジャーの三国さんが、日中の見守りの場所として、すまいるほーむに文子さんを連れてきたのである。三国さんは、ご主人のケアマネジャーでもあり、文子さんとは数年来の付き合いがあったことで、文子さんは不安を抱えながらも三国さんを信頼し、すまいるほーむに通うことを決めてくれた。

文子さんはとてもチャーミングな女性だった。すまいるほーむに来る時には、スカートを穿《は》き、ネックレスや指輪などのアクセサリーで身を飾り、きれいにお化粧もしていた。冗談が好きで、よく利用者さんたちやスタッフたちを笑わせてくれたものだ。

また読書家で、自宅の書棚にはたくさんの小説本があり、すまいるほーむを利用してからしばらくして、もう読まないからと言って何冊もの文庫本を寄贈してくれた。若い頃には市内の映画館で働いていたとのことで、聞けば、映画館で働こうと思ったのは、映画が見放題だったからだそうだ。文子さんは相当な映画好きの女性でもあった。

だからなのか、文子さんは私が今まで出会った利用者さんの中でも、とりわけ言葉を大切にする人だった。話をしていると時折、文学的な表現を使うことがあって、よくハッとさせられたものだ。お風呂《ふろ》の中や送迎車の中で文子さんとする会話はとても楽しみだった。

けれど、すまいるほーむの利用を始めてから半年ほどたったあたりから、言いたいことを言葉にするのが少しずつ難しくなってきた。それでも、私やスタッフに自分の思いを伝えようと、一生懸命言葉を探してくれる。時間をかけて言葉を見つけた時には本当に嬉《うれ》しそうだった。でも言葉をとても大切にしてきた文子さんにとって、言葉がなかなか出てこないという事態は、とても辛《つら》いものだったようだ。首のあたりを指さしながら、「ここまで（言葉が）来ているのだけど、出てこないの」と言って、涙ぐむこともあった。

利用開始から一年半が経ったあたりからは、電気ポットや電子レンジ、エアコンのリモコン等、電化製品を使うのが難しくなってきた。電気ポットの中にコーヒーを入れて温めて吹きこぼれてしまったり、電子レンジでパンを温めて真っ黒に焦がしてしまったり、エアコンは真夏だというのに暖房のスイッチを入れてしまったりということが繰り返されるようになったのだ。

ガスは既に、二週間に一回様子を見に来てくれる隣接市に住む弟さん夫婦が止めていたが、電化製品の誤使用による火傷《やけど》や火事が心配である。文子さんと相談して、ヘルパーやデイサービスのスタッフと一緒に使い、その他はコンセントを抜いておくことにした。エアコンについては、熱中症が心配だったので、デイサービスでリモコンを預かり、スタッフが送迎時に温度設定してくることにした。

さらに一年程たった頃には、言葉による意思疎通がかなり難しくなってきた。本人が言葉で表現するのが難しいばかりでなく、こちらの言葉を理解してもらうことも容易ではなかった。送迎車の乗り降りや歯磨き、入浴時の着替え等の日常生活の動作も、なかなか行為にはつながらず、多くの場面で介助が必要となっていた。また、夜間一人でいる時に、幻視や妄想があるようで、朝お迎えに行くと箪笥《たんす》やテーブル、椅子等の家具が移動していたり、箪笥の中の衣類が床に散乱していたりすることがたびたびあった。本人も混乱して、部屋の中を歩き回っていたりもしていた。そんな時はお迎えに行ったスタッフが話を聞いたり、体をさすったりすることで、文子さんは気持ちを落ち着かせてくれた。スタッフは一緒に部屋の片づけをしてから、文子さんをデイサービスまで連れてくることが日常になっていた。

そんな文子さんの在宅生活が脅かされたのは、平成二十八年の九月のこと。胆嚢《たんのう》炎のため隣町の総合病院に入院したのだ。入院中は点滴の抜去を防ぐという理由で手足を縛られ、掌《て》にはミトンも被《かぶ》せられて、尿道にはカテーテルが入れられた。お見舞いに行くと、拘束された文子さんは私たちのことは認識してくれたものの、目はうつろでぼんやりとしていて独り言を繰り返すような状態だった。身体拘束を強いられた入院生活はどんなに文子さんの心身にダメージを与えただろう。

言葉での意思疎通が難しかったり、日常生活の動作にも介助が必要となったり、時々混乱することもあった文子さんだが、表情はとても豊かだったし、ふいにポロッと口にするユニークな言葉で利用者さんたちや私たちを笑わせてくれるチャーミングさは相変わらずだった。そんな文子さんが入院した途端に全く別人のようになってしまったことに、私たちはとてもショックを受けた。

唯一の親族である弟さん夫婦も同様で、ベッドに横たわり独り言を繰り返す文子さんの様子から、もう自宅での独り暮らしは無理なのではないかと不安をもらした。医師からも施設入所を促されたのである。

それでも、ケアマネジャーの三国さんも私たちも、入院前の様子からして、まだまだ在宅生活を続ける力が文子さんにはあるという希望を持っていた。何よりも、今の状態で施設に入所したら、そのまま寝たきりになってしまうのではないかと懼《おそ》れていたのだ。弟さん夫婦も心配は払拭《ふっしょく》できないものの、私たちの判断に委《ゆだ》ねたい、と言ってくれた。文子さん本人がどうしたいのかの意思の確認をすることはできなかったが、このまま施設に入ることを望んでいるとも思えず、三国さんが中心となって在宅生活へ復帰する準備を進めることになった。

文子さんは退院後、二週間の看護系ショートステイでの滞在を経て、十月末には自宅へと戻ってきた。歩行も安定し、尿道カテーテルも取れ、自分で排尿ができるようになっていた。食事については、初めは介助が必要だったが、時間を経るごとに自分で食べられるようになった。言葉による意思疎通はやはり難しい状態だったが、嚙《か》み合わないながらも言葉を発してくれることも多くなり、入院前の状態に戻ってきたように思えた。

在宅復帰後、要介護4と認定され、週六日すまいるほーむを利用し、すまいるほーむがお休みの日曜日は、ケアマネジャーの三国さんがヘルパーとして服薬介助と排泄《はいせつ》介助のために朝、夕の二回、自宅へうかがうという支援体制の下で、文子さんの在宅生活は続いていったのだった。

退院後の回復ぶりから、やはり文子さんにはまだまだ在宅生活を送る力があったのだと確信を持てたのだが、半年程たった平成二十九年の春頃からは、自宅で一人で夕食を食べることが難しくなっていった。

それまでは帰りの送迎の際にコンビニエンスストアへ寄り、文子さんに選んでもらって夕食のお弁当を購入し、自宅に着くとスタッフが電子レンジでお弁当を温めて、一緒に炬燵《こたつ》に座して話をしながら、文子さんがお弁当を食べ始めるのを見守ってから帰る、という形で食事を促していた。ところが、その頃から食への興味を失くしたようで、コンビニでお弁当を選んでくれなくなっていた。今までのように話をしながら食を促しても、翌日お迎えに行った時には、ほとんど箸《はし》をつけていないままお弁当が残っていることも増えていったのだ。

ただし、朝食と昼食は週六日、すまいるほーむで食べていた。みんなで一緒に食事をする場にいることで食欲と食への関心が促されるのか、自分で食べることもできたし、食べるという行為に結び付かない時には、スタッフの介助によりほぼ全量を食べていた。だから自宅で食べられないことについて、それほど深刻には考えていなかった。

在宅生活を継続することの危うさを私たちが感じ始めたのは、夜間に、トイレ以外の場所で排泄することが増えていったことだった。朝お迎えに行くと、台所の床や玄関の土間に排尿や排便をしてあることがたびたびあったのだ。

なぜ、トイレではなく台所の床や玄関の土間に排泄をしてしまうのか、文子さんはその理由を語ってはくれない。みんなで話し合い、若いスタッフから出されたのは、文子さんは自宅のトイレの場所がわからなくなってしまったのではないか、という意見だった。だからトイレを探し、迷って困った末に、トイレの近くである台所や玄関で排泄をしてしまうのではないか。

そこでスタッフは、トイレの場所がわかるように、画用紙に大きくトイレと書き、目立つようにマスキングテープで縁を飾った。それを文子さんと一緒に自宅のトイレのドアに貼り付け、「ここがトイレだよ。これを目印にしてね」と毎回帰りの送迎時に文子さんと場所を確認したのだった。

それからは失敗することなく、トイレで排泄ができるようになった。けれど二ヵ月程経った頃には、文子さんには「トイレ」という文字が書かれた画用紙は目に入らなくなってしまい、再び毎日のように台所の床や土間に排泄がされるようになった。そのため、朝お迎えに行ったスタッフは、まずは文子さんをトイレへ連れていき、陰部洗浄や更衣をしてから、排泄物を片付けて、床や土間を掃除し、消毒をして、そしてすまいるほーむへと連れてくるようになった。

しばらくすると、さらに問題が起こった。台所のシンクの排水溝にお弁当の残りを流して詰まらせたり、靴下を詰めてしまったりするようになったのだ。それだけならスタッフが排水溝の掃除をすれば済むのだが、きれい好きな文子さんは手や食器を洗おうとしたのか、水道を使ってそのまま出しっぱなしにしてしまい、シンクから水が溢《あふ》れ出て、朝お迎えに行ったときには、台所が水浸しになっているということがあったのである。本人も困った様子でオロオロとしていた。どうしたらいいかケアマネジャーの三国さんと検討し、とりあえず排水溝に目の粗い網をつけて詰まりにくくし、水道の元栓をひねって水量も少なくして、シンクから溢れ出ることがないよう対応をした。

その頃から、もう在宅生活は難しいのではないか、という声もスタッフの中から出始めた。何かできないことが出てきたり問題が起きたりしたら、一手一手支援を増やしていき、何とか乗り切って文子さんは在宅生活を続けてこられたが、デイサービスのスタッフにとっては送迎時の負担が大きくなりすぎていたのだ。それにトイレで排泄ができなかったり、台所を水浸しにしてしまうことは、夜間一人でいる文子さんも不安なのではないか、という意見もあった。

一方で誰もが、まだ文子さんは在宅で頑張れるのではないかという思いも捨てきれなかった。たとえば、床で排泄をしてしまった後も、文子さんは何とか自分でそれに対処しようとタオルや衣類で拭《ふ》いた痕跡《こんせき》があったし、押し入れから出してきた布団を丸めて洗濯ばさみで留めて何かをしようとしていたこともあった。夜間は唯一、文子さんが一人で過ごし、自分の力で自由に活動できる貴重な時間でもあるだろう。もし二十四時間体制の施設へと入所したら、確かに安全で安心ではあるかもしれないが、文子さんの中に残るそうした一人で頑張ろうとする力を奪ってしまうことになるのではないか、とも思えたのだ。

でも文子さん自身はどう思っているのか、その意思を確認することはもはやできない。弟さん夫婦も心配は募るばかりのようだったが、これまでかかわりあってきた三国さんと私たちを信頼し、結論は委ねると言ってくれたのだった。

何度も話し合いを繰り返したが、結論は出ないまま、半年近く在宅生活への支援が続いた。そして平成三十年の五月に入った頃に、朝自宅へお迎えに行くと急に、文子さんは床に座り込んでいて、介助なしには立ち上がれないようになっていた。両足はむくみ、下腹部の痛みもあった。病院受診をしたが原因はわからず、血液検査で炎症反応があったため抗生物質を投与され、しばらく様子をみることになった。

数日経っても症状は改善されず、発熱もあり、意識レベルの低下も見られたため、再度病院を受診すると、肝臓がんの疑いがあるとされた。ただ、精密検査を受けるのは難しい状態だったし、がんであることがわかったとしても、年齢的にも認知症の進行状態からも、積極的な治療をするのは望ましくないのではないか、というのが医師の判断だった。弟さん夫婦も積極的治療は望まなかった。そして体調面から考えて、これ以上在宅での独り暮らしは難しいと判断した医師の指示により、病院系列の介護老人保健施設へと入所することになったのである。

入所後、何度かお見舞いに行ったが、文子さんは寝たきりの状態になっていた。みんなでベッドを囲み、体をさすりながら、「文子さん、みんなで会いに来たよ」と声をかけた時に、文子さんの目から涙がこぼれたのを今でも覚えている。みんなと会えたことを喜んだ嬉し涙なのか、寝たきりの状態になってしまったことへの絶望の涙なのか、家に帰りたい、みんなとともに過ごしたいけれどそうできないという悔し涙なのか。文子さんの中でそれまで抑え込まれてきた、複雑な思いが込み上げてきて流れた涙だったのではないか。

入所から三ヵ月後、平成三十年八月中旬、肝臓がんの進行により体調を悪化させ、文子さんは施設で息を引き取ったのだった。

マロンの手術をきっかけに、私は文子さんとの約四年半のかかわりと在宅生活の変化の様子を、分厚い記録を改めて読み返しながら振り返った。認知症が進行した後も、がんで体調を崩すまで文子さんが在宅での独り暮らしを続けられたことは、認知症と診断された方たちへの一つの希望にもなるのではないか、という思いが私たちにはある。けれど一方で、在宅生活への支援をここまで継続してきたことが本当に文子さんにとってよかったのかどうか、文子さんに無理を強いてしまったのではないかという迷いもやはり強く抱いてしまう。ましてや、それが文子さんの意思をくみ取るものだったのかと問われれば、全く自信がないというのが正直なところだ。

確かに、文子さんは、言語的なコミュニケーションができていた頃に、こんなことを言ったことがある。

「私、何だか変になってきているみたいなの。もうどこかの施設みたいなところに行かなきゃいけないかな」

今までできていたことが少しずつできなくなっていくことに、文子さんは大きな不安と絶望を感じていたのだと思う。私は文子さんに、どうしたいのかと尋ねた。すると「私はできればずっとここに居たいのよ」と涙ぐんで答えたのだった。「ここ」というのは、自宅ということでもあるし、すまいるほーむということでもあるように感じられた。

その「ずっとここに居たい」という言葉を文子さんの意思と見なし、がんで動けなくなるまで在宅生活を続けていく支援をしてきたことは、本人の意思に沿ったものだったのだと納得すべきなのだろうか。何だか違うように私には思えた。文子さんが最後まで変わらずそう思っていたかどうかはわからないし、文子さんがそう言っていたのだからよいのだとすること自体、この選択の責任をすべて文子さんに押し付けて終わりにしてしまうようで、かえって心苦しくなる。

では、在宅生活を継続させるための支援は、支援する側が本人のためだと勝手に思い込んで行ったパターナリズムにすぎず、文子さんはそれに抗《あらが》うこともできずに全面的に受け身にならざるを得なかったのか。そう考えることも私は違うのではないかと考えている。それは文子さんを、自分の生き方についての選択のプロセスに何も関われず、受け身でしかない「無能な人間」だと見なしてしまうことに他ならないからだ。

そもそも、私たちが行ってきた支援が本人の自発的な意思を尊重したものだったのか、支援者側が勝手に決めたことに文子さんが受け身的に従わざるを得なかったのか、という二者択一の問い自体が不毛なのかもしれない。

哲学者の國分功一郎《こくぶんこういちろう》さんは、『中動態の世界――意志と責任の考古学』（医学書院、二〇一七年）で、意思／意志が問われるようになったのは、「する」か「される」かで考える、能動態と受動態を対立させる言語による思考方法になってからだと論じている。

私たちは、行為を表現する言語は「する」と「される」、即ち能動態と受動態の二項対立の概念しかないと思い込んできた。「する」と「される」の能動態と受動態の対立では、「誰がそれをしたのか？」、つまりその行為の主体が常に示される。たとえば「私は施設に入ることを決めた」と言ったら、「決める」という能動態的な行為の主体は「私」であり、「決める」という行為は「私」の「意思」によるものだとみなされる。

けれど國分さんは、何らかの行為や選択は「過去にあったさまざまな、そして数えきれぬほどの要素の影響の総合として」（前掲著、一三二頁）現れるのであって、純粋で自発的な意思／意志などない、と言う。

施設に入ることを「決める」という行為は、自分の健康状態や家族関係、知り合いから「いいところだよ」と聞いたとか、環境や雰囲気だとか、その他いろいろな要素に影響された結果であり、その意味では受動態的とも言える。施設に入ることを「決めさせられる」ことについては、誰かの言動によって強制的に選択させられたのだとしても、結果的に「決める」という行為があったという意味では能動態的とも言えるのだ。

要するに、「する」と「される」という能動態と受動態の二項対立では説明のできないことが、実はたくさんあるということである。二項対立の思考の枠組みに無理に押し込めて考えようとすることで矛盾が生じたり、「自己責任」という名のもとにその行為を行った人がバッシングを受けたりする現代社会の在り様に対して、それでいいのかという問題提起を、國分さんはしているのだ。

その二項対立を相対化できる思考方法として、國分さんは「中動態」という言語による思考の在り方に注目する。行為を出来事として描写する言語だ。出来事にかかわる行為の主体はその出来事の過程の中にあると考えられ、したがって「意思」は問題とはならないと言う。

たとえば先ほどの例は、中動態的には「施設に入ることが決まった」と表現できる。この「決まる」という出来事には、「私」という主体はプロセスの中の一部にすぎず、それが私の意思であるかどうかは問われない。その代わりに浮かび上がるのは、「決まる」というプロセスにかかわる「私」も含めた複数の要素だ。「誰がしたのか?」が明示される能動態と受動態の対立的思考とは違って、そのプロセスへと想像力を働かせることができる余白が残されている。

文子さんの在宅生活への支援を、中動態的に考えてみると、どのように理解できるだろうか。まず出来事として、「文子さんの在宅生活は認知症が進行してからもがんで動けなくなるまで続いた」と表せる。文子さんの「意思」だったかどうかという問い自体がなくなる(天国にいる文子さんも、「文子さんの意思だったの?」とずっと問われ続けるのは辛かったかもしれない)。では、「在宅生活が続いた」という出来事の中で、文子さんは幸せだったか? もちろん明確な答えはない。けれど中動態的な思考で「意思」をめぐる葛藤から解放されることで、プロセスを振り返り、文子さんへと思いを馳《は》せ、対話をし、文子さんの思いを想像してみることができるのではないだろうか。

私は「支援」という言葉を使ってきたけれど、むしろ文子さんの在宅生活の継続を支えていたのは、二項対立の「支援する」「支援される」を超えた、文子さんと三国さん、私たちスタッフ、弟さん夫婦とがそれぞれ紡いできた「つながり」が、ゆらぎながらもまた結びついていく歴史ではなかっただろうか。

　ケアマネジャーの三国さんと文子さんは、すまいるほーむの利用以前からの付き合いだったが、ある出来事を共に乗り越えることで、より強く結びついていった。

　レビー小体型認知症の文子さんは、夜中に天井に穴が開いて人が覗《のぞ》いている、不気味な動物がいるなどの幻視が著しくなり、「怪奇」が起こっていると言って恐怖を感じるようになっていた。三国さんは文子さんと相談し、市内の神社でもらってきたお札を自宅の柱に貼って一緒に拝んだ（エピソードの詳細は拙著『介護民俗学という希望』をお読みいただければ嬉しい）。お札を貼った後、幻視は無くならなかったものの、文子さんは恐怖を感じるよりも、迷惑で鬱陶《うっとう》しいけれど、孤独を紛らわしてくれる存在として幻視を受け入れるようになったのだ。

　三国さんが印象的なことを言っていた。

「たとえ貼ってくれたのが誰かわからなくても、自分を気遣ってくれる存在があることを文子さんが認識できるための形としてお札があれば、毎晩独りで魑魅魍魎《ちみもうりょう》に対峙《たいじ》してきた文子さんにとって、少なからぬ慰めになるんじゃないかという意識もあったよね。そして、文子さんの様子を見に行った時に、何か見えたと怖がっていたら、お札に向かって一緒に拝もうよと言って、手を合わせる。それで、自分を気遣ってくれているという思いが文子さんに少しでも伝わって、心強さや優しさを感じてくれればいいと思う」

　文子さんもお札について、こう言っていた。

「ここのところ私を見守ってくれていたの、三国さんが。お札は効きます。三国さんは外の人なのに（家族ではないのに）家のためにそうやってくれるからね。私も一生懸命お札に向かって拝んでいます。そうしたらやっぱり気持ちよくなったね。いつも胸のあたりがわさわさするような嫌な感じがしていたんだけど、それがなくなってね、なんかすっきりした感じ。お札を貼ってもらってよかった……」

文子さんの抱く恐怖や苦しみを受けとめて、どうしたらいいのか一緒に考えて、お札を貼って、一緒に拝んでくれた三国さん。お札を介して、文子さんは、気遣ってくれる存在としていつも三国さんを身近に感じられるようになっていったのだ。

言語的なコミュニケーションが難しくなってからもずっと、文子さんは、日曜日に三国さんがヘルパーとして自宅を訪れると、とても安心した表情をしていたそうだ。三国さんとのつながりは、不安を抱えながら一人暮らしを続けていた文子さんの心を最後まで心強く支えるものだったのではないだろうか。

私もまた、文子さんと共につながりを紡ぐ時間を過ごしてきた。

文子さんを自宅に送り届け、炬燵に一緒に座し、コンビニエンスストアで買ったお弁当を食べるのを見守っている時間が大好きだった。夕飯にはよく焼肉丼を買って食べていた。おいしそうに頬張りながら、時々、幻視について語ってくれた。

「最近、またいるのよ、主人が。しかも結婚して子供もいるの。まったく何を考えているんだかね。何やっているのよ、って言ったらさ、押し入れの中に入っちゃってさ。それでしょうがないから布団を出してやって、『あんたっち、これで寝れば？』って言ってやったの。だって、しょうがないでしょ。まったくね」

幻視が著しくなった頃から、文子さんには亡くなったご主人が見えていた。しかも付き合っている女性を連れてきたり、その人と結婚したり、子供ができて文子さんの家に住みついたりと同居人が増えていったのだ。腹を立てながらもしょうがないと受け入れている。そんな文子さんの様子が微笑ましく思えるとともに、ドラマティックな語りに惹《ひ》き込まれ、いつもメモを取りながら聞き入っていたものだ。私が熱心に聞くものだから、文子さんも一生懸命、自宅で起きた出来事（幻視）について語ってくれた。

その語りがあまりに魅力的だったので、「二人で一緒に小説を書こうよ」と何度か提案したこともある。その度に「面白そうだね！」と焼肉丼を食べる箸を止めて、身を乗り出してくれた。「本が売れたらどうする？」「高級な肉ですき焼きを食べよう」と盛り上がった。二人にとってワクワクするような対話の時間だった。

言語的なコミュニケーションが難しくなってからは、そのような対話はなくなったが、それでも一緒に炬燵に座して過ごす時間が相変わらず好きだった。夕食のお弁当を食べるように時々促しながら、共にテレビの番組を眺め、笑い、顔を見合わせる。そこには静かな時間が流れていた。場を共にしているということだけで文子さんを愛《いと》しく思えた。文子さんもまた、私と共にあることを、よしとしてくれたように思う。少なくとも嫌がったりはしていなかった。

「共にいる」ではなく「共にある」と中動態的に表現したのは、文子さんの「意思」や私の自発性とはかかわりなく、共有する時間と空間が、二人のつながりと歴史の中で出来ていたと思うからだ。

三国さんも、自宅のトイレのドアに「トイレ」と書いた画用紙を貼ったスタッフも、一緒に部屋の片づけをしたスタッフも、一週おきに必ず文子さんに会いに来て、食事を共にしていた弟さん夫婦も、それぞれが文子さんと紡ぐ時間の中で、「共にある」存在になっていったのではないだろうか。

たくさんのつながりの中で共にあった文子さん。幸せだったかどうかはわからないが、少なくとも孤独ではなかったと言えないだろうか。「文子さんの在宅生活が認知症が進行してからもがんで動けなくなるまで続いた」ことは、文子さんと、つながりを共にした私たちとが歩んだプロセスであり、物語だったのだ。

こんなふうに説明したからと言って、認知症が進行し、意思疎通が難しくなった方が、終《つい》の棲家《すみか》をどこにするのか、どういうケアを受けて、どう生きていくのか、その重大な選択に際して多くの家族や支援者が抱える葛藤に、明確な回答が示せたわけではない。私たちも同じような状況の中で、これからも迷い、葛藤をし続けるだろう。

けれど一つだけ言えるのは、「中動態」という思考の在り方が、「意思」を問うことを必要命題とする、どこか冷たい感じのする「意思決定支援」に囚《とら》われなくてもいいのだと、私たちの背中を押してくれているということだ。

私たちにできるのは、自分たちを含め、本人がどんなつながりを持ってきたのか、そこにはどんな時間の流れがあり、どんな場が作られていったのかを、丁寧に振り返り、想像することだ。それこそが本人と真に「対話」することなのではないだろうか。選択は、本人と共にあるそのプロセスの中でなされていく。

第十一章

# 入浴は「気持ちがいい」だけじゃだめなのか？

私は入浴介助が好きだ。

確かに、体力はかなり消耗するし、夏場は入浴介助をした日の夕方には体がだるくなり、頭痛や吐き気などの熱中症のような症状が現れることもある。入浴時は転倒もしやすいし、血圧が急に下がって意識が朦朧《もうろう》とするなど、利用者さんの体調が急変することもあるから、介助には緊張が伴う。心身がリラックスした利用者さんが浴室の中で排泄《はいせつ》をしてしまうといったアクシデントも時にはあり、処理に大慌てになったりすることもある。管理者と生活相談員も兼ねているため入浴介助に専念できる時間は多くは作れないが、それでも週に一日は入浴介助の担当をしないと何だかとても淋《さび》しくて、物足りない気持ちになってしまう。

すまいるほーむの浴室は父のステンドグラスの作業場だった玄関脇の細長いスペースを改築したもので、浴室、脱衣場ともにそれぞれ二畳程の広さしかないが、まだ新しくてきれいだし、木目調の壁は温かみがあるし、窓からは日の光が十分に入る、明るくて気持ちがいい空間だ。ここで毎日、四人から六人の利用者さんが一人ずつスタッフに介助されながら入浴している。

施設によっても、あるいは利用者さんの好みや習慣によっても入浴介助の仕方は異なるが、すまいるほーむでは多くの場合、まず洗い場の椅子に座ってもらい、たらいにたっぷりのお湯を汲《く》んで足浴してもらう。冷えた体が足先から温まり、利用者さんは「ああ、あったかい。気持ちがいいね」とほっとする。泡立てたシャンプーやボディーソープで髪の毛や背中をスタッフが丁寧に洗うと、さらに「気持ちがいい〜」と表情がほぐれてくる。自分で洗えるところは洗ってもらい、時に介助しながら体全体を洗い流し、すべったり転んだりしないように気を付けながら、手すりにつかまって浴槽に入ってもらう。利用者さんたちは湯船にゆっくりと浸《つ》かりながら、また「ああ気持ちがいいね〜。幸せだね〜」と深いため息をつく。

もちろん、入浴が好きではなかったり、苦手だったりする利用者さんも中にはいる。でもそんな方でも湯船に入った時には、やっぱり笑顔になることがほとんどだ。

「気持ちがいいね〜」と繰り返される言葉と、リラックスして笑みのこぼれる表情。利用者さんの体から溢《あふ》れる幸せオーラが充満したこの空間に身を置いているだけで、私もまた満ち足りた気分になるのである。

すまいるほーむでは、私の他に三人の女性スタッフが、週に一〜二日ずつ入浴介助を担当してくれている。いずれも入浴介助好きである。

私と共に生活相談員をしているまっちゃんは、以前は訪問介護のサービス提供責任者をしていたが、その頃から利用者さんをお風呂《ふろ》に入れるのが大好きだったという。

「大きな施設で働いたことがないから、一度に大人数を入れる場合はよくわからないけど、訪問介護の時も、すまいるほーむでも、お風呂は利用者さんと一対一になれるじゃない。そうすると、普段言ってくれないことをポロッと言ってくれたりするんだよね。それに、お風呂に入れると、みんな『気持ちいい』って喜んでくれるし。だから、そういうのが嬉《うれ》しいし、お風呂は全然苦にならないよ」

実際には大変な場面もたくさんあるというのに、「苦にならない」と言ってくれるのはありがたい。そして、まっちゃんが入浴介助が好きな点として挙げてくれた「普段言ってくれないことを言ってくれる」という言葉にも、私は心から頷《うなず》ける。

普段は無口な方が湯船の中で子供の頃の思い出話を雄弁に語ってくれたり、みんながいるデイルームでは言えなかった不安や悩みを打ち明けてくれたりするということを、私もよく経験している。そうしたお風呂での語りが、その後、聞き書きとして展開されたり、ケアマネジャーと連携して不安や悩みを解決していくための相談援助につながったりすることもある。利用者さんがお風呂の中で雄弁になるのは、心身ともに開放的になることもあるだろうし、利用者さんと介助するスタッフとが一対一になれる特別な空間である、ということもあるだろう。体を洗いながら利用者さんと交わす体と心の親密なやりとりが、互いの関係を深めていっているという実感もある。

以前、介護老人保健施設（老健）の介護職員をしていたモッチーは、大人数の入浴介助も経験している。老健の風呂場には機械浴（車いすを利用している方や寝たきりの方に機械を使って入ってもらう入浴方法）の浴槽、洗い場の他、個浴（比較的身体機能の高い方に一人ずつ入ってもらう入浴方法）の浴槽（すまいるほーむの浴槽と同じくらいの大きさ）が二つ、洗い場が二つあり、個浴ではスタッフ二人で四人の利用者さんを介助していたという。

一人の利用者さんを湯船に入れると、その間に、脱衣場で待っていた利用者さんを洗い場に連れてきて洗身する。洗身している間もその利用者さんの身体観察と共に、湯船に浸かった利用者さんの様子を見守らなければならない。そして、洗身が終わる頃を見計らって、お湯に浸かっていた利用者さんを湯船から出して、脱衣場に連れていき、洗身が終わった利用者さんを湯船に入れる。それの繰り返しで、入浴介助中にゆっくりと話ができるような状況ではなかった。常に時間に追われる流れ作業のようで、あまり入浴介助は好きではなかったとモッチーは言う。それに比べてすまいるほーむでは、一対一でゆっくり介助ができ、話もたくさんできるので、今は入浴介助がとても楽しいそうだ。

モッチーのすごいところは、入浴介助の時に、利用者さんの全身や皮膚の状態をよく観察していることだ。頭皮にできた出来物や、腕や脚の傷や打ち身、背中や陰部のかゆみや湿疹《しっしん》、仙骨部や大転子部の床ずれ、足の裏の肉刺《まめ》、足や手の指間の水虫等。頭のてっぺんからつま先まで全身の隅々を、視覚と指先の感覚で観察し、利用者さんの身体のわずかな変化も見逃さずに報告してくれる。利用者さんの体の状況をくまなく観察できるのは入浴介助の大きな利点だ。そこで見つかった変化の情報をケアマネジャーや医療職、家族と共有することで、早期の治療へと結びつくことも多い。

特別養護老人ホーム（特養）やショートステイで働いた経験のある亀ちゃんは、その頃から入浴介助が大好きだった。すまいるほーむと同様に、特養でもショートステイでも一対一で入浴介助ができたので、利用者さんとたくさんおしゃべりができたし、しゃべれない人でもその表情で「気持ちがいい、極楽、極楽」と思ってくれているのが伝わり嬉しかったそうだ。また、腋《わき》の下やお腹の肉が段々に重なった間とか、利用者さん自身ではなかなか洗いきれない部分にたまった汚れや垢《あか》をきれいにし、利用者さんの体がピカピカになっていくのを見ると、まるで自分の体を洗ったかのようにさっぱりして気持ちよくなるのだという。

「利用者さんに体と心を委《ゆだ》ねてもらっているというか、預けてもらっているというのが嬉しいんですよ。やっぱりみんな羞恥心《しゅうち》もあるし、他人に裸を見られたり、触られたりするのって嫌だと思うんです。でも、そうやって少しずつ心を許して身を委ね、洗わせてくれる。そして、気持ちいいと感じてくれる。それって、介護職としては最高の幸せですよ」

私も含め、すまいるほーむで入浴介助を担当してくれているスタッフたちは、それぞれが入浴介助にやりがいと喜びを感じているのだ。

そんな入浴介助好きの私たちは、困惑してしまった。

令和三年度は三年に一度行われる介護報酬の改定の年だが、すまいるほーむが該当する地域密着型通所介護にかかわる二十項目以上もの改定事項の中に、入浴介助加算の見直しがあったのである。

それまで、デイサービスで入浴介助を行った場合には、介護度にかかわらず一人につき一日五十単位を算定できた。金額にすると五百円で、自己負担割合率が一割の利用者さんが支払う金額は五十円。ところが報酬改定では、今まで行ってきたこの入浴介助にともなう加算が入浴介助加算（Ⅰ）とされ、四十単位に引き下げられた。そして、新たに五十五単位を算定できる入浴介助加算（Ⅱ）が設定されたのだ。

厚生労働省のホームページに公開されている「令和三年度介護報酬改定における改定事項について」という文書の中の「3.（1）⑩　通所介護等の入浴介助加算の見直し」というページには、次のように説明されている。

○通所介護・地域密着型通所介護・（介護予防）認知症対応型通所介護における入浴介助加算について、利用者の自宅での入浴の自立を図る観点から、以下の見直しを行う。

ア　利用者が自宅において、自身又は家族等の介助によって入浴を行うことができるよう、利用者の身体状況や医師・理学療法士・作業療法士・介護福祉士・介護支援専門員等（以下「医師等」という。）が訪問により把握した利用者宅の浴室の環境を踏まえた個別の入浴計画を作成し、同計画に基づき事業所において個別の入浴介助を行うことを評価する新たな区分を設ける。

イ　現行相当の加算区分については、現行の入浴加算は多くの事業所で算定されていることを踏まえ、また、新たな加算区分の取組を促進する観点から、評価の見直しを行う。

つまり、利用者さん自身や家族等の介助によって、本人が自宅で入浴を自立して行えるようになるために、介護福祉士を含めた医師等の専門職が自宅を「訪問」し、自宅の浴室環境を把握した上で、他の職種とも連携して個別の「入浴計画」を立て、それに基づいて入浴介助をする場合は、五十五単位を算定できる入浴介助加算（Ⅱ）をとることができる。一方、自宅での入浴の自立を目標とせず、「訪問」と「入浴計画」のない従来通りの入浴介助を続ける場合は、四十単位に引き下げられた入浴介助加算（Ⅰ）となる、ということだった。

私たちが困惑した理由の一つは、スタッフみんながやりがいと喜びを感じていたこれまでの入浴介助の在り方の評価が下げられた、ということである。金額にしてみると、一人一日につき五百円だったものが四百円となったわけだが、決して高くはない介護報酬によって経営しているすまいるほーむの現状からすると、百円下がることの経営への影響は大きい。それ以上に、現場のスタッフからすれば、利用者さんの心身の状態に細心の注意を払いながら、体や言葉を介した親密なやりとりによって関係を深めていく場であった入浴介助には価値がなかったのかと、絶望的な気分にもなってしまう。

前掲の説明文に「新たな加算区分の取組を促進する観点から」とあるように、この入浴介助加算の見直しには、いずれデイサービスでの入浴介助全体を、自宅での入浴の自立を目指す入浴介助加算（Ⅱ）へと移行していくことが意図されているようだ。とすれば、最終的に見据えられているのは、デイサービスでの入浴介助を受けなくても、本人が自宅で自立して入浴することができる、という状態なのだろう。

注意しておきたいのは、この場合の「自宅での入浴の自立」には、訪問介護等による公的サービスによる入浴介助は含まれないということだ。あくまでも本人自身か、家族の介助によって入浴することを指している。つまり今回の見直しで目指されているのは、いずれは利用者さんが公的サービスを利用しなくても、自宅で入浴を自立して行えるようになることであり、新設された入浴介助加算（Ⅱ）が算定できる入浴介助とは、そのための訓練をすることを意味していると言える。

介護現場で多くの方の入浴介助をしてきた私たちは、ここに想定されている「自宅で自立して入浴することができるようになる」という最終目標に対して、強い違和感を覚えてしまう。訓練すれば自宅で自立して（公的サービスによる介助なしで）入浴できる人が増えるのだろうか。自宅で入浴して転倒したり、体調が急変して入院することになったり、最悪のケースでは亡くなってしまったり、あるいはかえって介護度が上がってしまったりするリスクはないのだろうか。本人や家族はそれを望んでいるのだろうか、といくつもの疑問が頭に浮かんでくる。

令和二年十月十五日に行われた社会保障審議会の介護給付費分科会第一八八回の資料によれば、通常規模の通所介護では九四・五％の事業所が、すまいるほーむの該当する小規模の地域密着型通所介護では七七・八％の事業所が、これまでの入浴介助加算を算定しているという。すまいるほーむでも、利用者さん全体のうち約八割が入浴介助サービスを希望し、利用日のうち週に一回から五回程度、介助を受けて入浴している。中には「風呂に入れるから、すまいるほーむに来ている」という男性利用者さんもいる。入浴介助のニーズは非常に高いのである。

利用者さんたちが入浴介助を希望される理由は様々だが、その多くは自宅で入浴するのが困難な状況にあるということだ。

たとえば九十代のきーやさんは、前年までは自宅で入浴をしていたが、自宅の廊下や自室で転倒することが多くなったため、安全を考えてすまいるほーむで週に何回か入浴介助を受けることになった。それでも、すまいるほーむを利用しない日や入浴介助のない日には自宅で一人で入浴することもあったが、ある日、脱衣場でシャツを脱いでいた時にバランスを崩して倒れ、そのまま動けなくなってしまった。居間にいた家族もその異変に気づかず、きーやさんは三十分以上も一人でもがいて、何とか脱衣場の外に這《は》い出て、家族に助けを求めたという。幸い頭部は打たなかったし、骨折もなかったが、しばらくは転倒した時に打った肩や膝《ひざ》、足首の痛みに苦しんでいた。きーやさんはその事故をきっかけに、利用日に毎回介助を受けて入浴する以外、自宅では入浴しないようになった。

脱衣や着衣、洗身や洗髪、浴室での歩行や浴槽の跨《また》ぎなど、入浴にかかわる一連の動作についての訓練をデイサービスでの入浴介助時に継続的に行っていけば、自宅での入浴の再開につながる可能性もある。ただし正直なところ、自宅で利用者さんが入浴できるように訓練をするのであれば、本来は環境の異なるデイサービスの浴室での介助時ではなく、訪問介護等による自宅での入浴介助時に、本人や家族に注意点などを説明しながら行った方がより効果的で現実的ではないかと思う。

とはいえ一番大切なのは、本人や家族が自宅で入浴できるようになることを望むかどうか、ということではないだろうか。きーやさんの場合、同居している家族にとっては入浴時にずっと付き添ったり、介助したりすることは難しく、一人で入らせるのは心配だし、きーやさん本人も、訓練してもまたいつ転ぶかと思うと怖いから家では入りたくないという。

「すまいるほーむでいろいろ手伝ってもらって、週に三回お風呂に入れるようになって本当によかったよ。お風呂は気持ちがいい。ありがたいな、と思うよ」

転倒の心配なく、安心して入浴できること。それが、きーやさんがお風呂で感じる気持ちよさの大前提になっているように思う。

認知症の利用者さんの場合には、また別の要因が困難さの一因になっている。

アルツハイマー型認知症の診断を受けていて、一人暮らしのみよさんは、すまいるほーむの利用を始める少し前から、自宅でお風呂に入らなくなっていた。お風呂が嫌いというわけではない。保険の外交や観光ホテルの洗い場で仕事をしていたみよさんは、休みの度に、仕事仲間と伊豆や箱根等の温泉旅館に泊まりに行くほど、お風呂好きだった。ところが認知症の症状が進行し始めてからは、時々様子を見に来る娘さんが尋ねると、「お風呂に入っている」と本人は言うものの、入浴した形跡は浴室になく、だんだん顔や体も汚れていくのがわかったという。短期記憶に障害のあるみよさんは、お風呂に入ったかどうか、お風呂の準備をしたかどうかということを記憶しておけず、入浴する方向へと行動を結び付けていくことが難しくなっていたのではないかと思われた。

　そんな事情もあり、みよさんは、すまいるほーむの利用開始とともに、入浴介助も受けるようになった。もともとお風呂好きで、近年まで続けていた観光ホテルでの仕事の時には勤務後にホテルの大浴場に入っていたということもあって、全く抵抗なく、すまいるほーむのお風呂にも入ることができ、入るたびにこう言ってくれる。

「昼間っからお風呂に入れてもらってさ、幸せだよ、本当に。頭を洗ってくれるのも気持ちがいいしさ。あんたっちはみんないい人だし、上手だし。私は本当に幸せだよ」

　同じアルツハイマー型認知症の方でも、あゆみさんの場合はまた少し事情が異なる。自宅でも入浴しているのだが、一度入ると何時間も出てこないため、お風呂から上がった時にはのぼせてしまって寝込んでしまうという。あゆみさんによれば、湯船に浸かっているうちに、浴室の壁とか天井の汚れやカビが気になってしまい、お風呂の大掃除をそのまま始めてしまって、疲れ切ってしまうのだそうだ。また、家族によると、入浴しても、髪の毛を洗わないことがほとんどだという。入浴しているうちに忘れてしまうのかもしれない。

　そのため、あゆみさんも利用開始時から入浴介助を受けているが、彼女の場合は毎回入浴できているわけではない。入れば心身ともにリラックスして、気分よくお風呂を上がることができるのだが、その時の天候や気になることなどに影響され、体調や気持ちが大きく揺らぐことが多いので、心身がすぐれない時には入浴することもできない。自宅でも同じ状況なのではないかと思う。

　このように認知症の方たちは、デイサービスでの入浴介助時に訓練すれば自宅で自立して入浴できるようになるといった機能的なものとは性質の異なる、より複雑な困難さを抱えているのだ。


　さらに、脱衣や着衣、洗身や洗髪、浴室での歩行や浴槽の跨ぎ等、入浴にかかわる一連の動作ができるようになれば自宅で入浴できるか、というとそうではないだろう。入浴する前には浴槽に湯を溜《た》めたり、沸かしたりしなければいけないし、入浴後には、浴槽の湯を抜いて、浴槽や洗い場の清掃をしなければならない。もっと言えば、入浴後に着る衣類を準備したり、脱いだ衣類や使ったタオルは洗わなくてはならない。シャンプーや石鹸《せっけん》も用意しなければならない。こうした数えきれないほどの作業をこなして初めて、自宅で入浴ができるのだ。そうした作業をこなすのは、利用者さんたちにとってどれだけ大変なことだろうか。

　美砂保さんもそうした作業が大変で、最近は自宅では入浴できなくなったと、入浴介助時に打ち明けてくれた。

「すまいるほーむから帰ると、お父さん（夫）が準備してくれたお夕食を食べるでしょ。お父さんは食べ終わるとすぐに、お風呂に入って自分の部屋へ行くのね。だから、お夕飯の片づけは私がしているの。そのぐらいはしなきゃな、って思うし。パッパとやればいいんだけど、体が動かないからのんびりやっていると時間がかかるの。それから本当ならお風呂に入って寝たいけど、遅くなってしまうと疲れてしまうし。お風呂に入った後は、またその片づけもしなきゃと思うと気持ち的にも疲れてしまって、もういいやってなって、入らないの。だから、ここでお風呂に入れてもらえるのは本当に嬉しい。ゆっくり入れるし、スタッフのみなさんとも和やかにお話しできるし」

美砂保さんは目に涙を浮かべていた。夫と二人暮らしの美砂保さんは、夫に家事を頼っていることに対して申し訳なさを感じていて、自分でできることはできるだけしようといつも頑張っていた。でも頑張りすぎて、お風呂の跡片付けまでする余力はなくなってしまっていたのだ。

そんな美砂保さんに対して、「頑張って自宅で自立して入浴しよう」とは私には言えない。美砂保さんは、身体機能的には自宅で入浴することは可能だ。けれど、彼女がすまいるほーむで介助を受けながらお風呂に入ることで、ほっとしたり、喜びを感じたり、スタッフとの会話を楽しめたりするのなら、それでいいのではないかと思ってしまう。

入浴介助加算の見直しは、その年の介護報酬改定での大きなテーマ「自立支援・重度化防止の取組の推進」の一環として行われたものだった。介護保険制度は制度改正や報酬改定の度に、「自立支援」と「重度化防止」が大きく掲げられ、重点化されている。ここで言う「自立支援」とは、本人ができるだけ公的サービスに依存しなくても生活できるように機能訓練を行ったり、環境を整えたりすることを指している。そして、自立支援による訓練を続けていけば、重度化が防げるとされている。

## 俳句全句集

**川端茅舎全句集**
川端茅舎
定価1、188円 978-4-04-400684-6

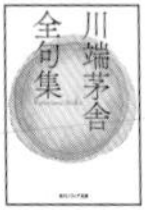


**飯田龍太全句集**
飯田龍太
定価1、892円 978-4-04-400599-3

**橋本多佳子全句集**
橋本多佳子
定価1、584円 978-4-04-400412-5

**西東三鬼全句集**
西東三鬼
定価1、364円 978-4-04-400326-5

**飯田蛇笏全句集**
飯田蛇笏

## 科学を読む

**旅人** ある物理学者の回想
湯川秀樹
定価649円 978-4-04-409430-0

**天災と日本人** 寺田寅彦随筆選
寺田寅彦 著／山折哲雄 編
定価524円 978-4-04-409439-3

**雪と人生**
中谷宇吉郎
定価880円 978-4-04-400689-1

**空気の発見**
三宅泰雄
定価482円 978-4-04-409431-7

**数式を使わない物理学入門** アインシュタイン以後の自然探検
猪木正文 著／大須賀 健 監修
定価968円 978-4-04-400571-9

**波紋と螺旋とフィボナッチ**
近藤 滋
定価1、056円 978-4-04-400459-0

**科学する心**
池澤夏樹

けれど、それらは幻想ではないか、あるいは、社会保障費の抑制を誤魔化すためのまやかしではないかと私は思っている。

早い遅いの違いはあれ、人は誰でも平等に老いていく。できることもあれば、できないことも増えていく。そして最終的には心身ともに機能は低下し、つまり重度化し、死を迎えることになる。誰もが死に向かって人生を下っていくのであれば、私たちが目指すべきことは、その下りのプロセスをいかにその人らしく、人として尊重されて、穏やかに、希望を持って、最後まで生き切るか、そのための支援をしていくことではないだろうか。それこそが本来の「自立支援」ではないかと思う。

第3章で触れたように、「自立とは、依存先を増やすこと」と熊谷晋一郎さんは言っている。人生の最後のプロセスを「自立して」（その人らしく）下っていくためには、何にも頼らないのではなく、公的サービスを含めた複数の依存先に思う存分頼れることが必要だと言えるだろう。すまいるほーむで私たちは、そのいくつもの依存先の一つとして、利用者さんたちの伴走者になっていきたいと考えている。

入浴介助も同じである。孤独や困難を抱えながらも在宅生活を何とか続けている利用者さんたちが、お風呂に入ることで疲れた体や心を癒《いや》したり、コロナ禍で緊張した心身のこわばりを緩めたり、ひと時の幸せを感じてくれる。それがこれからの人生を生きる力に少しでもなるのであれば、私たちに大いに依存してもらいたい。私たちは利用者さんが気持ちよくなるために髪や体を隅々まで洗ってあげたい。転倒を心配することなく、安心して湯船に浸かってもらいたい。それこそが、利用者さんの人生を伴走する私たちの喜びであり、やりがいだ。そんな入浴介助という特別な時間を、本人にさらに頑張りを強いる場には使いたくないのである。

私は利用者さんたちに、お風呂の思い出について聞き書きしてみた。たとえば、東京の下町で子供時代を過ごしたウーさんは、父親に連れられて毎日銭湯に行ったことを語ってくれた。

「銭湯にはさ、浅い風呂と深い風呂が並んでるんだよ。その間にさ、穴が開いていて、俺はお湯の中に潜って、穴の中を行ったり来たりしたもんだ。面白いだよ。三助さんもいたよ。背中をいい具合に洗ってくれてさ。幾らだったかは、親父が払ってたからわからないけど。銭湯から出てさ、隣に蕎麦《そば》屋があって、みんなそこに寄るだよね。蕎麦がうまいんだ」

普段は私たちが何か尋ねてもほとんど答えないウーさんが、目を真ん丸に見開いて語ってくれたことが印象的だった。

九十代のスズさんは、こんな思い出があるそうだ。

「お風呂は毎日入ったよ。だって、野良仕事で体が汚れるら。お勝手の土間に木のお風呂があっただよ。うちは燃し木はお風呂には使わないで、舅《しゅうと》さんもお父さん（ご主人）も、国鉄職員だったら、だから石炭を持ってきてくれてさ、それを十能ですくってくべてお風呂を焚《た》いただよ。石炭があって助かったよ。姑《しゅうとめ》さんがわがままでさ、私がお風呂で背中を流してあげたし、髪を梳《す》かしてあげただよ。そうしたらさ、いつもは文句ばっかの姑さんが、喜んでくれてさ。嬉しかったよ、やっぱり」

スズさんは、地域の生活史に関心のある私にとっては興味深いことをたくさん教えてくれた。それぞれがお風呂にまつわる鮮明な記憶を、目を輝かせて楽しそうに、雄弁に語ってくれたのだった。苦労しながらも懸命に生き抜いてきた利用者さんたちにとって、お風呂に入るということは、心身を癒し、生きるエネルギーを回復させていく大切な時間と空間であり続けてきたのだということが、改めて理解できた。そうであれば、身体機能が衰えてきて、人生のプロセスを下りに向かって生きている段階になって、癒しとエネルギー回復の場であるはずのお風呂で、自立のための訓練を頑張らなければならないというのは、どう考えても酷なことだし、理不尽な押しつけではないか。

聞き書きの最後に、私は尋ねてみた。なぜ人はお風呂に入るのか、と。その問いが少し唐突だったようで、みんな戸惑っていたが、それぞれが考えて答えてくれた。

「やっぱり気持ちがいいからじゃないの？」

「さっぱりするからだね」

「俺は特に客商売していたからだと思うけど、対外的にきれいにしておくためっていうのもあるよね」

そして、それまでみんなの話を黙って聞いていたきよしさんが、この質問に対しては、はっきり、ゆっくりと答えてくれた。

「誰だってお風呂に入るのが好きなんだよ！」

お風呂が好きだから入る。単純明快な答えである。

「気持ちがいいから」「清潔になってさっぱりするから」「好きだから」。確かにお風呂に入る理由に、それ以上のものがあるはずもない。

利用者さんたちがそう思い続けられるように、私たちはこれからも、私たちにとっても幸せを感じられる入浴介助の時間を大切にしていきたい。

第十二章
# 刹那的だからこそ

すまいるほーむの裏を流れる沼川《ぬまがわ》の土手に整備された遊歩道は、南側に河津桜、北側にソメイヨシノが植えられた桜並木になっている。二月下旬から三月上旬には寒桜の河津桜が咲き、四月上旬から中旬になると、今度はソメイヨシノが満開になる。遠くまで足を延ばさずとも、歩いて行けるごく身近に年に二度もお花見ができる場所があるというのは、本当に恵まれた環境である。しかも観光地化されておらず、地元の人たちが散歩がてらお花見をする程度。その年も安心してゆったりと、利用者さんたちと二度のお花見を楽しむことができた。

一年以上続くコロナ禍の中で、すまいるほーむでも、前年は十一月の紅葉狩り以外、買い物等の外出は控えてきたし、それまで家族と一緒に外食や買い物、日帰り旅行や美術館巡りなどを楽しんでいた利用者さんたちも、この一年はどこにも出かけていない方がほとんどだった。だから満開の桜並木の下を二度も散策できたことで、随分と心が明るく開放的になったようだ。

女性の利用者さんたちはみな少女のようだった。桜の花びらがさわやかな風に吹かれて舞い散るごとに、キャッキャと楽しそうに騒いだり、川面《かわも》を流れていく無数の花筏《はないかだ》を眺めてはうっとりしたり。室内の活動では見られない表情がそこにはあった。

普段から青空に浮かぶ雲を眺めては、その雲の形から様々な物語を空想するのが好きな美砂保さんは、しばらく経ってから、お花見のことを思い出して、こんなことを笑いながら話してくれた。

「四月にお花見に行きましたよね。桜の花びらが吹雪みたいに何度もパーッと散ったじゃないですか。それを見上げていたら、マロンちゃんがね、楽しそうに（空中を）歩いているのが見えたんです。不思議だなぁ。カイさん（スタッフ）がそんな大がかりな仕掛けをして見せてくれたのかな、すごいなぁと思っていたんですけど、カイさん、そんなことしてないよって。私、おかしいのかな、って思ったけど、でもいいんです。私には、マロンちゃんが見えたんですから。可愛かったよ、マロンちゃん」

なんて素敵な幻だろう。マロンの怪我の回復を誰よりも喜び、可愛がってくれている美砂保さんだからこそ見えた幻だったのだろう。そして、それが幻だったということを「いいんです」と前向きに受けとめて、私に話してくれた。家族との関係や心配事等でいろいろと悩んで眠れなくなることもある美砂保さんが、そんなふうにありのままの自分を受け入れられたのも、澄んだ青空の下でのお花見のおかげなのかもしれないと、なんだか嬉《うれ》しくなった。

お花見を楽しみにしているのは、女性の利用者さんばかりではない。一人で散歩に出かけるのが日課で、時には自宅近くのコンビニまで行って買い物ついでにイートインでビールを一杯ひっかけて帰ってくることもあったウーさんは、すまいるほーむを利用し始めてから、毎年お花見に行くのを心待ちにしていた。利用日ではない日にお花見が予定されていると、わざわざ利用日の変更をしてまで参加を望んだほどだ。

だが、そんなウーさんがこの数年ほど、お花見に誘ってもあまり乗り気ではなくなった。杖《つえ》をつきながらの歩行が、以前よりおぼつかなくなってきていることもあってか、車いすの利用者さんたちと一緒に、遊歩道のすぐ近くまで車で送っていくことを伝えても、「かったるいからいいよ」と断ることもあった。

二月下旬に河津桜を見に行こうと誘うと、その時は「うん」と返事をしたのだが、いざ出かけようと食後の昼寝をしていたウーさんに声をかけると、「やっぱりいいよ、俺はここで寝てるから」と言って起きてこなかった。そのため、四月のお花見も行かないだろうと私たちスタッフは予想し、ウーさんの利用日ではない日にお花見を予定して、特にウーさんには声をかけなかったのだった。

ところが四月の初めのこと。朝の送迎の途中、例年より早く開花し、満開となった桜並木の近くにさしかかったあたりで、ウーさんが後部座席から何か小さな声で言った。

「何て言ったの？」と私が聞き返すと、「花見、行く？」と今度ははっきりと聞き取れる声で言ったのだった。予想もしていなかった言葉だった。「お花見、明日行く予定になってるよ。ウーさんも行きたかった？」と尋ねると、しばらく間があいた後で「そうだなぁ、行けたら行きたいな」とつぶやくように言った。

お花見、行きたいんだ。意外な言葉に驚きながらも、それだったら、ウーさんをお花見に連れて行ってあげたいと思った。自分の希望を言葉にしたり、明確な意思表示をしたりすることが最近はほとんどなくなっていたウーさんが、はっきりと「行きたい」と言ったことも気になっていた。

朝のミーティングの時に、スタッフたちにそのことを伝えてみんなで相談し、午後、希望者を募ってお花見に出かけることになった。

午前中、入浴の順番を待っているあいだ、ウーさんはいつになく多弁だった。

「ウーさんは、よくお花見に行ったの？」

「行ったよ」

「どこに見に行ったの？」

「隅田《すみだ》公園だな」

「隅田公園って、東京の？」

「そう」

「子供の頃、疎開する前は隅田川の近くに住んでたんだもんね」

「親父が毎年連れてってくれたんだよ。人が多くてさ、迷子になりそうになったりしてさ。おふくろは、迷うから嫌だっていって留守番してた。だからいつも親父と二人で見に行ったよ。川沿いに桜がずっと咲いててさ、きれいだったな。あそこの桜が一番だな」

「沼津に来てさ、大人になってからはお花見には行かなかったの？」

「行かなかったよ。仕事が忙しかったから」

「家族とも？」

「行かなかったね」

昔から、何軒も飲み屋をはしごして最後には道端や公園のベンチに寝転んでしまい、よく警察の厄介になっていたというほど呑兵衛《のんべえ》だったウーさんのことだから、大人になってからも飲み仲間と花見酒で盛り上がっていたのではないかと勝手に想像していた。でも、今ウーさんが大切にしている桜の思い出とは、子供の頃、父親に毎年連れて行ってもらった隅田公園のお花見だったことを、私は初めて知ったのだった。


その日は利用者さんは男性三人だけだった。一人は翌日のお花見に参加予定なので、ウーさんとサブさんの二人をお花見に連れて行くことになった。サブさんは外出が好きで、「今日お花見に行こうと思うんだけど……」と誘うと、「本当？　嬉しいなあ」と大喜びだった。朝からウキウキとしていて、午後からのお花見を楽しみにしていた。

午後二時になり、昼寝をしていたウーさんに「そろそろお花見に行こうか」と声をかけると、河津桜の時とは違ってすぐに目を覚まし、ベッドから起きて準備を始めてくれた。

二人とも歩行が不安定で、裏の沼川の遊歩道まで歩くのは難しいので、送迎車で移動。折り畳み式のアウトドアチェアを桜並木がよく見える場所に二つ並べて置いて座ってもらった。サブさんは「きれいだなぁ。幸せだなぁ」とニコニコ顔で、「あっちの桜の木の方が枝が垂れているから、あそこで写真撮ってよ」と杖を頼りに歩いて行き、枝垂れ桜のように垂れた満開の桜の枝に顔を寄せ、ポーズをとったりしてはしゃいでいた。

ウーさんは、そんなサブさんの様子は全く目に入らないかのように、アウトドアチェアに深く腰をうずめたまま、ただじっと桜の木を見上げていた。午前中に隅田公園の思い出を語ってくれた多弁で楽し気なウーさんとは別人のようだった。「ウーさんも少し歩いてみる?」と誘ってみたものの、「いや、俺はいい」と言ったきり、陽射しが眩《まぶ》しかったのか目をつむってしまった。ただ、青空の下、暖かな陽を浴びて気持ちよさそうには見えた。

二十分程お花見をしてすまいるほーむに戻ってきた後も、二人の様子は対照的だった。

「おかえり! 桜、どうだった? 満開だった?」と玄関で元気に出迎えてくれたまっちゃんに、サブさんは「いやー、きれいだった、満開だったよ。ホント、行ってよかった」と興奮していたが、ウーさんは無言のまま、靴を脱ぐのにてこずっていた。「ウーさんも楽しかった?」とまっちゃんが靴を脱ぐのを手伝いながら、顔を見上げて再び尋ねると、ウーさんは、声は出さずに、ただ「うん」とだけ頷《うなず》いた。楽しかったのか、行ってよかったと思っているのか、それとも何か別な思いがあったのか。私たちにはウーさんの気持ちがよくわからなかったが、それ以上尋ねることはしなかった。

それから半月ほど経ったある日、受診したかかりつけの病院での検査で、ウーさんは大腸がんであることがわかった。既に肺にまで転移が見られるステージ4。いつ容態が急変してもおかしくない状況であると診断されたというのだ。付き添いをしていた息子さんから連絡が入ったと、ウーさんのケアマネジャーである三国社長から電話があった。本人には告知していないという。

電話を受けて、私はショックのあまり「えっウソ！」と大きな声で叫んでいた。ウーさんが大腸がんだなんて、しかも末期だなんて……。涙が溢《あふ》れてきた。

電話を切った後、気持ちを落ち着かせようとしばらく事務室に留《とど》まり、何度も深呼吸をした。その時、お花見の光景が私の頭を過《よ》ぎった。もしかしたらウーさんは、がんであることはわからないにしても、自分の体調が思わしくないこと、もしかしたら来年の桜は見られないかもしれないことを、何となく感じ取っていたのではないか。だから、おぼつかない足取りでも、体がだるくても、「お花見に行きたい」という自分の希望を明確に私たちに伝えてくれたのではないか。そう思うと余計に辛《つら》くなった。

ウーさんは、いったい何を考え、どんな思いで、満開の桜を見上げていたのだろう。

確かに半年程、ウーさんは足のむくみがひどく、歩行が不安定になっていたし、いつも体がだるそうで、すまいるほーむに来てもベッドに横になり、寝ていることが多くなっていた。一人暮らしのアパートで、夜間トイレに行くことができず失禁をしてしまうこともたびたびあったし、すまいるほーむの利用日やお迎えの時間を間違えたり、薬を飲み忘れるといった認知機能の低下も見られるようになっていた。

そんな状態の中、前年の十一月の定期受診の際には、極度の貧血状態であることがわかり、そのまま二週間入院し、輸血による治療を受けたのだった。家族が精密検査や積極的治療を望まなかったため、根本原因はわからなかったが、主治医は骨髄の造血機能に問題があるのではないか、とその可能性を指摘していた。

退院後は、輸血と造血剤の服用で貧血状態は改善に向かっていた。食欲は旺盛《おうせい》だったし、相変わらず歩行は不安定だが、何とか杖を使って歩いていた。失禁も続いていたが、お迎えに行くたびにスタッフがトイレで紙パンツや衣類の交換を手伝って、汚れたシーツやタオル、衣類はすまいるほーむで洗ってから、帰りの送迎の時に一緒に自宅へ持っていくようにしていた。同じ法人内の訪問介護事業所のヘルパーのなっちゃんが、自宅での身体介護や家事援助の回数を増やして支援を手厚くしていた。それにより自宅での生活環境も何とか整えられていたから、まだまだこれからもウーさんは在宅生活を続けていける、と私たちは楽観視していた。

トイレ介助時に排泄《はいせつ》物に血が混じっているということもなく、痛みを訴えることもなかったから、大腸がんが進行していたとは私たちは考えてもみなかったのだ。既にステージ4で、いつ急変してもおかしくない程の状態にあることを伝えると、スタッフはみな同様に言葉を失っていた。

ウーさんはあとどのくらい在宅生活を続けられるのだろう。すまいるほーむにはいつまで来ることができるのか。私たちの心は不安でいっぱいだった。

これまでにも、末期がんであることがわかった利用者さんたちと、かかわった経験はあった。しばらくは食欲があり、歩くこともできて、元気そうに見えていた利用者さんが、ある時急激に体調を悪化させ、自宅での一人暮らしが難しくなり、専門病院に入院し、まもなくして最期の時を迎えるのを目の当たりにしてきた。だから、今は食欲もあって、自力で何とか歩行もできるウーさんも、近い将来、全く歩けなくなったり、食べられなくなったりして、在宅生活が難しくなることも容易に考えられた。

もしかしたら、すまいるほーむに来ている時に、急に大出血を起こすかもしれない。あるいは朝、お迎えに行った時に亡くなっているかもしれない。それを想像すると怖かった。でも、今までの利用者さんの場合にも、主治医や訪問看護師などの医療職と連携して乗り切ってきた。今回も医療機関と連携し、体調急変の時の対応を予《あらかじ》め想定しておけば、まだウーさんが在宅生活を続ける支援を私たちもすることができる。いつか限界が来るかもしれないけれど、その日まで、できるだけウーさんのしたいことをさせてあげたい。それが、ケアマネジャーの三国社長、ヘルパーのなっちゃん、そして、私たちすまいるほーむのスタッフの共通した思いだった。


では、ウーさんのしたいこととは何だろう――。がんの告知をされていないウーさんに直接尋ねることはできない。

実は前年、あるテレビドラマに触発されて、利用者さんやスタッフに「人生の最後を迎える前にしたいことは何ですか？」という質問をし、それぞれが望むことを色画用紙に書いてもらっていたのだが、ウーさんはなかなか書こうとしなかった。「誰か会いたい人とか、行きたいところとかないの？　食べたいものだっていいよ」と何度か聞かれても、椅子の背もたれに寄りかかり、腕を組んだまま何も書こうとしない。そして最後に、こうつぶやいた。「仕事が好きで十分やってきたから、悔いはない」と。

そうか、なるほど。人生に悔いなし、と言えるなんてすごいことだ。でも一方で、少し寂しい気持ちもあった。というのもウーさんは、家族間の複雑な事情によって、一緒に住んでいた妻のクミさんと二年前から別々に暮らすようになっていた。だから、「死ぬ前にクミに会いたい」というようなことを書いてくれるのでは、という期待も私には少なからずあったのである。

ウーさんと一緒に住んでいる頃は、クミさんもすまいるほーむに通ってきていた。必ずしも仲睦《むつ》まじい夫婦といった感じではなかったが、喧嘩《けんか》したり、文句を言い合ったりしながらも、互いが互いを気遣っているのがよくわかったし、薬の飲み忘れとか、ガスの消し忘れとか、ごみ捨てとか、それぞれの足りないところを自然に補って、何とか生活を成り立たせていた。ところが、クミさんは自宅で転倒したことをきっかけに、隣の市に住む娘さんに引き取られ、二人は別々に暮らすようになった。それ以来、ウーさんはクミさんに一度も会っていない。

私たちスタッフの目には、クミさんと別れて一人暮らしになってから、ウーさんの身体機能も意欲もだんだんと低下していったように見えた。以前はお花見だけではなく、すまいるほーむの活動にも意欲的に参加してくれることが多く、大好きなカラオケで「岸壁の母」など、セリフ付きの演歌をよくみんなの前で披露してくれたりもした。当時、隣に座ることが多かった高木さん（第二章）が国政や市政への批判を演説し始めると、「そうだそうだ。俺もそう思う」と相槌《あいづち》を打つこともよくあったし、選挙があれば、期日前投票に行きたいと言うので、他の利用者さんと一緒に何度かその会場に連れて行ったこともある。

けれど一人暮らしになった頃から、意見や希望を自分から言葉にすることはほとんどなくなっていった。すまいるほーむの活動にも参加はするが、楽しんでいる様子は見られず、政治談議をすることもない。人生を諦《あきら》めている、そんなふうにも見えた。もしかしたら、クミさんと別れて暮らすようになったことがきっかけであったのかもしれない。あるいは、もっと根っこにあるもの、長い家族の歴史の中でもつれ続け、もはやほどくことができない家族間の糸が、最終的には断ち切られるような状態になってしまったことに原因があるのかもしれない。

でもウーさんは、クミさんに会いたいとか、家族への恨みつらみとか、後悔などは本当に一切、口にしたことはなかった。だから、そんなふうに想像するのは単なる私の思い込みなのかもしれないとも思う。それに、たとえウーさんが、クミさんとの再会や、家族との和解を望んだとしても、いったん断ち切れた家族の糸を他人が簡単につなぎ合わせることなど、できるわけはない。ドラマのようにはいかないのだ。

結局、ウーさんが最後に何をしたいのか、何を望んでいるのかはわからなかった。それでも時間は過ぎていく。ウーさんの病状の変化に注意しながらも、今まで通りの支援とかかわりを続けていく、それしか私たちにできることはなかった。

朝、お迎えに行き、声をかけ、顔色を確認し、体温を測る。失禁していればトイレに連れていき、着替えを手伝う。汚れ物をまとめて持ち帰り、洗濯する。すまいるほーむに着いてからは、汚れた体をお風呂《ふろ》で丁寧に洗い、湯船にゆったりと浸《つ》かってもらう。昼食には、できるだけウーさんが好きな麺類《めん》とか魚などを出して、おいしく食べてもらう。横になりたければ、ベッドを準備し、体が休まるまで寝てもらう。帰りの歌の時間には、ウーさんが好んで歌っていたセリフ付きの演歌をカラオケで流し、みんなで歌う。夕方には自宅に送り届け、夕飯のお弁当を温めて、すぐに食べられるようにテーブルの上に置いてくる。そして、また次の利用日にお迎えに来ることを伝えて、帰ってくる。

今までと変わらない日常を保ち続ける。その日常の中で、ウーさんが少しでも心地よいと思える瞬間があればいい――みんなそんな思いでいた。

四月下旬のある日の夜、思わぬ来客があった。タケコさんの娘さん夫婦が訪ねてきたのだ。スタッフ会議の日だったので、タケコさんについての何かよい報告に来てくれたのではないかと、みんなで娘さん夫婦を玄関で出迎えた。ところがそこで語られたのは、全く想像もしていなかった、タケコさんが亡くなったということだった。誤嚥《ごえん》性肺炎による突然の死だったという。

タケコさんは、前年の十月下旬に自宅前で転倒して大腿骨頸部《だいたいこつけいぶ》を骨折、緊急入院をして手術を受けた。急性期を過ぎた後はリハビリ病院に転院し、三ヵ月近くリハビリを行った後、娘さん夫婦の住んでいる地域の近くにある施設に入所していた。リハビリ病院から施設へ移る二月の上旬には、娘さん夫婦はタケコさんを連れて、わざわざすまいるほーむに挨拶《あいさつ》に来てくれたのだった。

タケコさんは車いすに乗っていたが、思ったより元気そうだった。利用者さんやスタッフが「タケコさん、がんばってね」「また必ず会おうね」と励ますと、タケコさんは涙を流し、「ありがとう」と何度も繰り返していた。娘さんも「また元気になって、歩けるようになったら、自宅に戻ってもらって、すまいるほーむに通えたらと思っているんです。母も、それを望んでいるので」と言ってくれた。

元気な姿を見られたことで、私たちは安心していた。タケコさんのことが利用者さんとの間で話題にのぼると、誰ともなく「タケコさん、元気にしているよ」「リハビリがんばっているよ」「きっとすまいるほーむに戻ってくるよ」と言って、また会える日が来るのを楽しみにしていたのだった。

それなのに、タケコさんが亡くなったなんて。現実のこととは思えずに、目の前で涙を流して語る娘さんの声が何だか遠くに聞こえるようだった。娘さん夫婦が帰り、会議を再開し、タケコさんのお別れ会をしようと日程について決めている時も、どこか他人事《ひとごと》のように思われて淡々としていた。

夜、ベッドに横になると、タケコさんの死の事実が重くのしかかってきた。覆いかぶさってきたものは、哀しいという気持ち以上に、虚無感だった。タケコさんの死と、末期がんであるウーさんのこととが重なり合って、心が痛んだ。「この仕事はなんて刹那《せつな》的なんだ」と、虚《むな》しさだけが心に突き刺さった。

適切かどうかはわからないが、どうしても「刹那的」という言葉しか思い浮かばない。私たちが関われるのは、その人が生きてきた長い人生のわずかな時間にすぎない。しかも、死に近づいている人生の終盤の、ほんの一瞬なのである。

もちろん、そんなことはわかっていた。介護の現場にいる私たちは、利用者さんたちが死に向かって下っていくプロセスの伴走者であると、これまでも書いてきた。けれど、利用者さんたちと、楽しくて、穏やかな日常を過ごしていると、それがずっと続くかのように錯覚してしまう。そして、利用者さんの入院や死によって、ある時突然、突きつけられるのだ。永遠に続く日常などないのだと。

ウーさんは、四月末に自宅でとうとう歩けなくなり、入院した。担当医師によると、自宅に戻って一人暮らしができるような状態ではないという。もうウーさんはすまいるほーむに戻ってくることはできない。ウーさんとの別れも、こうして突然やってきた。

やっぱり、介護の仕事は刹那的だ。でも、刹那的だからこそ、一人一人と向き合って、このわずかな時間を大切に共に過ごしていきたい、と思う。利用者さんが何を望んでいるのか、何を思って過ごしているのかは、本当のところ私たちにはわからない。それは、言葉数の少なかったウーさんだけでなく、すべての利用者さんたちに対しても言えることだ。

わかるはずなどないのだ。私たちは、その人の人生の終盤のほんのわずかな一瞬を、偶然共にすることになっただけなのだから。では、その短い時間の中で、私たちができることとは何か。たぶんスタッフそれぞれで違うだろう。お風呂で体の隅々まできれいにして気持ちよくなってもらうことも、編み物が得意な利用者さんに編み方を教えてもらうのもその一つだろう。お花見をして、さわやかな春の陽射しを一緒に浴びたり、はしゃいだりすることだって、大切な瞬間となるだろう。

では、私はどうか。

私にできることは、やはり、利用者さんの語る言葉を聞き続けることだと思う。脈絡なく突然発せられる言葉を聞き、私がそれに反応する。そして、また利用者さんが語りだす。その人が本当は何を考えているのか、思っているのかはわからないけれど、この言葉のやりとりをしている対話の時間だけは、何かを共にできているという確信が持てるからだ。

入院の前日、歩けなくなったウーさんはすまいるほーむを休んだので、私は夕方、スーパーでマグロのたたきの巻き寿司《ずし》と稲荷《いなり》寿司のセットを買って、自宅を訪ねた。ウーさんがベッドに座るのを手伝って、その前にテーブルを置き、お寿司とお茶を用意した。「食欲がない」と言いながらも、ウーさんはおいしそうにお寿司を食べ始めた。ほっとして、何となくまた隅田公園のお花見の話を聞いてみたくなった。すると、ウーさんは、こんなことを語ってくれた。

「親父は頭のいい兄貴じゃなくて、出来の悪い俺のことばかりいつも連れて出たんだよ。出店の前で、『あれ買ってくれ』って寝転んで騒いだりしてさ。全く俺もどうしようもなかった。でも、親父はなぜだか、俺ばかりをどこへでも一緒にさ、連れまわしたんだよな。花見だけじゃなくて、祭りとかさ、銭湯とかさ」

「お父さんは、ウーさんを可愛がっていたんだね」

「結局、そういうことだね」

「ウーさんもお父さんのこと好きだった？」

「好きだったね」

それが、ウーさんとの最後の対話になった。

入院を翌日に控えた人と話す内容が、こんなことでよかったのかどうかわからない。でも、お寿司を頬張りながら、父親との思い出を語るウーさんの表情は、いつになく緩んでいるように見えた。私も、ウーさんの思いに少しだけ触れられたような気がした。

病院で過ごす孤独な時間の中でも、ウーさんが子供の頃の父親との思い出にうっすらとでも包まれてくれたらいいと願った。

第十三章
# たとえできなくなったとしても

　五月に入ってから、すまいるほーむに新しい利用者さんが二人加わった。カナさんとトウコさんである。二人とも八十代後半の女性でアルツハイマー型認知症と診断されている。そしてもう一つ、二人に共通しているのは、手先がとても器用で、細かな手作業が得意だということだ。

　実はカナさんは既に、自宅近くにあるデイサービスに通っていた。けれど精神状態が不安定になることがあり、自宅では寝て過ごしていることが多いという息子さんの情報から、すまいるほーむを以前からよく知るケアマネジャーが、もう少し個別にかかわりを持ち、カナさんの生きる意欲が湧いてくるようなアプローチをしてくれれば、と紹介してくれたのだ。新しい環境に対して緊張して警戒心を持つことが多いというカナさんだったが、四月下旬に行った一日体験で、利用者さんやスタッフにあたたかく迎えられたこともあり、すまいるほーむの雰囲気をとても気に入ってくれた。そんなわけで、今までのデイサービスと並行して利用してくれることになったのだった。

若い時に洋裁学校を出ている、とケアマネジャーから聞いていたので、利用初日の送迎車の中で早速カナさんに洋裁の話を聞いてみた。すると、よく聞いてくれたと言わんばかりに、ちょっと嬉《うれ》しそうに話をしてくれた。

「私ね、学校を出た後に、洋裁の専門学校に通ったんです。だから、洋裁は得意だったんです。横浜《よこはま》に住んでいる時には、近くにあったデパートの店員さんたちの制服の仕立てをしたり、繕ったりしていたんですよ。『カナさん、私のもやって！』と店員さんたちとか、デパートで働いている人たちが次々と制服を持ってくるの。だから、休む時間もなく裁縫をしていました。今じゃ針を持つこともなくなっちゃったけどね」

カナさんは遠慮がちながらも少し自慢げな様子だった。ケアマネジャーから生きる意欲につながるアプローチを、と依頼されていた私は、すまいるほーむでも、カナさんに何か裁縫の仕事をしてもらえたらな、と思った。

ちょうど、デイルームの椅子に使っている座布団のカバーが随分と擦り切れてしまっていて、裁縫のできる利用者さんに手伝ってもらい、新しく作り直しているところだった。そこで、座布団カバーを作るのを手伝ってほしいと伝えると、カナさんは「いやー、駄目よ、私は。もうずっと針持っていないし、右肩も痛いんです」と躊躇《ちゅうちょ》したのだった。遠慮しているのか、自信をなくしているからなのか、肩の痛みが相当にひどいのか、本心はわからなかったが、その時はそれ以上、無理にお願いすることはしなかった。

十時過ぎ、午前中の活動の時間になり、他の利用者さんがそれぞれ塗り絵を始めると、カナさんは「私はこういうの（塗り絵）はちょっと……」と言って戸惑っていた。私は再度、カナさんに座布団カバー作りをお願いしてみようと、途中まで縫った座布団カバーと裁縫箱を持って行った。

「今、ここで使う座布団カバーを作っているんです。私、途中まで縫ってみたんですけど……。この縫い代の部分を袋縫いにしたいんですが、お願いしてもいいですか？」

「ああ、座布団カバーね。いいじゃないですか。落ち着いた色の素敵な生地ですね。袋縫いにするんですね。何センチのところを縫えばいいんですか？」

興味を持ってくれて、生地を手に取り、縫う場所を確認している。

「一センチくらいのところでいいと思います」

「じゃあ、ちょっと印をつけるから、定規とチャコペンを貸してください」

きっちり一センチのところに印となる線を引くカナさんの顔はもう職人になっていた。

「なみ縫いでいいの？」

「半返し縫いでお願いしてもいいですか？」

「一本取りにします？　二本取り？」

「丈夫にしたいので、二本取りでお願いします」

カナさんは、針に黒の木綿糸を通し、チャコペンで引いた線の上を丁寧に半返し縫いで縫い始めた。隣で細密画の塗り絵をしている美砂保さんが、針を運ぶカナさんの手元を時々優しいまなざしで眺めては、「すごいですねぇ」とつぶやいて頷《うなず》いていた。

昼食を食べて、みんながコーヒーを飲みながらテレビを観て寛《くつろ》いでいる時も、カナさんは「続きを縫います。ぼーっとしててもしょうがないし」と言って、座布団カバー縫いに取り組んだ。しばらくすると少し恥ずかしそうに、「縫い目が踊ってますよ」と言いながら、縫い終わったカバーをテーブルの上に置いて見せてくれた。縫い目は踊っているどころか真っすぐで、一目一目の長さも均等にそろっていた。私と隣で見守っていた美砂保さんが「すごいね、さすがだね」と感嘆の声を上げると、カナさんは「いえいえ、縫い目が踊ってます」と繰り返したが、その声も表情も緩んで嬉しそうだった。

「ありがとうございます。こんなに丁寧に縫ってもらって嬉しいです」と私がお礼を言うと、カナさんは、こう言った。

「縫物とか繕い物とか、私にできることは手伝わせてください。お役に立てることがあれば、私も幸せです」

以来、カナさんがすまいるほーむを利用する時には裁縫のお手伝いをお願いしている。おかげで座布団カバーはもう何枚もできあがり、みんなで使わせてもらっている。

裁縫をすることがカナさんの生きる意欲を支えることになるかどうかはわからない。でも、しばらく遠ざかっていたかつて得意だった裁縫が今でもまだ十分にできて、すまいるほーむのみんなの役に立って喜ばれている、ということは、カナさん本人の自信の回復に少しはつながっているように思えた。

五月から利用を始めたもう一人の利用者、トウコさんとの出会いは偶然だった。

息子さんがＳＮＳに、母親が作っている折り紙の箱が大量にあるのだが、何かに使えれば譲りたい、という趣旨の記事を箱の写真をつけてアップしていたのだ。それを見た私が、箱の美しさと精巧さに魅了され、是非、すまいるほーむの利用者さんたちにプレゼントしてもらいたい、というメッセージを送ったことに始まる。

息子さんによると、母親はアルツハイマー型認知症と診断されていて、自宅にいる時には折り紙の箱を作り続けているとのこと。福祉施設などへのプレゼントも考えたが、なかなか持ち込みも難しいという。そこで私は息子さんにお願いしてみた。お母さんと一緒にすまいるほーむに来ていただいて、箱を利用者さんたちにプレゼントしてもらえないか。きれいな箱をもらって喜んでいる利用者さんたちの姿を目の前で見たら、お母さんにとっても励みになるのではないか、と。息子さんは、それはありがたい、と喜んでくれ、来所の日程を決めた。

当日は、息子さんのお嫁さんがトウコさんを連れて来た。私がトウコさんを利用者さんたちに紹介し、持ってきてくれた箱をテーブルの上に広げると、「きれいだねー」「かわいいね」と一斉に驚きの声が上がった。折り紙で折られた色とりどりの八角形の箱は、ＳＮＳにアップされた写真で見るよりさらにきれいで、華やかで、細かいところまで丁寧に折られていることがわかる。利用者さんたちばかりでなく、私も、心がウキウキと躍るようだった。

トウコさんは「蓋《ふた》も身も、それぞれ八枚ずつ折り紙を使うんです」と説明してくれた。「折るの、難しそうですね」と言うと、「そんなことないです。簡単ですよ」と微笑んだ。その笑顔がとてもかわいらしくて、なんだか嬉しくなった。「今度、折り方、教えてもらいたいです」と言うと、「いつでも教えますよ」とトゥコさんはまたさわやかに笑った。

利用者さんたちは興味津々に、それぞれいくつも箱を手に取って眺めていた。それに気づいたトゥコさんが、「よかったらもらってください」と促すと、みんなは「こんな素敵な箱、もらっていいの？」「本当に？」と少し戸惑いながらも箱を選び始め、「私、これ」「じゃあ、私はこれもらいます」と次々と気に入った箱をもらっていった。中には二〜三個手に取った利用者さんもいたが、トゥコさんは怒るどころか「どうぞどうぞ、たくさんもらって。家にいくらでもあるから、また持ってきますね。こんなに喜んでもらって、私、嬉しいです」と少し涙ぐんでいるようだった。

トゥコさんを連れて来てくれたお嫁さんによると、コロナウイルスの影響で友達づきあいもなくなり、トゥコさんは家に閉じ籠《こも》るようになってしまったので、半年程前から近くのデイサービスを使い始めたという。でも大規模施設のデイサービスで利用者さんも大人数で、トゥコさんは馴染《なじ》めずに、あまり行きたがらないという。箱の他にも手作りのキューピー人形やアクセサリーなども最初は持って行き、他の利用者さんに渡したりしていたが、施設の方針で今は禁止されているそうなのだ。それを聞いて、私は哀しくなってきた。施設側にもいろいろな事情があるのだろうが、こんな美しい箱を作る、笑顔の素敵なトゥコさんが辛《つら》い思いをしている。

私たちで何かできないか？

「よかったら、週一回でもすまいるほーむに来てみませんか？」と私は思わず誘っていた。お嫁さんは「ちょうどお義母《かあ》さんに合う、小規模のデイサービスを探していたところなので。この雰囲気はあたたかくていいなぁと思っていたんです」と快く受けてくれた。トウコさんも「こんなところだったら、来てみたいです」と目を潤ませていた。

一日体験利用を通して、是非すまいるほーむに来たいと思ってくれたトウコさんは、間もなく今までの大規模デイサービスの利用を止め、すまいるほーむに通うようになった。毎回、折り紙の箱を持ってきてくれるので、すまいるほーむの出窓にはトウコさんの箱がいくつも高く積まれていくのだが、そのたびに利用者さんたちが「欲しい」と言って箱を持って帰って行く。

有料老人ホームに入所しているサブさんは、「施設の他の入所者さんたちや職員にも分けてあげたい」と言って、六個も持って帰った。次の利用日には「あの箱、みんな『欲しい、欲しい』って言って持って行っちゃって、一つもなくなっちゃったから、もう少しもらえるかな」と、また五〜六個選んでもらっていった。

トウコさんはそれがとても嬉しかったようで、「こんなに喜んでもらえると思ってなかった。すまいるほーむに来て本当によかった」とつぶやいた。声は少し震えていた。そしてこんなことも言った。

「前のところではね、他の利用者さんたちが喜んでもらってくれているのに、職員さんがそれを取り上げて、『もう持ってこないでください！』って、私に突き返してきたんです。私、本当に哀しかった。『どうして?』って泣きました。もう何もしないで黙っていようと思いました。でもね、ここに来たら、みんなが喜んでくれるじゃないですか。職員さんたちも駄目だって怒ったりしないし。私のことを認めてもらったみたいで、本当に嬉しかったし、ほっとしました」

施設側としては、箱を持ってきて配られることで何か不都合が生じる事情があったのだろうが、トウコさんが、そうした施設の職員の態度や言葉に深く傷ついてきたことは確かだ。今のトウコさんが何よりも生きがいにして作っている箱を、すまいるほーむの利用者さんたちやスタッフたちが喜んでくれる、そのことが、傷ついた心を少しずつ癒《いや》しているようだった。「私のことを認めてもらったみたい」という言葉は、箱を介して、他の利用者さんやスタッフに自分の存在を受け入れられているという実感を持てたということではないだろうか。

トウコさんの箱はどんどん増えていく。スタッフはまずそれらを、利用者さんたちが食事等の時に外すマスク入れに使おうと考えた。そして、自分用の箱を利用者さんそれぞれに選んでもらい、側面に名前を書いて、毎回テーブル席の上に置くようにした。その他にも、納涼祭の時に駄菓子を入れて利用者さんたちに配ろうかとか、使い道はいろいろだ。トウコさんの箱はこれからも増え、様々な形で活用されていき、利用者さんたちを喜ばせてくれるに違いない。

座布団カバーを縫ってくれるカナさんや、手作りの折り紙の箱をみんなにプレゼントしてくれるトウコさんが、すまいるほーむという場で、役に立つことで自信を取り戻したり、喜んでもらうことで安心したりしているのは、本当によかったと思う。けれど一方で、「できること」「役に立つこと」が自信や安心につながる、という思考の方向性の危うさも私は強く感じていた。

　トウコさんに、箱の作り方を教えてもらった時のことだ。

「まずは蓋に使う折り紙を二種類選んで。それぞれ四枚ずつ、全部で八枚使います」とトウコさん。無地の折り紙と模様の入った折り紙とをそれぞれ折って、交互に組み合わせるときれいだと言う。折り方は意外にも簡単だったけれど、その折った二種類の紙を交互に組み合わせていくのが何とも難しい。どの部分をどう組んでいくのか、一度ではわからなかった。何度も教えてもらって、ようやく八枚の紙を組み合わせたものの、最後に箱の蓋の形に整えようと、言われたとおりに細部を引っ張ってみると、ますます形が崩れていき、せっかく組み合わせた八枚の紙がばらばらになって壊れてしまった。トウコさんに教えを請いながら、何度か再挑戦して、やっと一つ箱ができた。けれど、トウコさんが作った箱のように精巧なものではなく、中心部分の折り目が汚らしく崩れているようなものしか作れなかった。

「トウコさん、想像していたのよりすごく難しいね。いくら頑張っても、トウコさんのようにきれいにはできそうもないよ」

　するとトウコさんは「いくつも作れば、できるようになるよ。大丈夫よ」と落ち込む私を励まし、さらに、こんなことを言った。

「色の組み合わせを考えたり、箱に組み合わせた時の模様の出方を予想して作らないといけないの。結構、頭を使うでしょ。だから、私、脳トレだと思って毎日作っているんです。これ以上ボケて、息子やお嫁さんに迷惑かけちゃいけないから」

確かに、これだけ複雑な工程で箱を毎日いくつも作っていたら、脳は刺激されるだろう。もちろん、この脳トレを続けていたからといって、認知症の進行が完全に止まるというわけではない。いつか箱が作れなくなる日が来るかもしれない。それでもトウコさんは箱を毎日作り続ける。これ以上息子さんたちに迷惑をかけたくないという一心で。箱を作ること自体は楽しいのだろうし、それをもらってくれる人がいることはトウコさんの喜びだ。けれど私には、家中に山積みになるくらい箱を作り続けているトウコさんがどこか強迫観念に囚《とら》われているかのようにも思えて心配になった。

すまいるほーむでは、これまでにも、縫物や編み物等の細かな手作業が得意だったり、それを仕事にしていた利用者さんたちがいて、その身についた技を活《い》かして、みんなの小物入れや手袋、雑巾《ぞうきん》等を作ってもらうということをお願いしてきた。だが、少しずつ、今までできていたことができなくなっていく。身についていた技だけではなく、日常生活における動作も徐々にできなくなっていく。そういう時期を遅かれ早かれ、みんないずれ迎えることになる。そのような現実を受け入れていくことに、それぞれが苦しんでいる姿を、何度も目の当たりにしてきたのである。

たとえば、先日亡くなったタケコさんは、和裁仕事の経験を活かし、すまいるほーむに通い始めた頃は、暖簾《のれん》や巾着袋を一生懸命に縫ってくれていた。ところが視力低下と認知症の進行により、針を持つことが難しくなっていった。その後、ちぎり絵やごみ箱作りなど、できることを見つけていたのだが、それもだんだんできなくなると、すっかり自信を失ってしまった。トイレに行ったり、入浴時に着替えたりという動作も一人でできなくなったことで、「みんなに迷惑をかけるばかりで何もできない」と生きる意欲をなくしていったのだった。

「できない」「迷惑をかける」＝「自分には価値がない」と、タケコさんは思い込んでいたのだと思う。「大丈夫だよ」「タケコさんだって、できることあるよ」「迷惑かけたっていいんだよ」といった私たちがかける言葉は、最後まで、タケコさんを「できること」「役に立つこと」こそ「価値がある」という呪縛《じゅばく》から解き放つことにはならなかったのだ。

自分にできないことが増えることで「価値がない」と思う思考方法は、自分自身を追い詰めるとともに、他者への差別や攻撃へとつながっていくこともある。

認知症が進行し、言語的なコミュニケーションができなくなったり、食事や排泄《はいせつ》に全面的に介助が必要となったりした重度の利用者さんに向けられるまなざしは、すまいるほーむにおいても決してあたたかなものばかりではない。むしろ、認知症の利用者さんたちの中から、「何を言っているのかわからない」「変なことばかり言う」「あんなふうにはなりたくない」「あんな人と一緒にいたくない」という言葉が聞こえてきたりする。できるだけ本人の耳には入らないように、席を離したり、スタッフが間に入ったりするのだが、スタッフ自身もそうした心ない言葉に深く傷つき、自分たちの無力さややるせない思いに苛《さいな》まれ、気持ちが落ち込んでしまう。

でも、想像するに、そうした言葉を認知症の進行した方に向けて発する利用者さんたちは、いつか迎えることになるかもしれない自分の姿を想像して恐怖におののいているのかもしれない。だから、自分と重度の認知症の方との間に明確な線を引いて、自分とは違う、と思いたいのではないか。それが、あのような他者を傷つける残酷な言葉を生んでしまうのではないだろうか。それはそれで、非難の言葉を発する本人も辛いことだろう。

カナさんやトウコさんは、重度の認知症の利用者さんの言動を咎《とが》めるような言葉を発したりはしない。トウコさんは積極的にかかわるわけではないが、特に嫌悪感を見せることもないし、クリスチャンのカナさんは、重度の認知症の利用者さんをあたたかく見守り、時々、にっこりと笑顔を向けてくれることもある。

そういえば、自信をなくしていったタケコさんもそうだった。多くの利用者さんが顔をしかめたり、かかわることを敬遠したりする重度の認知症の方に対して、いつもとても穏やかに優しい言葉をかけていた。重度の認知症の方を思いやることと、できなくなっていく自分を受け入れることとは、また別のことだったのかもしれない。

いずれにしろ、自分自身と認知症の進行した方との間には線が引かれている。その線を飛び越えて互いが連続していると感じ、受け入れていくことは、どの利用者さんにとっても容易にはできないことなのかもしれない。

社会には生産性に価値があるとするような風潮があるが、何かができなくなったり、誰かの役に立つことがなくなったりすることが、その人の存在価値がなくなることだとは、私は絶対に思わない。何かができようができまいが、他人に迷惑をかけようがかけまいが、人は最後まで生きる価値があると考えている。けれど、それを説得力のある言葉で表現することもいまだできていないし、すまいるほーむという実践の場で、利用者さんたちやスタッフたちと、自分のこととしてみんなで考えたり、認識を共有したりしていくことも、とても難しいと感じている。

ただ、できること、役に立つことに喜びを感じ、自信を回復させているカナさんやトウコさんたちが、今できていることがたとえできなくなったとしても、絶望したりしないように、喜びや希望を感じ続けられるように、すまいるほーむをその拠《よ》り所となるような場所にしていきたい。その思いだけはいつも持ち続けている。

そんな私に、かすかな光が差したように思えたのは、レビー小体型認知症のフクさんをめぐる出来事だった。

フクさんは認知症の進行とともに、老人性てんかんの症状も悪化して歩くことが困難になり、食事や排泄だけでなく、移動や移乗などあらゆる場面で、全面的な介助が必要となっていた。幻視もあるようで、何もない空間に話しかけたり、手を伸ばしたりすることもたびたびだ。車いすに座りながらいびきをかいて寝てしまったと思ったら、急に目が覚めて、話し始めるということもよくある。そんなフクさんの言動は、他の利用者さんたちには不可解に思えるようで、やはり心ない言葉を浴びせられたり、直接的なかかわりを避けられたりすることもあった。私たちスタッフはそのことにずっと心を痛めていた。

ある日の昼食時だった。フクさんはその日とても体調がよかったようで、自分で箸《はし》を持ち、おかずをつまんで食べようとした。介助していたスタッフはその様子に驚き、「フクさん、すごい！」と声を上げた。その声を聞いた私や他のスタッフたちもフクさんの周りに集まって、箸を持って食べようとしているフクさんを見守った。みんな嬉しかったのだ。最近は食事の時になかなか口を開けてくれないことも増えてきたフクさんが、久々に箸を持って自分で食べようとしていることが。実際には、箸で食べ物をつまむことはできなかったが、それでも、フクさんに生気が戻ってきたようで、みんなで「フクさん、すごいよ」と言い合った。

すると、それを見ていた他の利用者さんたちも、フクさんを応援し始めた。

「いいじゃん」

「頑張っているじゃん」

「今日は元気があるね」

フクさんも「いいだろ?」と言って、にんまりと笑った。他の利用者さんたちも大笑いだ。何だかいつになく、フクさんに向けられる利用者さんたちのまなざしがあたたかく感じられた。フクさんも嬉しそうだった。

たったこれだけの出来事なのだが、私は涙が出そうになるくらい感動していた。この瞬間、フクさんと他の利用者さんたちとが初めてつながったように思えたのだ。箸を持つことができたから、他の利用者さんたちがフクさんの存在価値を認めた、ということではたぶんない。

みんなの役に立つようなことはできなくなったフクさんだが、一生懸命生きようとしている、その姿にみんなが素直に感動し、頑張れ！　と生きることそのものを応援したくなったのだ。それがあの時のみんなの気持ちだったのではないだろうか。

生きることそのものを応援する。それは、何かができるとか、役に立つとかとは関係のない、生そのもののまるごとの肯定だ。生きることを応援し、生きていることを喜び合う、そんなつながりがここにあることを感じられたら、たとえ、できないことが増えていったとしても絶望しないでいられるだろうか。

フクさんの生をめぐってみんなが喜び合ったような瞬間が、これからも、すまいるほーむに訪れることを願ってやまない。

第十四章
# それぞれのかかわり方で

六月中旬、七夕祭に向けて、スタッフは利用者さんたちと準備を始めていた。まずは、折り紙で天の川や笹の葉、星などの色とりどりの七夕飾りを作り、デイルームの天井を飾った。スタッフのカイさんは、トウコさんが折り紙で作った八角形の箱を上手に使って、吹き流しを作り飾ってくれた。「なるほど！　飾りにもなるんだ」と、箱以外の使い道を考えつかなかった私はそのアイディアに感動し、箱をたくさん持ってきてくれるトウコさんも、「わー嬉《うれ》しい！　きれいに飾ってくれてありがとう」と喜んでいた。

天井が七夕飾りで彩られたら、今度はそれぞれ願い事を短冊に書いてもらう。これも毎年の恒例行事だ。

私も真っ先に、二つの短冊に願い事を書いた。一つは「マロンと母が、怪我も病気もなく、一年間元気にすごせますように」。一年ほどの間にマロンは両足を怪我し、母も肩や足の痛みがひどくなって、随分と心配したので、まずはこのお願い。そして、もう一つは「今年こそはみんなで忘年会が開けますように」。令和元年の年末に、移転後初めてすまいるほーむで開いた会社の忘年会は、手伝いをしてくれている地域の人や母も参加して、ワイワイ盛り上がる楽しい会だった。けれどそれ以来、みんなでお酒を飲みながら楽しく過ごす機会は失われたままだ。何の心配もなく、年の瀬にみんなでお酒を飲んで騒ぐ。そんな普通の時間が戻ってきてほしい。

さて、利用者さんたちは、短冊に何と書いたのか。

みよさんは「父、母が元気でおりますように」。その頃、両親が生きていた頃の記憶や、夫や義母と一緒に住んでいた頃の記憶の中にいることがみよさんは時々あった。実家や結婚当初に住んでいた家へ帰ろうとして、荷物をまとめてマンションを出て夜道を彷徨《さまよ》い歩くことなども増えてきていた。その度に本人の携帯から私や娘さんへ「道に迷った」と電話があるので、何とか事なきを得ているが、短冊を書いている時も両親は頭の中で生きており、みよさんは心からその健康を祈っているのだった。

美砂保さんは、コロナ禍でなかなか会えない子供や孫たちの健康と幸せを願う言葉を丁寧に綴《つづ》った後、小さな文字で少し遠慮がちにこんな一文を加えていた。

「すまいるの生活は嬉しいよ　いつまでも続きますように」

日常生活において、悩んだり、傷ついたり、落ち込んだりすることがたびたびある美砂保さんにとって、今、唯一喜びや幸せを感じられる場所が、仲間たちと安心して過ごせるすまいるほーむだという。そんな美砂保さんにとってはきっと切実な願いなのだ。

五月から利用を始めて、毎回折り紙で作った箱を持ってきてくれるトウコさんは、二枚の短冊に願い事を書いた。「百歳まで元気ですまいるほーむに通えますように」。そして、息子さんとお嫁さんの名前を記して、「いつまでもお世話になります」と。

以前通っていたデイサービスで、手作りの作品を他の利用者さんへプレゼントしたことを職員から叱責《しっせき》され、深く傷ついたトウコさんが、今は前向きな気持ちになってくれていることが、私はとても嬉しかった。しかも、息子さん夫婦に世話になることについても受け入れている。

「いろいろあったけど、私は今が一番幸せなの」という言葉を最近頻繁に口にするトウコさんの思いが溢《あふ》れている短冊だった。

利用者さんたちの短冊は、家族の健康や幸せを願ったり、自分の前向きな思いや希望が記されていたりするものが多いが、一方で、人生に絶望する気持ちを吐露した短冊もあった。

目の不自由な六さんは、スタッフに代筆を頼んでこう書いていた。

「星屑《ほしくず》になりたい」

社会や人生を皮肉ったり、揶揄《やゆ》したりする六さんの独特の表現なのだろうが、一昨年は「元気なうちに富士山に登りたい」、去年は「宇宙旅行に行って、月から地球を見てみたい」という大きな夢を記していたことからすると、随分と悲観的な願いだ。その一年で少しずつ衰えを見せてきた体力や不調の続く健康面への不安、そしてコロナ禍でイラついたり落ち込んだりすることの多い気分の表れなのかもしれない。でも一方で、六さんの短冊のもう一枚にはこんなことも書かれていた。

「これからも人生悔いなく過ごしたい。一日一日を無事に過ごす」

毎朝畑に通って農作業をし、作物が収穫できるとすまいるほーむに持ってきてくれる、堅実で一生懸命な六さんらしい願い事、というより生きることへの決意のようだ。ネガティブな思いとポジティブであろうとする思いとが、六さんの中で共存しているのだ。

いつも元気で、どんな時でもどんな場面でも我が道を行くテンさんも、「長生きさせてください」と短冊に記しながら、次の瞬間には「明日には逝《い》ってるよ」と口にする。普段から「生きられるだけ生きたいよ」「三百歳まで生きたい」というのと、「もう死んでもいいよ」「三百歳なんて生きられるわけないじゃ、明日にも死んでるよ」というのが口癖なのだ。

毎年この時期に、短冊に書かれた願い事を眺めていると、利用者さんたちの抱える複雑な心の内が垣間《かいま》見《み》えてくる。特に高齢の利用者さんたちは、老いのプロセスの中で、「もっと生きたい」と「もう死にたい」というアンビバレントな願望の間で常に揺れ動きながら、それでも懸命に今を生きているのだろう。そのどちらの思いも受けとめながら、利用者さんたちが生きている今という時間を共にし、大切にしていきたい、と毎年改めて思うのである。

けれど、そういう思いを共有した私たちにとっても、あゆみさんが短冊に書いた願い事はあまりに衝撃的だった。

「迷惑をかけずにピンピンコロリと死にたい‼」

「願い事なんてないけど……」と最初は躊躇《ちゅうちょ》していたが、書き始めると鉛筆で何度もなぞって太字にし、しかも「死にたい」に感嘆符を二つも付けて強調した。願いはこれだけだから一枚でいいという。

これもアンビバレントな思いとして受けとめればいいのか。でも、私には、この短冊からは、本気で「死にたい」と願う絶望の呻《うめ》き声しか聞こえてこなかった。

利用者さんたちもあゆみさんの短冊に戸惑いを見せていた。隣で、両親の健康を願う言葉を記していたみよさんは、あゆみさんの短冊を見て驚き、こう叫んだ。

「あんた、死にたいなんて書くもんじゃないよ」

ほがらかな性格のみよさんだが、この時ばかりは、あゆみさんを説得するのに必死で、語気を荒らげていた。

「私らみたいな年寄りならまだしも、あんたまだ若いんだしさ。そんな簡単に死ねるもんじゃないよ。死にたいなんて書かないでよ」

みよさんは少し涙ぐんでいるようだった。けれど、みよさんの説得も虚《むな》しく、あゆみさんはそのまま短冊をスタッフの亀ちゃんに渡して、鉛筆を片付けた。

「だって、死にたいんだもん。みんなに迷惑かけるんなら、死んだ方がましでしょ」

みよさんは、それ以上は何も言えずに、押し黙ってしまった。あゆみさんから短冊を渡された亀ちゃんは、どうしたものかと困惑していたが、とりあえず糸を通して、他の短冊と共に七夕飾りの間に吊《つ》るしていった。目立たない隅の方に。他の利用者さんたちへの、そしてあゆみさん自身への、亀ちゃんの配慮だったと思う。

エアコンやサーキュレーターの涼風に吹かれて、たくさんの短冊や七夕飾りが、さらさらと愉《たの》しげに揺らめいたり、絡み合ったりしている。利用者さんたちは毎日天井を見上げて、その様子を眺めては、「きれいだねえ」「ホントねえ」などと和やかに話をしている。あゆみさんの「願い」だけが、天井の隅で一つ寂しげに、くるくると回っていた。

実はそのしばらく前から、すまいるほーむでのあゆみさんの様子が以前とは違ってきたように見えていた。

もともと絵を描くのが好きなあゆみさんは、週に一回、隣町の絵画教室に通っていた。すまいるほーむでも、ミュシャの絵や世界の名画をモチーフに作られた細密画の塗り絵を、一六〇色の色鉛筆を駆使して、大胆な色使いで何度も重ね塗りして仕上げていた。以前は夢中になって作品作りに取り組んでいたのだが、その春頃からは塗ることに集中できなくなって、頻繁にトイレに立ったり、出窓に設置してあるフリードリンクのお茶を何度もお代りしたりするなど、落ち着かない様子が見られていた。

気遣ったスタッフたちが、季節ごとに作り替えるデイルームの飾りを「一緒に作りませんか」と、他の利用者さんと共にあゆみさんも誘ってみるのだが、「私はいいです」と言って断られてしまうことが多くなった。そして、みんなが楽しそうに作っているのを遠目に見ては、「あんなもの作って意味があるのかしら……」とつぶやいている。かと思えば、隣で一生懸命に作っているみよさんに対しては「もっとこうやった方がいい」と口や手を出してしまう。初めは「そうかな。そうやった方がいいかね」と素直にアドバイスを受け入れていたみよさんも、介入の度が過ぎてくると鬱陶《うっとう》しくなってしまい、「私のやりたいようにやらせてよ」と背を向けてしまうこともあった。そんな時、あゆみさんはトイレに何度も立ったり、お茶を何杯もお代りしたりして、また落ち着きをなくしていくのであった。

熱心だった塗り絵に取り組まなくなっただけでなく、手伝う作業さえもやりたがらなくなってしまったのは、なぜなのか。あゆみさんの様子を普段からよく見てくれているスタッフたちの意見は、あゆみさんがすまいるほーむに通い始めた一年半前に比べて、認知症の症状が進行し、細かい作業ができなくなっているからではないか、そのことをご本人もよくわかっているからではないか、ということだった。

たとえば七夕祭りで、亡くなった方の思い出を語り合い、供養のための灯籠《とうろう》を作る時のこと。あゆみさんは最初は躊躇しながらもしばらくすると作り始め、折り紙で自分の家の家紋を切り抜いて灯籠に貼ろうとした。しかし、自分の思い描いていたような家紋がなかなかできず、だんだんと苛立《いらだ》っていって灯籠を作るのを止めてしまった。スタッフが手伝おうとする余地もなかったという。

ひな祭りの時には、ちらし寿司《ずし》の錦糸卵をあゆみさんが焼いてくれたのだが、厚焼きになってしまったり、油が少なすぎてフライパンに焦げ付いて破れてしまったりと上手《うま》くいかず、一人で悪戦苦闘していた。やはりスタッフが手伝おうとすることには拒絶的だったし、「細かく切るから大丈夫だよ」と励ましてみても、思い描いたようにできないことにひどく落ち込み、しまいには憔悴《しょうすい》しきってしまっていた。

今までできていたことができなくなっている。そのことにあゆみさん自身が深く傷つき、自信を失っている。すまいるほーむでの活動に対して消極的になっていることも、短冊に「死にたい!!」という「願い」を書いてしまうことも、自信を喪失したあゆみさんが自分の人生に絶望しているからではないか、と想像できた。

そんなふうに想像できたところで、では私たちに何ができるだろうか。


すまいるほーむでは、これまで、利用者さんたちが傷ついたり、苦しんだり、自信を失ったりした時にどうしてきたか。

たとえば美砂保さんは、自宅で夫と喧嘩《けんか》して傷ついた時や、物忘れがひどくなったことに落ち込んだ時、「由実さん、今日ちょっと話があるんだけど時間ある?」と言って、二人だけの時間の中で自分の抱える苦悩を語ってくれた。何か解決策を提示できるわけでもなく、ただ美砂保さんの話を聞くことしかできなかったが、それでも語り終えた美砂保さんは、「聞いてもらえてよかった」と暗く沈んでいた表情を変え、明るい笑みを浮かべていた。

利用者さん同士で互いを励まし合う様子もよく見られる。通っていたデイサービスで受けた傷が癒《い》えないトウコさんは、隣に座っていたみよさんに、その時の思いを語っていた。みよさんは「それはひどいね」「辛《つら》かったね」「私も悲しくなってくるよ」と我が事のように目に涙を浮かべて話を聞いてくれていた。トウコさんが「百歳まで生きたい」と前向きな願いを持てたのも、自分の思いを受けとめてくれる仲間の存在が大きかったからではないかと思う。

スタッフも、利用者さんの表情が曇っていたり、元気がなかったり、苛立っていたりすると、送迎車の中やお風呂《ふろ》の中で声をかけ、話を聞いている。利用者さんを励まそうと、その方の好きな歌をみんなで歌おうと他の利用者さんたちに呼びかけたり、一人でぽつりと淋《さび》しそうにしている利用者さんの傍にそっと寄り添ったりしていた。

そうやって試行錯誤しながら、互いの弱さをみんなで受けとめ合ってきたのだった。だからこそ、多くの利用者さんやスタッフが、ここにいることで安心したり、心の拠《よ》り所と感じたりしているのだと思う。

けれどあゆみさんは、困った時に助けを求めてもくれないし、自分の苦しみや辛さをスタッフや他の利用者さんに語ってもくれない。そして私たちスタッフも、そうしたあゆみさんに積極的に声をかけたり、寄り添ったりすることができずにいた。私たちが躊躇してしまうのは、あゆみさんが突然、予想もつかないことがきっかけとなって、感情を爆発させ、すまいるほーむを飛び出してしまうことが何度もあったからである。

少し前にも飛び出してしまったのだが、そのきっかけは、朝から十杯以上お茶をお代りしていたあゆみさんの体調を心配したスタッフが「そんなに飲んで大丈夫？」と声をかけたことだった。

何が引き金となってあゆみさんを激昂《げきこう》させてしまうかわからないという不安と緊張感は、私たちのあゆみさんへの気軽なかかわりを阻害することになっていた。あゆみさんへ話しかける時には、タイミングや表情、かける言葉にかなりの気遣いを要した。すると、どうしてもかかわる機会は他の方よりも少なくなり、あゆみさんとスタッフとの距離もなかなか縮まってはいかない。

また、あゆみさんは他の利用者さんと関係を持つことも拒んでいた。自ら話しかけることはまずないし、通りがかりに声をかけられたりしても、「えっ、何なんですか？」と顔をしかめ、身を硬くして縮こまってしまう。七十歳のあゆみさんにとって、八十代、九十代の利用者さんたちは、遠い存在であり、仲間という意識を持ちづらいのかもしれない。

たった一人、いつも隣に座っているみよさんにだけは、話しかけることができた。でも、まくし立てるように一方的に思い出話や世間話をするだけで、自分の心の内を吐露することはない。それに、認知症のみよさんが、以前働いていたホテルで仕事をしているつもりで、「タイムカード押すの忘れた」とか、「今日、泊りのお客さんいないのかな」と口にすると、すっと距離を取り、私たちに「隣の人、ちょっとおかしいです」と言いに来たりした。あゆみさんにとって、みよさんは話し相手ではあるが、話を聞けるほど信頼できる相手ではなかったのだろう。

だから、利用し始めて一年半が経つというのに、あゆみさんはどの利用者さんとも関係を深めることができないままでいた。その意味で、すまいるほーむにおいても孤独を感じていたのではないかと思う。

私たちが何よりも心を痛めていたのは、あゆみさんが他の利用者さんとのかかわりを拒絶するばかりでなく、人格を貶《おとし》めるかのような態度をとってしまうことに対してであった。

たとえば、脳出血により左片麻痺《かたまひ》になったテンさんが、自分で箸《はし》を持ち、こぼしたり、口の周りを汚したりしながらも、一生懸命にご飯を食べているのを目にして、露骨に表情を歪《ゆが》め、みよさんに「汚いね。あんなふうになりたくないよね」と囁《ささや》いたことがある。

レビー小体型認知症のフクさんが、何かが見えるのか前の方に手を伸ばしたり、独り言を言ったりしていると、やはりみよさんを肘《ひじ》で小突いて、「あんな人と一緒にいたくないよね」とこそこそ悪口を言い始め、挙句の果てに、フクさんが視界に入らないように、テーブル中央に設置しているアクリルボードに紙を貼って見えなくしたのだった。

あるいは大正生まれのスズさんが、杖《つえ》をつき、スタッフに体を支えられ、足を引きずりながらなんとか歩いてトイレまで行こうとしているのを、気遣うでも応援するでもなく、ただ嫌そうに見ては、みよさんに何か囁く。みよさんは少し困ったように「気にしなきゃいいじゃ」と答えていた。

認知症の進行した利用者さんや高齢で体が思うように動かない利用者さんたちに対する、あゆみさんのそうした言動は、とりわけひどくなってきたようだった。もしかしたら、あゆみさん自身にできないことが増えてきたことへの不安と絶望の裏返しなのかもしれない。「ああはなりたくない」「あんな人と一緒にいたくない」というその存在の否定は、自分がいずれ同じように老い、認知症が進んで、心身共に衰えていくことへの強烈な拒絶なのかもしれない。

けれど、そう理解はできても、私にはあゆみさんの態度がどうしても許せない時がある。それればかりか恐怖さえ覚えて、あゆみさんとかかわることができなくなることすらあった。テンさんやフクさんに対するあゆみさんの嫌悪のまなざしや言葉が、あたかも自分自身に向けられたかのように、心の奥に突き刺さり、鈍い痛みを感じてしまうことがあるからだった。

それがなぜなのか、初めは自分でもわからなかった。でも徐々にその痛みが強くなり、恐怖のあまりあゆみさんの顔さえ見られなくなり、自分ではどうしたらいいのかわからず、ついに私はある日、三国社長のもとに押しかけて、苦しみのうちを泣きながらぶちまけていた。突然のことに驚きながらも、三国社長はじっと私の話を聞いてくれた。聞いてもらっているうちに、少しずつ原因が見えてきたのだった。

それは、あゆみさんの言動によって、私の心の奥に封じ込められていた辛い経験が抉《えぐ》り出され、フラッシュバックを起こした、ということだった。

中学生の頃からだろうか。私は新しい集団の中に入った時に、ある日突然、一部の人たちや集団全員から嫌悪や非難のまなざしを受けて避けられ始める、という経験をしてきた。それはすまいるほーむへ来る前まで何度か繰り返された。原因は自分ではわからない。私が誰かを傷つけるようなことを言ったのかもしれないが、鈍感な私には思い当たることが浮かばなかった。理由を尋ねることも謝ることもできないまま、孤独な時間をやり過ごすしかなかった。でも自分が弾《はじ》かれる集団は、合宿とか研修とか、一時的に作られたものばかりだったから、一時孤独に耐えれば、解散とともに苦痛から解放されて、それで終わりだった。だから、その時に受けた心の傷が自分にとってのトラウマになっていたという自覚もなかったのである。

でも、あゆみさんの言動を自分に対するものとして感じたことで、私の中で、集団から排除され、否定されることへの恐怖が心に刻まれていたことに気づいたのだった。その経験があったからこそ、自分ばかりでなく、そこにいる誰かが傷つけられたり、人格や存在が否定されたり、排除されたりすることのない場所があったらいいと、私はずっと求め続けてきたのではないか。そして今、やっとここに、みんなで作り上げてきたのがすまいるほーむだったのだ。

だから、多くの利用者さんたちが心の拠り所としてくれているこの場所で、どんな理由であれ、あゆみさんが他の利用者さんたちを否定するような態度をとることが、許せなかったのだと思う。


だが、そう気づいてみると、私はすまいるほーむを守ろうとする一方で、あゆみさんを排除しようとしているのではないか、と思えてきた。自分のトラウマのせいであゆみさんとかかわれないことは、支援の専門職としても、管理者としても失格ではないか。自分の至らなさが情けなく、ますますどうしていいのかわからなくなって、また涙が溢れる。

それまで私の話をじっと聞いていた三国社長は、言葉を選びながら、ゆっくりとこう言った。

「いいんじゃないかな、それでも。あなたは深く傷ついてきた。それがトラウマになって、今は、あゆみさんにかかわることができない。そして、すまいるほーむのみんなを大切に思って守ろうとしている。それはそれでいいんだと思うよ。それで自分を責めることはないよ」

　えっ、いいの？　こんな私でも……。予想外の言葉に驚いたが、私は救われたように感じた。三国社長は続けた。

「そんな今のあなたの気持ちを他のスタッフにも伝えてみたらいいよ。みんなわかってくれるし、助けてくれるよ。それがすまいるほーむでしょ」

　確かに、弱さや至らなさを受けとめて、互いに補い合うのがすまいるほーむだった。

　みんなの前でというわけにはいかなかったし、トラウマを告白するまでの勇気はなかったけれど、私はスタッフ一人一人に、自分が抱えるあゆみさんへの思いと、今は積極的にあゆみさんとかかわるのが難しいということを伝えてみた。どのスタッフも「そうなんだ。よくわかるよ」と受けとめてくれ、それぞれができる方法であゆみさんとかかわるようにしていくから大丈夫だと言ってくれた。

　スタッフにそんなふうに苦しさを受けとめてもらえたことで、少し気が楽になったように思えた。そして、私なりにできるあゆみさんとのかかわりはどんなことがあるのかを、少しずつ考えられるようになっていった。

　一つ、これはできると思いついたことがあった。送迎中の会話だ。情けないことに、あゆみさんと目と目を合わせて正面から向き合って話をすることには、まだ恐怖を感じていた。けれど不思議なことに、助手席に座ったあゆみさんとは、二人とも同じ方向を向いているせいか、何の恐怖心も躊躇もなく会話することができていたのだ。

　特に、車の中でかけている米津玄師の曲についての話題は盛り上がった。高校時代に合唱部に所属していたあゆみさんは、男性歌手の特に高音の声にとても魅了されるようで、「米津さんって、すごいですねー！　こういう人を天才って言うんでしょうね」と感心していた。送迎の間のほとんどの時間を私たちは米津談議に費やすのだった。

短い送迎時間のこんなたわいもない会話が、あゆみさんとの関係を深めたり、彼女の抱える孤独や絶望を癒《いや》したりすることにつながるわけではないだろう。でも、これが今私にできること。このわずかな時間でも、あゆみさんもそして私も、笑い合って過ごせることを大切にできたら、と思った。

六月の下旬、入浴介助が終わってデイルームに戻ってくると、あゆみさんを取り囲んで、利用者さんやスタッフが何やら大騒ぎをしていた。心配になって、近くにいたスタッフのクミさんに尋ねてみると、あゆみさんが長い間かかって、カナレットの「ヴェネチア、大運河の入り口」という絵画の塗り絵を完成させたので、みんなで壁に飾ろうと促していたのだという。見てみると、あゆみさんは「恥ずかしいからいいです」と明らかに困惑している。けれど、それでも利用者さんたちは口々にあゆみさんの作品を褒めていた。

「ブルーとホワイトで彩られて本当に美しい作品です」

「こんな絵はあゆみさんにしか描けないよ」

「本当に素晴らしいから飾って見せて」

心からの賛辞の言葉だった。その気持ちが届いたのか、あゆみさんも「それじゃあ」と言って、作品を飾ることを初めて承諾してくれたのだ。亀ちゃんは早速、青と白がより一層映えるようにと黒い画用紙の上に作品を貼りつけ、それをあゆみさんにもみんなにもよく見える壁の上方に掲げてくれた。利用者さんたちもスタッフも作品を見上げて、何度も「すごいねー」と感嘆の声を上げた。あゆみさんの顔には、いつになく嬉しそうな笑みが溢れていた。

利用者さんたちは、あゆみさんのことをちゃんと見守ってくれていたのだ。あゆみさんのきつい言葉や態度と裏腹の苦悩も絶望も、もしかしたらみんなわかって、受けとめてくれていたのかもしれない。

あゆみさんにとって、すまいるほーむは安心できる心の拠り所ではないかもしれない。でも、ここで利用者さんたちやスタッフと共に時間を過ごし、それぞれとそれぞれなりのかかわりを持っていくことで、いつか「生きていてもいいかな」と思ってくれたらいいと、心から思った。

第十五章

# みんなにとっての居場所であることと誰も排除しないということ

「わー、これ私？　髪の毛白いね。恥ずかしい」

「そんなことないよ、とってもきれいに写ってるよ」

「桜、きれいだったね〜」

「手術した後なのに、マロンちゃんもがんばって歩いたもんね」


……


「あっ、トウコさんが写ってるよ」

「本当だ。もうここに来て三ヵ月経つんだ」

「七夕祭りの時に飾りそうめん作ったね。おいしかったね」

「ケイさんがすごく上手に薄焼き卵を焼いてくれたよね」


……


「これ、お盆の送り火だね。灯籠《とうろう》のお焚《た》き上げしたね」

「弟のいい供養になったよ。ありがたかった」

「来年もみんなで灯籠で供養しようね」

七月下旬のある日の午後、ここ半年間の活動の様子を写した写真をテレビ画面で見ながら、みんなで賑《にぎ》やかに語り合った。運営推進会議の一コマである。

運営推進会議とは、すまいるほーむのような小規模の地域密着型のデイサービスではおよそ半年に一回行うことが義務づけられている会議である。自治会長や民生委員の方等の地域住民の代表と、市役所や地域包括支援センター等の行政職員、地域密着型の介護事業に詳しい他の事業所の代表者等に集まってもらい、地域と連携しながら、デイサービスをよりよい場所に育てていくための話し合いをすることになっている。

それに加えて、すまいるほーむでは第一回から、その日に来ている利用者さんとスタッフ全員に参加してもらってきた。現場の生の声を地域の方々に伝えたいし、地域のみなさんの意見を利用者さんやスタッフにも聞いてもらい、本当の意味で開かれた場にしたいという思いがあったからだ。

けれど令和二年からは、コロナ禍における感染対策のために、残念ながら、地域住民等の外部の方に会議に参加していただくことができないでいた。代わりに、まずは利用者さんとスタッフとで会議を行い、そこで話し合われた内容と活動の写真等をまとめた資料を地域住民等に送って、それをもとに意見をいただくという形で、運営推進会議を実施するようになったのである。

半年間の活動を振り返った後、私はみんなに、すまいるほーむについて、それぞれがどんな思いを抱いているのか、みんなにとってより心地よい場所にしていくにはどうしたらいいのかを尋ねてみた。「どんなことでもいいよ。思っていることを何でも聞かせてください」と言ってみたものの、漠然とした問いかけで、何を答えていいのやら、みんな少し戸惑っているようだった。こういう時はとりあえず、明るく天真爛漫《らんまん》なテンさんや率直な意見を言ってくれそうな六さんに振ってみる。

六車「テンさん、半年間を振り返ってみたけれど、どうでしたか？」

テンさん「楽しかったよ。生きられるだけ生きて、すまいるほーむに来たいよ」

六車「よかった、楽しくて。六さんはどうでした？　この半年間は？」

六さん「まあまあだね。みんなでやれることをもっと増やしていけたらいいよね」

六車「みんなでやれることとって？」

六さん「前みたいに、ボウリングしたりさ、体を使ったゲームみたいなのとかさ。コロナが下火にならないと難しいけど……」

六さんが言っている「みんなでやれること」というのは、午後のレクリエーションのことだ。以前はボウリングや、ピンポン玉をカップに入れるゲームとか、輪投げなど、運動系のレクリエーションをやって、チームや個人で競い合って盛り上がっていた。六さんはそのゲームをとても楽しみにしていたし、みんなで応援し合う雰囲気も好きだったのだと思う。

けれど、コロナの感染拡大以降、テーブルの上でできる物作りや、その場で座ってできる体操、あるいはカラオケといった動きの少ないものに偏ってしまっていた。そうしたレクリエーションの時にも、みんなで思い出話をして盛り上がっていたのだが、六さんの言う「みんなでやれること」のような、体を動かして、競い合って、応援し合うことで生まれる昂揚《こうよう》感や一体感は得られなかったのだろう。コロナの影響は思わぬところにも出ていて、そこにストレスを感じている利用者さんもいるのだと、改めて気づかされる発言だった。

テンさんと六さんが口火を切ったことで、他の利用者さんたちも次々と思いや意見を語ってくれた。

美砂保さんは、身振り手振りを加えながら、少し興奮気味にこんなことを語った。

「ここに来られることが最高の喜びです。本当に言うことはないんです。不思議なんだけど、ここに来ると、本当に安心するというか、気持ちが落ち着くんです。私は、いつも自分勝手なことばかりやらせてもらっています。他の方は、てきぱきといろいろとお手伝いしているのに、マイペースにやっていてごめんなさい」

「自分勝手なことばかりやって」「ごめんなさい」というのは、元気な頃はステンドグラスを作ったり、華道を教えていたりして、アートにことさら関心と熱意のある美砂保さんが、すまいるほーむで細密画の塗り絵をしたり、切り絵に取り組んだりすることに熱中していることを言っているのだろう。集中できる場があることが嬉《うれ》しいという気持ちの一方で、美砂保さんは、自分のことばかりやって申し訳ないと思っていたのだった。

私が「別に気にしなくていいんだよ」と言う前に、六さんが先に「気を遣わなくていいだよ」と声をかけてくれた。続けて「自分が好きなことをやればいいんだよ。それがすまいるじゃ」と。「その通り！」私は思わず六さんに拍手を送っていた。

「裁縫とかお料理とか片づけとかを手伝ってくれる方は、やってくれればありがたいし、絵を描くのが楽しいと思う方は絵を描けばいいし、とにかく自分のやりたいこと、楽しいと思うこと、心地いいと思えることができるのが、ここすまいるほーむなのだから、これからも美砂保さんの楽しいと思えることをやってくださいね」

私がそう付け加えると、美砂保さんは少し安心したようだった。が、最後に、「ありがとうございます。でもね、私がちょっとでもできることがあればやろうと思っています。これからもよろしくお願いします」と加えた。みんなのために、すまいるほーむのために、何かできることをやりたい、そう思ってくれている。それは素直に嬉しいことだった。「ありがとうございます」と私は美砂保さんに伝えた。

それぞれ好きなことができる場所であることと、できることをやって、みんなで作っていく場所であること。二つは決して矛盾することではないと、これまでみんなと過ごしてきた中で私は確信している。美砂保さんの塗った細密画もステンドグラスを思わせる鮮やかな色合いの切り絵も、その完成をみんな楽しみにしているし、一生懸命取り組んでいる美砂保さんの姿にみんなも励まされているのだから。何よりも、常に他の利用者さんたちやスタッフたちの体や心を気遣う美砂保さんの人柄が、みんなを優しく包んでくれているのだから。「気を遣わなくていいだよ」と声をかけてくれた六さんもそれをよくわかっていたのだと思う。

すまいるほーむに通いだして二年半近く経つ、一人暮らしのみよさんは、みんなの話に耳を傾けながら、うんうんと頷《うなず》いていた。そして、こう語った。

「家にいても何もすることないじゃ。一人だけど、なんか窮屈なんだよね、家に籠《こも》っている感じでさ。外に出たいじゃ。ここにいるとみんなと話ができるし、世間のことがわかる。みんなといるってことがいいんだと思うよ」

八十代前半まで働いていたみよさんは、仕事仲間と旅行に出たり、カラオケに行ったりして、家に籠っているより外に出るのが好きで、人とのかかわりを何よりも大切にしてきた。けれど認知症になって仕事を辞めてからは、人付き合いもなくなり、家に籠ることが多くなった。そんなみよさんにとって、新たな仲間たちとのつながりがもてて、話をしたり、一緒に過ごせたりする場があることは、自分らしさを保って生きていくためにはとても大切なことなのだろう。

五月からすまいるほーむに来ているカナさんは、いつも利用者さんたちとかかわるスタッフのことをよく見ていてくれる。

「スタッフのみなさんの気配りが素晴らしいです。誰かが何か困っていたりすると、話を聞いてくれたり、手助けしてくれたりする。だから安心していられるんです。いつまでもすまいるほーむに通って、楽しく過ごしていきたいです。毎月の行事も、子供の頃を思い出すものばかりで大好きなんです。何も言うことはないよ。今のままでいいんじゃないですか。お手伝いできることは何でもします」

あまり褒められると恥ずかしいし、まだまだ足りないところがあるのに「今のままでいい」と言われるのもかえって不安にならなくもない。けれど、家では体や心の不調を訴えることの多いカナさんにとって、すまいるほーむが、「安心できる」「楽しい」と思える一つの居場所になっているのだと思うと、やはり嬉しい。

スタッフたちもそれぞれ思うところを話してくれた。生活相談員としてすまいるほーむの運営を支えてくれているまっちゃんは、こう語った。

「私はすまいるほーむに勤めて九年になるけれど、こんなに長く働き続けられたのは、私にとってもここが居心地がいいからだと思うんです。みんなで何でも話し合って、みんなで作り上げている。だから居心地がいい。それはこれからも守っていきたいですね。難しいこともあるけれど、一つ一つみんなで話し合っていきたいです」

すると、すかさず、みよさんが「ここじゃ、みんな平等だもんね」と言った。利用者さんもスタッフも対等な関係で話し合い、一緒に作っていく。みんなで築き上げてきたすまいるほーむの形である。スタッフも利用者さんたちもそこに心地よさを感じてくれているのだ。

若手スタッフのモッチーは、まっちゃんの言葉に頷きながら、さらにこう付け加えた。

「利用者さんにも、スタッフのみなさんにも何でも相談しやすいということも、私にとっては働きやすい環境なんだと思います。無理なく家庭と仕事を両立できる職場です。これから子供ができたら、子育てしながら働き続けていきたいです」

それを聞いていたきーやさんは、「長く勤めてください！」と満面の笑みで応援していた。こうした利用者さんとスタッフとの自然なやりとりが私は大好きだ。

利用者さんにもスタッフにも、個別に話を聞くことはあっても、みんなの前で話を聞くことは普段あまりない。半年に一回の義務づけられた公的な会議の場ではあるが、半年間の活動を振り返り、それぞれの思いを語ってもらうことは、私にとってもみんなの思いを知れる貴重な機会であり、みんなにとっても、それぞれの思いを受けとめ合う大切な時間であるのだと思う。

だが、ここには、一番いて欲しいと思っていた人がいなかった。あゆみさんである。

それは運営推進会議の一週間前のことだった。

他の利用者さんの人格を否定するようなあゆみさんの言動によって、私は自分の中のトラウマが抉《えぐ》り出され、彼女と向き合うことが難しくなっていたことは、前章で述べた。スタッフはそのことを理解しフォローしてくれていたが、あゆみさんはスタッフとも他の利用者さんとも信頼関係を築けないままの状態にあった。

そのことがずっと気がかりで、私はやはり、勇気をもってあゆみさんと向き合って、率直に互いの思いを語り合わないといけないと思い始めていた。その一つのきっかけとして、あゆみさんの利用日に運営推進会議を行いたいと思っていたのだ。みんながすまいるほーむという場所にどんな思いを抱いているのか、あゆみさんにも聞いてもらいたかったし、あゆみさんの素直な気持ちもそこで語ってもらえたら、みんなも受けとめてくれるのではないかと期待していた。うまくいくかどうか、自信があるわけではなかった。そこでのやりとりによって、あゆみさんが激昂し、飛び出してしまう事態になるかもしれないという不安もあった。スタッフや社長にも、そうなった時にも対応できるよう協力をお願いするつもりでいたのだ。

けれど、その提案をしようとした矢先に、あゆみさんはすまいるほーむを飛び出してしまったのである。

きっかけは、スタッフが「お風呂《ふろ》で使ったタオルを知りませんか」と尋ねたことだった。あゆみさんは、すまいるほーむの物と自分の物との区別がつかなくなってしまうことがあった。入浴後に体を拭《ふ》く時も何枚もタオルを使って、汗をとるためかそれを体に巻き付けて洋服を着て、そのまま家に持ち帰ってしまうのだ。その日も、あゆみさんが使ったタオルが二枚見つからなかったことで、スタッフがさりげなくその行方を知らないかと尋ねたのだった。

あゆみさんは自分が疑われたと腹を立て、「私を犯人扱いするんですか！」と叫んだ。そして「もうこんなところ嫌だ。本当に嫌だ」と息を荒立て、壁に飾ってあった自分の塗り絵作品のカナレット「ヴェネチア、大運河の入り口」をすごい勢いで剝《は》がし、みんなの前でビリビリに破いたのだった。鞄《かばん》の中に押し込み、玄関に向かおうとするあゆみさんより先に、私は外に出て、車を門扉の前に横づけしたが、飛び出してきたあゆみさんの勢いと力は凄《すさ》まじかった。あゆみさんをなだめながら出てきたスタッフ二人と三人がかりで車に乗せようと試みたが、どんな言葉ももはや全く届かず、泣き叫びながらあゆみさんは力いっぱい抵抗をした。攻防が三十分ほど続いたところで、あゆみさんは力尽きたのか、何とか車に乗ってくれたのだった。

自宅に着くと、あゆみさんは無言で車を降り、家の中に入っていった。後から出てきた娘さんに事情を話すと、自宅でも何かなくなったり、物が移動していたりした時に、家族が「○○知らない？」と尋ねると、「私を犯人扱いするの？」と憤り、自分の部屋に閉じ籠ってしまうという。いつも何か咎《とが》められるのではないかと怯《おび》えていて、自分たちもどうしていいのかわからない、と娘さんは言った。

帰路を運転しながら、私の心は完全に折れていた。あゆみさんが飛び出してしまうのは五回目。もういい加減にしてくれ、というのが正直な気持ちだった。三十分間の攻防で気力も体力も消耗したし、デイルームに取り残された他の利用者さんたちに迷惑をかけてしまったことも申し訳ないと思った。無理に車に乗せるのを早々に諦《あきら》めて、最初の頃のように一緒に歩いて帰れば、あゆみさんの荒ぶる心は鎮まったかもしれないし、二人の間で対話が進んだかもしれない。でもその時の私はもう、気持ちも体力も限界だった。

門扉前でのやりとりの中、あゆみさんが叫んだ言葉も、私の心に鋭く突き刺さっていた。髪を振り乱し、私たちの手を振り払いながら、はっきりとこう叫んだのだった。

「ここに、私の居場所はないんです！」

初めてあゆみさんの口から聞いた心の叫びだった。

あゆみさんにとって、すまいるほーむは心地よい居場所にはなっていないのではないか。あゆみさんの様子を見ながら、しばらく前からそう思うことがたびたびあったから、その言葉に驚くよりも、やっぱりと納得するところもあった。だが一方で、結局、またあゆみさんが飛び出してしまうところまで、彼女自身を追い詰め、スタッフも追い詰められる事態になってしまったことに、自分の至らなさと虚無感を覚えていた。

あゆみさんの言動や行動の背景を少しでも理解しようと、高次脳機能障害当事者の鈴木大介《すずきだいすけ》氏が書いた『「脳コワさん」支援ガイド』（医学書院）を読み返したりもした。そこには、高次脳機能障害や発達障害、認知症、鬱《うつ》、パニック障害等、脳の機能に障害がある人たち（それを著者は「脳が壊れた人」、すなわち「脳コワさん」と名付ける）の困りごとが共通していることや、困りごととなる原因や支援者のかかわり方がイラストとともにわかりやすく説明されている。

一番、なるほどと思ったのは、音、光、触覚、匂い、突発的出来事など、日常には様々な情報が溢《あふ》れていて、「脳コワさん」はその情報による刺激が強いと情報の処理ができずにパニックになってしまう、という説明だった。

確かに、あゆみさんは音にとても敏感で、誰かが突然大きな声を上げたり、物が落ちて大きな音がしたりすると、「怖い！」と言って身を震わせ、頭を抱えて縮こまってしまうことが度々あった。音に対して脳での情報処理ができずに、あゆみさんがパニックになっていたと理解することができる。

すまいるほーむを飛び出してしまうのも、利用者さんやスタッフからかけられた言葉は、あゆみさんにとって予想外の突然の不快な出来事で、それによって湧き上がった怒りの感情が自分でも抑制できずに爆発し、パニックになった結果と理解することができる。

また、認知症の進んだ利用者さんや高齢のため足腰の弱くなった利用者さんへの言動は、彼らが目に入ることで、その存在自体があゆみさんに認知症や老いの現実を突きつける情報――つまり負の刺激となって、彼女の心を常に不安定にさせているためではないか。

私はスタッフにもこの本を読んでもらい、できるだけあゆみさんが不快に感じるような刺激を与えないように配慮していこうと話し合った。とはいえ、突然発せられる利用者さんの大きな声を止めることはできないし、認知症の進んだ利用者さんや体の不自由な利用者さんをあゆみさんの目に入らないようにするのは、現実的には難しかった。

だとしたら、あゆみさん自身が認知症や老いを意識せずにいられる環境に身を移した方が、安心して過ごせるのではないか。たとえば、もっと同世代の方が多くいるデイサービスとか、若年性認知症の当事者の方が集まる会だったら、あゆみさんは自分の苦しみを仲間と分かち合うことができるのではないか。

そう思い、地域包括支援センターに相談してみたが、市内には若年性認知症の方のための集まりはなく、あゆみさんと同世代の六十代から七十代前半の方の利用が多いデイサービスもわからなかった。ネットで調べると隣接市町のいくつかでは、若年性認知症の方の集まりが自治体主催や民間の事業所主催で開かれている。だが沼津市にはいまだ一つもなく、問題意識もあまり共有されてないのが現実だった。では、あゆみさんが熱中できる絵画やアートを主な活動としているデイサービスはないだろうか？　知り合いのケアマネジャーの何人かに電話して情報収集してみたが、やはり市内では聞いたことがないという回答だった。

　あゆみさんの家族とも何度もＬＩＮＥでやりとりし、会って話し合いを重ねた。『「脳コワさん」支援ガイド』のイラストも見せながら、すまいるほーむでの様々な刺激が、あゆみさんの心を不安定にしたり、パニックにさせたりしているのではないか、という私たちの考えも伝えた。

　その上で、認知症についてあゆみさん自身が受けとめることが難しい今は、むしろ、認知症や老いや介護について意識しなくてもいい環境にいることの方が、あゆみさんにとってはいいかもしれない、とも提案してみた。たとえば介護保険のサービスに限らず、今は週に一回通っている絵画教室の回数を増やしてみるとか、運動の好きなあゆみさんだったら体操教室などもいいのではないか、と。でも、これまでのあゆみさんの様子を身近で見てきた家族は、介護サービスではない一般の教室では、認知症への理解が十分ではなく不安だという。あゆみさんが何か失敗したり、忘れてしまったことにうまく対応できず、かえって、あゆみさん自身が深く傷ついたり、落ち込んだりしてしまうのではないか。それもまた然《しか》りである。ここでも認知症に対する理解が遅れた地域社会の現実が浮き彫りになった。

　家族は、こうも言った。すまいるほーむに行くことを嫌がったことはないし、毎朝自分で準備して待っている。だから、すまいるほーむは居場所になっているはずなので、これからもお願いしたい、と。「居場所になっている」かどうかについては、私には不安が払拭《ふっしょく》できなかったが、ひとまずは利用を継続することで合意した。ただ、できれば並行して、他のデイサービスの利用も検討してみてほしいと提案した。あゆみさんが頼れる場所が複数あった方が、あゆみさんも、すまいるほーむのスタッフも、行き詰まってしまうことを避けられるのではないか、と思ったからだ。

それまでの経緯と、家族と話し合った内容は、担当のケアマネジャーにも伝えた。すると早速いくつかの機能訓練系のデイサービスをあゆみさんと家族に紹介してくれた。ようやくそのうちの一つを体験利用することが決まったところで、あゆみさんの五回目の飛び出しは、起こったのだった。

その夜、スタッフ会議を開き、今後のあゆみさんへの対応について、三国社長も交えて話し合った。

それぞれが率直な思いを語ってくれた。まっちゃんは私と同様に、利用者さんたちを悪く言う言葉が自分に向けられているように感じ、苦しんでいた。そういう言動に対して何も言うことができない自分も嫌だったし、他の利用者さんたちに対しても申し訳ないと思っていたが、どうしたらいいのかわからなかった。またいつ飛び出してしまうかも不安で、あゆみさんの来る日はいつも緊張して、気持ちが張り詰めていたという。

できるだけあゆみさんに話しかけようとしてくれていた亀ちゃんも、実は常に緊張していたという。他の利用者さんたちに対しても、あゆみさんの言動や今回のような行動は決していい影響は与えないからどうかと思うが、すまいるほーむに来ることができなくなったら、あゆみさんはどこにも居場所がなくなってしまうのではないか。どう判断していいのか自分でもわからない、と感じるままに迷いを語ってくれた。

私自身も、あゆみさんと対話をしたくて運営推進会議に参加してもらおうと思っていたこと、その矢先の出来事で、混乱し、消耗してもいて、どう考えていいのかわからない状態であることを伝えた。これ以上の対応は難しいから、利用の継続を断るという選択肢もあるが、そう決断してしまうことに少なからぬ躊躇《ちゅうちょ》がある、ということも。亀ちゃんが懸念するように、すまいるほーむ以外にあゆみさんの居場所はないのではないか、とは思っていない。あゆみさんが叫んだ言葉からもわかるように、すまいるほーむは少なくとも今のあゆみさんにとって居場所にはなっていなかったと思うからだ。けれど、集団に馴染《なじ》めないからといって、あるいは集団の他のメンバーに悪影響を及ぼすからといって、誰かを切り捨てるようなことをしてしまうのは自己保身にすぎず、私がかつて排除された集団とすまいるほーむが変わらなくなってしまうのではないかという思いがあった。

すまいるほーむは、どんな存在も受けとめられる、寛容でゆるやかな場所でありたい、という願いは捨てたくない。けれど、あゆみさんと向き合っていこうという決意が大きく揺らいでいる。私は冷静な判断ができないでいた。

他のスタッフも同様に、苦しみ、迷っている中、三国社長が口を開いた。

「無理しなくてもいいんじゃないかな。もう五回目でしょ、あゆみさんが飛び出したのは。これからだって同じようなことは続くと思うよ。今回は三人で対応しなきゃならなかったんでしょ、車に乗せるのに。実際その間は、スタッフ一人で他の利用者さんたちの対応をしたわけで、他の利用者さんたちも動揺しただろうし、何かあったら一人では対応できなかったかもしれないじゃない。他の利用者さんたちの送迎も遅くなってしまったようだし。スタッフが少ないうちみたいな小規模のデイサービスではやっぱり対応しきれないんじゃないかな、飛び出したりするのは。あゆみさんに対してもそうだけど、他の利用者さんたちに対しても我々は責任を負っているんだから、そのことも考えないといけないと思うよ」

もっともな発言だった。普段、あゆみさんとのかかわりの薄い三国社長の立場だからこそ言える、客観的であり、かつ冷たい判断だとも感じた。全員があまりにも巻き込まれすぎていたのかもしれない。それぞれが、あゆみさんへの思いと、他の利用者さんへの思いとの狭間《はざま》で葛《かっ》藤《とう》し続けてきた。俯瞰《ふかん》的に状況を見守るべき立場の私自身が、自分のトラウマに苦しみ、あゆみさんとかかわることができないでいることも問題だった。

三国社長が言うように、他の利用者さんへの責任も考えて、すまいるほーむの現状では、これ以上はあゆみさんを受け入れられないと判断するしかないと思った。スタッフたちも納得した。もちろん、それぞれ思うところはあり、すっきりとした気持ちではなかったようだが。

翌日、家族とケアマネジャーに伝えた。家族も私たちの判断を受け入れてくれて、これまでの対応と考慮に感謝していると言ってくれた。ケアマネジャーも理解を示してくれた上で、あゆみさんの今後をどう考えていったらいいのか自分自身も悩んでいると吐露していた。

あゆみさんとかかわり続けることを諦めざるを得なかった私たちには、もはや何もできない。あゆみさんが心穏やかに、そして希望をもって過ごせる場所が見つかることを心から願ってやまない。

本当は、あゆみさんにいてほしかった運営推進会議。

私は利用者さんたちに、あゆみさんがすまいるほーむの利用を止めることになったことと、その理由を率直に伝えた。何人かは、あゆみさんが飛び出していった経緯を間近で目撃していたメンバーだった。私が話し終えると、それまであゆみさんのことに触れるのに躊躇《ためら》いを感じていた利用者さんたちも、口々に語りだした。

初めて、あゆみさんの感情的な態度と飛び出しを目の当たりにしたトウコさんは、その時の光景をリアルに思い出したのか、「私、本当に怖かったのよ。どうしてあんなふうになってしまったのかわからなかった」と身を震わせた。

あゆみさんが激昂していくのを隣で何とかなだめようとしていたみよさんは、出来事そのものを覚えていなかった。「そうだったたっけ？　どうして来ていないのかな、って思っていたけど、そんなことあったんだっけ？」と首を傾げた。それを見ていた他の利用者さんたちは、「みよさんは一生懸命に止めようとしていたよ。みよさん、すごいなあって思っていたよ」と苦労を労《ねぎら》った。

あゆみさんの飛び出しを何度か経験しているきーやさんは、冷静に様子を観察していたようで、身振り手振りを交えて再現してくれた。あゆみさんが自分の描いた絵を引き剝がしてビリビリに破いた光景が一番ショックだったようだった。

美砂保さんは、スタッフのことを心配してくれた。

「どうしてあんなふうにしか反応できなかったのか私にはわからないけど、由実さんや他のスタッフさんが外まで追いかけていって、車に乗せようと苦労しているのがよくわかって大変だなと思ったよ。私は何にもできなくて、申し訳なかったよ」そして、普段感じていた本音も語ってくれた。「私もね、あゆみさんに対してはね、すごく気を遣っていたの。あゆみさんが嫌な気分にならないように、言葉にも気をつけなきゃいけないないなと思ってた」

利用者さんたちは利用者さんたちで、あゆみさんの存在を受け入れようと努力しながら、気を遣い、葛藤していたのだった。あゆみさんとのかかわりを、ある意味、利用者さん頼りにしていたことに申し訳なさを感じた。

あゆみさんがすまいるほーむの利用を止めることに、それぞれ複雑な思いはあるようだったが、それでもみな少なからずホッとしたようでもあった。

そんな様子を眺めながら、私は思いを巡らせていた。あの出来事が起きずに、あゆみさんがこの運営推進会議に参加していたら、あゆみさんと私との、あゆみさんとスタッフとの、そしてあゆみさんと他の利用者さんたちとの関係は何かよい方向に変わっていっただろうか。そもそも、みんなとの対話は成り立っただろうか。想像してみるものの、私には、もうよくわからなくなっていた。ただ、硬いしこりのようなものが残るのを、心の奥に感じていた。しこりはその後も消えることなく疼《うず》き続けた。

いったいどこで私たちはあゆみさんと決定的にすれ違ってしまったのだろう。どうしたらそのすれ違いを修正して、あゆみさんと向き合うことができたのだろう。

そして、みんなにとって心地よい居場所であることと、誰も切り捨てない、排除しないということが両立するとしたら、どのような環境を作り出せばよいのか。

簡単には答えの出そうもない問いを前に、私は立ち尽くすばかりだった。

第十六章
# それでも介護の仕事を続けていくという予感

令和三年九月、「すまいる劇団」によるお芝居の準備を始める時期がやってきた。毎年一回起《た》ち上げられる、利用者さんとスタッフとが参加してお芝居を作り、演じる劇団である。

今回の演目を何にするかは、初夏には早々に話が出ていて、「浦島太郎」がいいだろうとなっていた。ただ、お芝居を披露するのは、九月下旬の水曜日。水曜日は偶然にも男性が一人もおらず、女性の利用者さんのみの日なのだ。女性が浦島太郎（男性役）をやればいいのだけれど、そもそも浦島太郎が女性でもいいだろうということになり、「浦島　太郎」ならぬ、「浦島子」が主役の物語を作ることになった。

そこで、スタッフの亀ちゃんがお芝居「浦島子」のシナリオの下案を作ってきて、みんなの前で大きな声でゆっくりと読み上げた。ストーリーはだいたいこんな感じ。

浦島子が片浜海岸を通りかかると、浜で漁師が網引きをしていた。網には近海の魚とともに一匹の亀がひっかかっていた。浦島子が網にひっかかった亀を助けると、亀はお礼に駿河湾の海底にある竜宮城に連れて行ってくれた。竜宮城では乙姫《おとひめ》様と魚たちが歓迎してくれ、歌や踊りを披露して浦島子を楽しませてくれた。宴会が終わり、浦島子が、「そろそろお暇《いとま》します」と帰ろうとしたところ、乙姫様が玉手箱をお土産に持たせてくれた。亀に連れられて片浜海岸に戻ってくると、浜ではまだ漁師が網引きをしていた。浦島子が、玉手箱をお土産にもらったことを思い出して開けてみると……。

片浜海岸は利用者さんたちの何人かが住んでいる地域のすぐそばにある海岸で、夫がしていた網引き漁を手伝っていた、という話を何度も聞いている。そんなエピソードから亀ちゃんは、亀が子供たちにいじめられるのではなく、たまたま網にひっかかってしまったと設定を変えてくれたのだった。

亀ちゃんが悩んだのは、玉手箱の中身である。玉手箱を開けたら煙が出てきて歳を取ってしまった、というのではあまりにも悲劇的で、敬老会の演目のエピローグとしてはふさわしくないのではないか、ということ。言われてみれば、確かにそうだ。

亀ちゃんは、みんなに「玉手箱の中身は何がいいでしょう？　最後はどう終わったらいいかな？」と問いかけた。すると、コロナ禍前まではボランティアとして朝のバイタル測定の手伝いに来てくれていて、その年の八月からは利用者さんとして参加している、元看護師の八十九歳のアイさんがこう言った。「若返った方がいいじゃない？」。歳を取ってしまう原作とは真逆の発想に、私は、「なるほど、それいいね」と嬉《うれ》しくなった。そこで、「何歳ぐらいに若返ったらいいかな?」と聞くと、アイさんは少し考えた後に、「二十歳に戻りたいね。やり直せるじゃ」と笑いながら答えた。それを聞いたみんなも、「そうだね」「二十歳、いいね」と大笑いしていた。

大体のストーリーが決まったところで、今度は配役へ。この時はみんな遠慮がちで、自分から何の役をやりたい、とはなかなか言ってくれない。そこで、まずは「二十歳に若返る」というエピローグを提案してくれたアイさんに、「浦島子、やってもらえます?」とお願いしたところ、「嫌だよ」と即答されてしまった。どうやら物語の案を考えるのと、その役を演じたいと思うのとは違うらしい。

「じゃあ、乙姫様は?」と尋ねると、「いいね。長いドレス着て、真珠のネックレス着けたりしてね」とアイさんは結構乗り気である。そして、ずっとみんなのやりとりを聞いていたトウコさんも、「乙姫様なら……」とつぶやいた。というわけで、乙姫様は姉妹であるという設定に変更。

片浜海岸の近くに住んでいるタカミさんに、漁師役をお願いしたが、「網引きはやったことがないからできないよ」と断られてしまった。でもすぐに、「わたしゃ、亀でいいよ」と亀役を引き受けてくれた。すると、美砂保さんが、「うちの居間に、亀の甲羅が飾ってあるんです。使います? 持ってきましょうか?」と言い出して、アイさんも「うちの玄関にもあるよ!」と、スタッフのまっちゃんも「うちにも小さいけど亀の甲羅がある」と、次々と亀の甲羅を持っているという話が出てきてしばらく大盛り上がり。

さて、肝心の浦島子はどうしようか、と配役の話に戻し、その日の一番年長者であるきーやさんに浦島子役をお願いすると、意外にも「いいですよ」と少し照れながらも快く引き受けてくれた。

ああこれで一安心、と思った矢先、たまたまみんなの話し合いを聞いていた母から、「浦島子さんの職業は何ですか？」という突っ込みが入った。「もともとの浦島太郎は漁師でしょ。だから、浦島子さんは何のお仕事している人なのかな？　って思って」と。三十年以上教員をしていた職業婦人の鋭い指摘である。

亀ちゃんが、きーやさんに「浦島子の職業は何にしましょう？」と尋ねると、きーやさんは「私は外では仕事したことないからね。ずっと家のことやってたから……」と悩み、一呼吸おいてから、「主婦だね。近所の主婦」と笑って答えた。みんな自分の経験にひきつけて一生懸命考えてくれる。本当に面白い。

テンさんとカナさんは、竜宮城で浦島子を歌や踊りで歓迎する魚役となり、それぞれなりたい魚（タコやイカでも、カニ等の甲殻類でもＯＫ）を選んでもらった。テンさんはアジ、カナさんはキンメダイに。なりたい魚というより、食べたい魚を選んでくれたようだが、特にカナさんは本格的で、「それじゃキンメダイの生態がわからないといけないわね。以前、息子が魚屋に勤めていたから聞いてくるわ」と意気込んでいた。

残る漁師役は最後に美砂保さんが引き受けてくれた。すると亀ちゃんが、美砂保さんが若い頃、よく宝塚歌劇《たからづかかげき》を観に行っていたと語っていたのを思い出したのか、物語の終わり方についてこんな提案をしてくれた。

「竜宮城から帰ってきた浦島子は、片浜海岸で漁師と再会し、二人で一緒に玉手箱を開けると、二人とも二十歳に若返った。そこで二人は結婚し、幸せに暮らした。最後に、みんなで『二人は若い』を歌って幕が下りる。というのではどうでしょう。だから、浦島子は未亡人の近所の主婦で、漁師は独身」

きーやさんも美砂保さんも、手をたたいて大笑い。「いいんじゃないの」「笑えるね」とみんな賛成してくれた。

こうして、ストーリーも配役も決まっていった。今年も、物語も役柄も個性豊かで、面白くなりそうだ。


私は、お芝居を作るという一つの目的に向かって、みんなでワイワイ言い合い、大笑いしながら話し合うこの時間がたまらなく好きだ。本当にみんな活《い》き活《い》きしているし、思わぬ人が予想もしていなかった意見を出してくれるのもいい。突拍子もない意見やアイディアもあって、まとめ役の亀ちゃんは大変だと思うが、それでもそれぞれの意見をうまく取り入れながら、起承転結のある素敵な物語に仕上げていってくれる。

「すまいる劇団」のシナリオ作りだけではない。たとえば、八月下旬に行った納涼祭に向けては、女学校時代にフォークダンスを踊ったというトウコさんの思い出話から、まっちゃんが

「今年の納涼祭では盆踊りじゃなくて、フォークダンスを踊ろう！」と提案してくれた。何日もかけて利用者さんたちと椅子に座ってできるフォークダンスの踊りを考えたのだった。選んだ曲は「オクラホマミキサー」と「コロブチカ」。体を動かし、こうしたらいい、ああしたらいいと話し合いを重ねて、リズムよく足を動かし、隣同士で手を打ったり、手を結んだりする愉快な踊りが出来上がった。当日は、テンポの速い曲に合わせて何度も踊り、息が上がりながらも、「ああ、楽しかった！」「懐かしかった！」とみんなの顔は満足そうだった。

お芝居や踊りといった作品をみんなで話し合って作り上げていく。そんな様子を眺めながら、「ああ、この感じ、いいなぁ。心地いいなぁ。すまいるほーむにこんな時間が流れるのって幸せだなぁ」と私はいい気持ちになりながら、やわらかな時間の流れに身を委《ゆだ》ねている。

運営推進会議のように、「すまいるほーむの活動についてどう思うか」とか、「これからのすまいるほーむはどうあったらいいか」などといった課題について、意見を言い合い、真面目に議論することも、みんなですまいるほーむを作り上げていくための大切なプロセスだ。けれど、課題や問題に正面から向き合うのはとりあえず置いておいて、何か楽しいものを作ろうという目標に向かってみんなで話し合ったり、試行錯誤したり、練習したり、準備したりすること。それも、すまいるほーむに参加する人たちにとっては欠かせない時間なのだと思う。

それぞれが現実の生活で抱える苦しさや辛《つら》さといったことから解放され、自由に羽ばたける時間。たとえわずかであっても、そんな至福の時間があるからこそ、現実でまた生きていける、ということもあるのではないだろうか。

実際、私自身がそうだった。体の奥で疼《うず》き続けている痛みを、みんなでこうして過ごしている時間は忘れて、心から楽しみ、ただ幸せを感じていた。疼き続けている痛みとは、あゆみさんのことである。また飛び出していったあゆみさんの利用を中止にさせてもらったこと。それが正しい決断だったのか。私たちにもっとできることはなかったのか。何をすれば、状況は変わったのか……。納得も理解も諦《あきら》めもできないまま、ぐるぐると考えが迷走し続けていた。

打ち合わせが終わり、おやつの準備をしながらまっちゃんがつぶやいた一言で、私は現実に引き戻された。

「あゆみさんが居たら、こんなふうに楽しく話し合いができなかったかもしれないね」

まっちゃんもまた、あゆみさんのことをどう考えたらいいのか、悩み続けているのだろう。

あゆみさんが参加していたら、どんなことを言ったのか、どんな反応をしたかはわからない。けれど、みんながあんなふうに、自由に言い合うことはできなかったのではないか。

すまいるほーむで積み上げてきた、みんなで話し合い、作り上げていくという時間は、「何を言っても根本的なところでは否定されない」という大前提をみんなが共有していたからこそ成立していたのだと思う。自分が決して否定されないということに、それぞれが安心感や心地よさを感じてくれていたからだ。

あゆみさんは、少なくともその頃のあゆみさんは、そんなみんなの安心感と心地よさの大前提を崩してしまう存在になっていたことは確かだった。

では、あゆみさんは最初からそんな存在だったか、というと、そんなことはなかった。強く印象に残っているのは、前年の八月、納涼祭でのゲームを考えた時のことだ。あゆみさんは、他の人の意見を否定することもなかったし、自らも、こうしたらもっと面白くなるんじゃないか、と積極的に意見を言ってくれたりしていた。そしてみんなで遊んだのが、チラシを帯状に切ったものをテーブル中央に設置してあるアクリルボードの上に垂らし、アクリルボードの両側から団扇《うちわ》で扇ぎ合って、相手の方に落とす、というあゆみさんが考案したゲームだった。コロナの感染防止対策のためにやむなく設置し、利用者さん同士のコミュニケーションに大きな壁となっていた鬱陶《うっとう》しい異物を、逆手に取って遊びの道具に変えてしまう、ナイスアイディアだと私は感心したのだ。

様子が変化したのは、九月の下旬に起きた、すまいるほーむからの飛び出し以降だったように思う。飛び出しのきっかけは、あゆみさんがトイレを汚してしまい、スタッフが掃除しているところを本人が見てしまったことだったが、その数日前の介護保険の認定調査の直後から心身ともに不安定だった。認定調査で受けた様々な質問で認知症の進行状況が評価され、否応《いやおう》なしに現実を突きつけられることになったのが相当に辛かったのかもしれない。

何が変化の原因だったかはわからないが、その頃から、突然感情を爆発させて飛び出して行ってしまうことが繰り返され、それと呼応するかのように、他の利用者さんの人格を否定するような言葉を発するようになった。年を越えてからその頻度も増し、内容もますますひどいものになっていったように思う。

経緯をそのように振り返ってみては思うのだ。早い段階で、あゆみさん自身と直接話ができていれば、違っていたのではないか、と。これまでも、そういう発言をする利用者さんはいなかったわけではない。でも、その度に、本人と話をすることで理解してくれ、そういう発言を控えたり、もしまた言ってしまった場合には相手に対して謝ったり、相手を理解しようと努力したりしてくれていた。それで何とかなってきたのだ。

けれど、あゆみさんに対しては、私は最初から最後までそれができなかった。あゆみさんがいつ逆上して飛び出してしまうかわからないという恐怖、私自身のトラウマ、コロナ禍で心のゆとりを失っていたこと——理由を問われれば、いくつも挙げられるが、確かなのは、あゆみさんとの対話が決定的に欠けていた、ということだ。

認知症当事者の団体である、日本認知症本人ワーキンググループが掲げている「本人抜きに本人のことは決めない」というスローガンや、精神科医療で近年展開されつつあるオープンダイアローグの大前提「本人のいないところで本人の話はしない」ということに、私は心から賛同し、すまいるほーむでも意識して実践してきたつもりだったのに。そのことは大きな後悔として残る。

あの時、どんなふうにすればあゆみさんと話し合いができたのだろう。あるいは、お互いに追い詰められる前に、彼女との対話を重ねていくには、どのような形がありえたのだろう。いくら考えても、私にはよい考えが浮かばなかった。

私は疲れていた。あゆみさんのことで思い悩んでいたからだけではない。収束の見えないコロナ禍の中で、私は再び押しつぶされそうになっていた。

でも、それは一年前とはかなり違っていた。一年前は未知のウイルスに対して不安と恐怖に慄《おのの》いていたが、コロナ禍を一年半以上過ごし、変異株への不安はあるものの、ワクチン接種はすべて終え、考えられる感染防止対策も続けていた。万が一、感染者が出たとしても、対処方法は様々な情報の蓄積によって学んでいたし、マニュアルも作って備えもしていた。

むしろ、私の心身を蝕《むしば》んでいたのは、感染防止のために、必要以外の一切の外出を控え続けたストレスによるものだったと思う。それは自宅が職場であるという特殊事情によっても増幅されていた。

一人でお気に入りの喫茶店に出かけて、おいしいコーヒーとデザートを食べながら、一時間ばかり読書をして過ごす。用事のない日曜日や休みの日には、母と一緒に食事に出かけたり、お芝居を観に行ったりする。年に一回程度は、マロンを連れて家族で泊りがけの旅行に出かける。地方に講演に呼んでいただいた時には、観光を楽しむ余裕はなくても、帰りに駅弁を買って、車窓からの風景を楽しむ——そんなたわいもない一つ一つのことが、どんなに自分の心を豊かにしたり、解放感をもたらしてくれていたことだろう。

コロナ禍以降は、朝にマロンの散歩をし、時間になったら一階の職場に下りて仕事をし、仕事が終わったら、マロンの散歩をして、二階で食事をして寝る。その繰り返しである。ストレスがたまっても逃げ場がない。外出することができない、ということで、こんなにも自分の心が追い詰められてしまうとは思ってもみなかった。

自分が外へ出られないというばかりでなく、利用者さんやスタッフ、家族、ケアマネジャーや利用希望の見学者以外は、すまいるほーむへの来訪者を断ってきたということも大きかった。以前は、地域のボランティアの方や老人会の方たちが毎月の行事に参加してくれて、親交を深めていた。取材やインタビュー、あるいは見学で、県内外からも毎月様々なお客さんが訪ねてきてくれた。普段のメンバーとは異なる他者が時々参加してくれることで、利用者さんと来訪者、スタッフと来訪者との間に化学反応が生まれ、予想もしない展開に発展したりすることもあった。利用者さんたちも、普段はスタッフには話さないようなことを、来訪者には話すといった新たな関係性も生まれたりした。私自身もそんな光景を見ながら、新しい発見をしたり、面白いアイディアが浮かんだり、前向きに考えられるようになることが度々あったのだった。

すまいるほーむも外部から閉ざされ、私自身の生活も家の中だけに閉じられている。どうしようもない閉塞《へいそく》感の中にどっぷりと浸《つ》かっている現状がとても息苦しかった。

執筆することさえも辛くてたまらなくなり、私は連載を閉じた。書くことは、その時に起きている現実に向き合うために、私にとって必要な、大切な手段だった。けれど、現実に向き合うことからもいったん離れたいと思った。

私は執筆を中断し、利用者さんとの日々のやりとりの流れに身を委ねながら、その中からまた何かが見えてくるのを待つことにした。休日にはできるだけ職場兼自宅を離れ、自然の中に身を置いてみたいと思った。そんな時間が私には必要だった。

予想もしない事態の中で、つながってはゆらぎ、ゆらいではつながっていく、そうして何とか生きている、介護という現場に集う人々。私自身はゆらいでばかりであるが、必ず戻ってくるのは、「それでも介護の仕事を続けていく」という思いからだ。それは、責任感や覚悟や決意とは違う、予感のようなものと言ったらいいだろうか。辛いことも苦しいことも山ほどあるけれど、私はやっぱりこの仕事が好きだし、この場で共に過ごすことで救われている。

だから、私はこれからも介護の仕事を続けていくだろう。そう予感しながら。

第十七章
# 死と向き合うことの哀しみと希望

　連載を終了してから半年以上が経っても、私は何も執筆することができなかった。どうにか続きを書いて本にまとめなければ、と気持ちは焦るものの、書く意欲もわかないし、書きたいことが何も見つからない。もう書けないかもしれない、そう諦《あきら》め始めていた時に、私の心を強く突き動かす出来事があった。それは、がんの末期であることがわかったカナさんとの日々である。みんなで向き合ったカナさんとの最後を、どうしても書き残しておきたい、という思いに強く駆られたのだ。

　カナさんが、約一ヵ月の入院を経て、すまいるほーむの利用を再開したのは、令和四年の三月初めのことだった。

　一月下旬、カナさんは左足がひどくむくんだため病院を受診したところ、深部静脈血栓症と診断され、治療のために緊急入院したのである。しかも、肝臓や大腸にがんがあることもわかった。腫瘍《しゅよう》マーカーの値はかなり高く、進行している可能性があるという。深部静脈血栓症の入院治療後、二月末に退院し、今度は専門病院でがんの精密検査を受け、在宅生活を続けながら今後の治療方針を決めていくことになったのだった。

すまいるほーむの利用者さんには、これまでも病気や怪我で入院した方が何人もいた。そして入院期間中に身体機能や認知機能が著しく低下したり、意欲低下を起こしたりして、結果、本人の意思は確認されずに在宅生活は難しいと医師や家族によって判断され、そのまま入所施設へ入ってしまうケースがほとんどであった。

すまいるほーむという場で共に過ごしてきた利用者さんたちやスタッフたちは、言葉も交わせずに突然仲間との別れが訪れるたび、哀しみや寂しさ、虚《むな》しさを覚えてきた。もう会うことのできない仲間が新たな場所で幸せに最後まで暮らせるようにと、みんなで祈るほかはなかった。

カナさんが退院し、自宅に戻れるようになったのは、がんによる痛みや出血がなく、一ヵ月の入院による身体機能、認知機能の低下も、日常生活を送るにあたって支障はない程度だったことが大きい。がんの告知を受けた後も、家族が心配するほどの落ち込みは見られず、「家に帰りたい」「退院したら、今まで通り仕事をしたいから、すまいるほーむに通いたい」という意思が強かったという。

そして、その本人の意思を、家族や医師やケアマネジャーたちも受けとめ、尊重した。同居家族だけでなく、遠方に住む家族も協力してカナさんの在宅生活や通院を援助していくこと、訪問介護やデイサービスの介護サービスの利用継続とともに、訪問看護の導入により医療的なフォローをすることなど、カナさんが安心して在宅生活を続けるための支援の方法を一緒に考えてくれたのだ。すまいるほーむにも、入院中の状態や今後の意向についてケアマネジャーから都度報告があり、私たちができることを共に話し合ってきた。

本人の心身がどのような状態であるか、そして本人がどうしたいのかを丁寧に聞き受けとめ、それを支える家族と医療と福祉とが協力的に連携をとり、支援の体制を作ること。それが在宅生活への復帰には欠かせない。だが、現実にはとても難しい。そういう意味では、カナさんの在宅生活の継続とすまいるほーむの利用再開は、本人の意思を大切に思う様々な立場の人たちの協力で実現した、稀有《けう》なことだったと感じる。

カナさんは、幼少期にカトリックの修道院でシスターたちに大切に育てられ、いずれはシスターになることを望まれていたそうだ。でも少女時代からファッションに興味があった。これからは女性も好きな洋服を好きなように着る時代が来る、自分はその勉強をしたいと洋裁学校へ通い、卒業後は修道院を出て洋裁の仕事をして身を立てたという。

短期記憶の衰えなどの症状によりアルツハイマー型認知症の診断を受けているカナさんだが、すまいるほーむに通うようになってからも、洋裁の仕事の経験を活《い》かして座布団カバーや巾着《きんちゃく》袋を縫ってくれたことは、第13章でも紹介したとおりだ。

カナさんは朝、来所するとすぐに「何かお仕事はありませんか」とスタッフに声をかける。そこでスタッフが裁縫のお手伝いをお願いすると、「お役に立てることがあれば、私も幸せです」と満面に笑みを浮かべてくれる。みんなが使う物や、地域住民にプレゼントするための物を縫うことは、カナさんにとっては大切な「仕事」であり、そうして他人の「役に立つ」ことが大きな生きがいになっていたのだと思う。「退院したら、今まで通り仕事をしたいから、すまいるほーむに通いたい」と強く望んだのも、そのことが、病気を抱えた自分が生きていくための支えになるという希望を抱いていたからかもしれない。

ケアマネジャーから、カナさんの「仕事をしたい」という思いを聞いていた私は、「仕事」として、彼女が大好きなバラのポプリを入れる匂い袋を縫ってもらい、他の利用者さんたちにプレゼントすることを考えて、材料を準備しておいた。

だが、退院後、すまいるほーむに戻ってきたカナさんは、椅子に座っている体力もなく、ほとんどの時間をソファーに身を委《ゆだ》ねたり、ベッドに横になったりして過ごしていて、裁縫をするのは難しそうだった。

本人も、私が試しに縫った匂い袋を手にして、「素敵ね。私の好きな匂いがする。作りたいけれど、ごめんね、まだできそうになくて。もうちょっと元気になったらね」と残念そうにしている。「まだ、退院したばかりだもの。元気になったらお願いね」と励ましてみたものの、日を追うごとにカナさんの体力は落ちていき、足のむくみは両足ともひどくなり、歩くのも精一杯で、何とか気力ですまいるほーむに来ているような状態になっていった。

「仕事」をしていないこと、何もしないでいることを誰よりも嫌い、常に他人の役に立つために手を動かしていたいと望んでいたカナさん。得意な裁縫ができなくなり、さぞかし哀しんでいるのではないか、と当初は心配した。けれど体力が落ちていく一方で、他の利用者さんが縫い物をしたり、編み物をしたりしているのをソファーに座って眺めるカナさんの表情は、実に穏やかになっていった。そして、こんなことをたびたび口にするようになった。

「私、ここ（すまいるほーむ）に来られることが何より嬉《うれ》しいの。一番癒《いや》される場所だもの。こうやって座ってみんなのことを見ているだけで幸せ。あなたのことも、みんなのことも大好き。子供たちも、『お母さんの一番幸せだと思えるところに行けばいいよ』って言ってくれているの。いつどうなるかわからないけれど、私はずっとここに来たい。ここで死にたいと思っているの」

カナさんは、「仕事」で他人のために役に立つことではなく、これまですまいるほーむで紡いできたいくつものつながりの中で過ごすことを、何よりも心地よく思い、それを幸せだと感じている。「ここで死にたい」という願いは、すまいるほーむが日中だけの通いの場であり、看護師が常駐していない小規模のデイサービスであるため実現は難しいし、管理者である私には戸惑いもあった。けれど、みんながおしゃべりする声やBGMが響く場でも、ソファーやベッドで気持ちよさそうに休んでいるカナさんの顔を眺めていたら、こんなふうに大好きな仲間が集い、すまいるほーむの日常の時間が流れるざわめきの中で最期の時を迎えられたら、それはそれで本当に幸せなのかもしれないとも思えたのだった。

カナさんがそんなふうに過ごせる時間を大切にしたい。私たちは、これまでがんを患った利用者さんと向き合ってきた経験から、あと二〜三ヵ月はこの生活を続けられると想像し、一緒にどんなことをしていこうか、できることは何かと、スタッフそれぞれが思いをめぐらせていた。

ところが十日ほど過ぎた頃、ケアマネジャーから報告のあった専門病院での精密検査の結果は、私たちに大きな衝撃を与えた。

カナさんのがんはリンパ節まで転移しているステージ4で、余命三ヵ月。大腸の一部に狭窄《きょうさく》が見られ、腸閉塞《へいそく》の危険もあるため、三月二十日過ぎに一時入院し、内視鏡検査を受けて、必要があれば手術をすることになるという。しかも両足のむくみが悪化し歩行が困難となっている状態では、退院して在宅生活に戻るのは難しいと予想され、ホスピスへと転院する可能性が高いとのこと。とすると、週三回利用しているカナさんが、入院するまでにすまいるほーむへ通えるのは、あと六日しかない。

思いもよらない知らせに私は動揺した。二〜三ヵ月と思っていた時間が、たったの六日（期間にすると約二週間）だなんて。気力で何とか通ってくれているカナさんの状態からすると、症状はますます悪化するかもしれない、もしかしたら、その六日さえも来られなくなるかもしれない。スタッフも言葉を失っていた。

この限られた時間の中で、カナさんのために私たちができることは何だろう。考えるほど気持ちは焦り、現実を受けとめきれず、気分は落ち込むばかりだった。

そんな気持ちのまま、翌朝、私はカナさんを迎えた。診断も余命宣告も聞いているはずのカナさんは、でも、いつもと変わらず、明るく力強い声で言った。

「今日も、ここに来られて幸せです。よろしくお願いします」

その声を聞いた途端、体の力がふっと抜けたように思えた。まず私たちがすべきことは、カナさんが心地よい、幸せだと思える場であるように、いつも通りの仕事をすること。特別に話し合ったわけではないが、その場にいたスタッフたちもみんな同じ気持ちであったように思う。

スタッフたちはお風呂《ふろ》でカナさんの体を丁寧に洗い、湯船の中でカナさんが楽しそうに話す思い出話を聞いていた。厨房《ちゅうぼう》のスタッフは、肉が一切食べられないカナさんのために、いつも通りメニューを魚料理に替え、消化の良いものを工夫して調理して出していた。昼休みには、花が好きなカナさんのために、裁縫ができる利用者さんに手伝ってもらい、花を刺繍《ししゅう》した壁飾りを作ってプレゼントするスタッフもいた。それぞれができることを精一杯の気持ちを込めてやっていた。

精密検査の結果を聞いて以降、私はソファーに身を委ねているカナさんのむくんだ足のマッサージを日課とした。

むくみがとれるわけではなかったが、カナさんは「ああ気持ちがいい」といつも幸せそうな笑みを浮かべていた。マッサージを受けながら、いろいろな思いを語ってくれた。その一つがマロンへの思いだった。

カナさんは、子供の頃から動物がとても好きだった。修道院で過ごしていた時には、馬が身近にいて、どんな荒馬でもカナさんに懐いたそうだ。結婚してからは、犬を飼って、何頭も大事に育てたという。そんな経験もあって、すまいるほーむに来てからは、マロンのことをとりわけかわいがってくれていた。

「マロンちゃん、本当にかわいいわね。私、動物大好きだから、ここでマロンちゃんに会えるのが嬉しいの。マロンちゃん、抱っこしたいなぁ。私、大きな犬飼ってたから、マロンちゃん抱っこできると思うよ。抱っこして、『かわいいー!』って抱きしめてあげたい」

マロンを抱っこしたいというのは、カナさんの以前からの願いだった。けれど、マロンは体重がお米一袋よりも重く(十一キロ以上!)、しかも他人に抱かれることに慣れていない。利用者さんに怪我をさせてしまう危険があるため、カナさんが抱っこしたいと言うたびに「ごめんなさい」と断ってきたのだった。

けれど、その時の私は、何とかカナさんの願いを叶《かな》えてあげたいと思った。「いいよ。ちょっと待ってて」と言って、そばに寄ってきたマロンを抱き上げ、カナさんが身を委ねるソファーに座った。そしてマロンを抱いた状態で、前脚をカナさんの膝《ひざ》の上にそっと置いてみた。

「まー、マロンちゃん。おいで。いい子だね」

カナさんがマロンのふわふわとした頰を両手で撫《な》でながら顔を近づけると、マロンもクンクンと鼻を近づけた。そして、カナさんの鼻をペロリと舐《な》めた。マロンの愛情表現である。家族以外の人に顔を近づけたり、顔を舐めたりすることのなかったマロンだが、きっとマロンはマロンなりにカナさんの思いを受けとめ、応《こた》えてくれたのだろう。カナさんは今までに見たことのないほど満面に笑みを浮かべていた。

私も、カナさんの願いが一つ叶えられたことが嬉しかった。

カナさんにはまだ叶えたい願いがあった。

一つは、美砂保さんとの再会である。

同じクリスチャンということもあり、カナさんと美砂保さんは話がよく合い、何かあれば互いに思いやる仲だった。美砂保さんは二月下旬に発熱があり、ＰＣＲ検査を受けた。結果は陰性だったのだが、検査時の鼻の痛みと検査を受ける事態になったことのショックにより、気分の落ち込みが激しくなり、家に閉じ籠《こも》るようになって、すまいるほーむに来られない日が続いていたのだ。だから、退院して真っ先に会いたかった美砂保さんに、カナさんは会えないままでいたのである。

「美砂保さん、大丈夫なの？　元気にしているのかしら。美砂保さんに会いたい」

カナさんは、自分の体以上に美砂保さんを心配し、心から会いたいと願っていた。残された日は数日しかない。ショックから立ち直れずに閉じ籠っている美砂保さんを連れ出すのは簡単ではないだろうが、それでも私は、何とかカナさんと美砂保さんを会わせてあげたいと思った。

さらにもう一つ、カナさんの願っていることがあった。二人でソファーに座って話をしていた時、カナさんは、私の目を真っすぐに見つめて、こう言ったのだった。

「私、まだ死ねないの。やりたいことがあるから」

カナさんは自分の余命も、入院をしなければならないことも、その後、ホスピスに入るかもしれないことも理解していた。けれど、「まだ死ねない」「生きたい」という思いも強くあったのだった。

「やりたいことって、何？」と私は尋ねてみた。すると、カナさんはその熱い思いを語ってくれた。

「私、カトリックの修道院でシスターたちに守られて育ったでしょ。私は、とても幸せに育てられたから、死ぬ前にそのお返しをしたいの。戦争や貧困のために、世界の子供たちの中には、食べることもできない子がたくさんいるじゃない。テレビなんかでそういうのを観るとたまらなくなるの。だから、あの子たちのために何かしてあげたいの。何をしてあげたらいいかわからないけれど……」

「何かしてあげる」ことの具体的なところは本人も迷いがあったり、考えがまとまらなかったりするのか、うまくは説明できない様子だった。でも、よく聞いてみると、いずれ自分の住んでいる家と土地を売って、そのお金を世界の子供たちが幸せになるために寄付したい、と思っているようだった。その時がきたら、私に手伝ってほしい、という。

家と土地を売って、世界の子供たちのために寄付する。美砂保さんとの再会以上に、実現が難しい願いだ。もちろんカナさんの願いを叶えてあげたい。でも残されている時間はわずかなため、私にできることは限られている。

私はしばらく考えをめぐらせたうえで、カナさんにこう伝えた。

「カナさんの気持ちはよくわかったよ。でも、すぐにできることではないから、それはご家族も含めてじっくり考えていきましょう。その代わりに、カナさんの思いを、今できる形にしていきたいと思うの。たとえば、今、戦禍に巻き込まれたウクライナの子供たちがとても辛《つら》い思いをしているでしょ。その子供たちのためにできることをみんなでする、というのはどうかな？」

ちょうどテレビで流れているニュースには、ロシアからの攻撃によるウクライナの惨状が映し出されていた。カナさんはそれに目をやりながら、「そうね、それがいい」と大きく頷《うなず》いた。ウクライナの子供たちのためにみんなでできること。寄付など、お金にかかわることで利用者さんたちに協力を仰ぐのは、デイサービスでは難しい。では何ができるだろう。私はスタッフに相談してみることにした。

カナさんの二つの願いを伝え、何とか叶えてあげたいと協力をお願いすると、スタッフたちは快く引き受けてくれた。

少し考えてから、まっちゃんが、ウクライナの子供たちのためにみんなでできることを、利用者さんと一緒に考えてみる、と言ってくれた。すまいるほーむでは、何かを行う時には、スタッフが考えたことを利用者さんに一方的に伝えてやってもらうのではなく、いつも利用者さんとスタッフとが話し合って決めている。今回も同じように、カナさんの思いを伝え、みんなで考えよう、というのだ。私はこの件をみんなに任せることにした。

一方、私は美砂保さんに会いに自宅へ向かった。カナさんに書いてもらったメッセージカードを携えて。

カーテンの閉まった薄暗い自室の中で、美砂保さんはベッドに潜り、丸く身を縮めていた。それでも、私の顔を認めると布団から出てきて、ベッドの縁に座り、私にも向かい合ったソファーに座るよう促してくれた。

美砂保さんの表情は暗く、目もうつろだった。そしてPCR検査がどんなに痛かったか、その後にどれほど辛い思いをしたのかを、とめどなく話し始めた。様々な記憶が混ざり合い、あちこちへと話題が飛び、内容を理解するのが難しくなっていく。けれど一つだけわかったのは、すまいるほーむに行きたいのに行けなくなっていることに、美砂保さん自身が苦しんでいるということだった。

話し疲れたのか、美砂保さんが一息ついたところで、私は、美砂保さんの手を握りながら、カナさんのことを伝えた。

「美砂保さん、聞いてくれる？　カナさんがね、退院したの。それで、美砂保さんのことすごく心配していて、会いたいって言ってるよ」

「ありがとう。元気になったら会いに行きます」

「でもね、実は、カナさん、がんの末期でね、来週にはまた入院して、もしかしたらそのままホスピスに転院になってしまうかもしれないの。だから、会えるのは今週だけなの」

美砂保さんはじっと聞いていたが、私の言葉が届いているのかいないのか、まだ目はうつろなままだった。

私は、カナさんが書いてくれた美砂保さんへのメッセージカードを鞄《かばん》から取り出し、開いて見せた。二人が笑顔で写った写真の下には、こう書かれていた。

「美砂保さん、大丈夫ですか。お体を大切にしてください。会いたいです」

それを見た瞬間、美砂保さんの瞳《ひとみ》に生気が戻ったように見えた。カードに書かれた文字を指で何度もなぞりながら、涙を浮かべて、こう言った。

「ごめんなさい。私、自分のことばかりしか考えていなくて。カナさんがそんなに辛いことになっていたなんて。私もカナさんに会いたいです。明日からすまいるほーむに行きます。すまいるほーむでカナさんのために祈ります」

カナさんの思いが、苦しみの中でもがいていた美砂保さんの心を力強く突き動かし、彼女を暗闇から救ってくれた。そんなふうに思えた。

約束通り、翌日から美砂保さんはすまいるほーむに来てくれた。そして、その週末、カナさんと美砂保さんは念願の再会を果たせたのだった。カナさんと美砂保さんは強く抱き合い、互いを気遣う言葉を交わした。そして、ソファーに座り、会えなかった間の出来事を互いに報告しあった。二人とも目は潤んでいたが、美しい笑顔だった。

私が美砂保さんの自宅から帰ってくると、すまいるほーむでは、みんなでウクライナの旗を作っていた。話し合って、ウクライナの国旗を作り、世界の子供たちのために平和の祈りを捧《ささ》げることになったのだという。

片麻痺《かたまひ》のテンさんと利用を始めて間もない隆雄《たかお》さんが、大きな白い画用紙に青い絵の具を塗っている。その横では、トウコさんやタカミさんたちが黄色い紙で小さな菜の花をたくさん折っていた。ウクライナの国旗の下半分の黄色の部分に貼るのだそうだ。そして、カナさんは、丸く切り抜いた色紙に、「平和」「世界の子ども達の為に」と油性ペンで書いていた。力を振り絞ってペンを握り、一文字一文字丁寧にしっかりと。

黄色い菜の花を貼って作ったウクライナの国旗は、青空の下に菜の花が咲き誇っているかのように美しかった。そこにカナさんによって書かれた色紙を貼り付けて、完成した。

最後に、みんなで協力して作ったウクライナの国旗に向かって、カナさんにお祈りを捧げてもらった。

「神よ。世界の子供たちがこれ以上苦しまないように、世界に平和が訪れますように祈ります。アーメン」

他の利用者さんたちもスタッフたちも、それぞれ手を合わせて、平和を祈った。

カナさんの「世界の子供たちのために何かしたい」という強い思いに突き動かされて、ウクライナの国旗を作り、世界の子供たちのために平和を祈る場を設けることができた。平和への祈りは、戦争が終わるまで、毎日続けることになっている。

美砂保さんとの再会にしろ、ウクライナの国旗作りと平和への祈りにしろ、死を前にしたカナさんの願いを叶えるために、カナさんがそれによって幸せを感じられるように、みんなで力を尽くしてできたことである。

けれど翻って見れば、カナさんの強い思いによって、美砂保さんは苦しみの淵《ふち》から救われ、私たちは世界の現状に絶望せず、平和を祈り続けるという形で一つの希望を得ることができたのだとも言える。私は、カナさんの思いをめぐって起きたこの二つの出来事が、死を前にした彼女が起こした奇跡のように思え、素直に感動したのだった。

カナさんは翌週、専門病院への入院を経て、最後の時間を過ごす場所としてホスピスへと移った。そして、四月上旬に静かに息を引き取ったと、ケアマネジャーから連絡があった。家族も挨拶《あいさつ》に来られ、最後の時間をすまいるほーむで過ごせたことは母にとって幸せだった、と感謝を述べてくださった。

私にとっても、他のスタッフにとっても、利用者さんたちにとっても、カナさんとの別れは言葉にできないほど辛い。でも、一緒に過ごした濃密な六日間の中で、私たちはカナさんに、共に死と向き合うことが哀しみだけではなく、不思議な希望の力を互いに与え合う時間にもなることを教えてもらったようにも思う。

そして、死に向き合うことで抱いた哀しみと希望によって、私が再び書きたいという強い衝動に駆られるようになったのも、カナさんの起こしたもう一つの奇跡だ。あゆみさんのことは結局何も解決していない。これからも、どうしても理解の及ばないことや、つながりを結び合うことに困難な場面はあるだろう。そのたびに後悔し、動揺し、追い詰められるかもしれない。でもだからこそ、私は書き続けていきたい。書き続けながら、今起きている現実に、絶望にも希望にも向き合っていきたい。

そう思える奇跡を与えてくれたカナさんに、私は心から感謝した。

「カナさん、ありがとう。私、すまいるほーむのこと書き続けるからね」

振り返るとマロンの寝姿の向こうに、にっこりと笑ったカナさんが見えたような気がした。

# 第十八章
# 断片的な語りの聞き書き

コロナ禍で行き詰まっていた私の聞き書きの試みも、少しずつ変化しながら、新たな方向へと動き始めていた。

令和四年、年明けから利用を始めた隆雄さんとのかかわりがきっかけだった。八十代後半の隆雄さんは、十五年前から認知症の初期症状が出始めて徐々に日常生活に不自由が生じ、アルツハイマー型認知症と診断を受けて十年以上が経過していた。昼夜を問わず不安による混乱が激しく、外出は困難でほとんど家に閉じ籠《こも》っており、訪問介護や訪問リハビリのサービスを利用しながら、奥様を中心に家族が二十四時間三百六十五日介護を続けてきたのだった。

奥様は拙著を読んだり、講演に来てくれたりして、コロナ禍前から、すまいるほーむでの活動に関心を持ってくださっていたが、家族と離れて過ごすことに極度に不安を感じる夫がデイサービスを利用できるとは思えず、相談できずにいたという。それでも家族だけの介護に限界を感じ、やっとの思いで相談をしに来てくれ、利用が始まったのだった。

デイサービスの利用にあたって、奥様は、隆雄さんが少しでも落ち着いて過ごせるようにと、それまでも自宅で取り組んできた般若心経《はんにゃしんぎょう》の写経の道具を持たせてくれた。午前中は、驚くほど写経に集中して取り組んでいるのだが、昼食を済ませたあたりから、隆雄さんはそわそわとし始める。午後は二時からのレクリエーションが始まるまで、テレビを見たり、昼寝をしたり、利用者さん同士でおしゃべりをしたり、それぞれが自由にゆったり過ごす時間なのだが、そうした何もすべきことがない状態が隆雄さんを一層不安にさせるようだった。

「えみはいますか?」と奥様を探し始め、「えみさんは、今お仕事中ですよ」とスタッフが答えると、「じゃあ、私も帰ろうかな」と玄関に向かおうとする。「午後から人が訪ねてくるんだった」「私、仕事で忙しいので帰ります」と立ち上がり、歩き始めることもあった。家族と離れ、慣れない環境で過ごすことは、隆雄さんにとっては心細く不安で仕方がなかったのだろう。

実はこの時間帯、スタッフの一部が昼食休憩をとっていたり、洗濯物を干しに外へ出ていたりするので、フロアーの見守りは手薄の状態。不安と焦燥感に駆られて歩きまわる隆雄さんに常にスタッフがついてまわるのは難しかった。

そこで二月のある日、私は、何とか隆雄さんの気持ちが少しでも落ち着き、歩きまわらずにいられればと願って、筍《たけのこ》が描かれた塗り絵と色鉛筆を持っていき、「隆雄さん、筍好きですか? 筍の絵があるんですが、塗ってみませんか?」と誘ってみた。隆雄さんは、「筍? 好きだよ。うちの裏山が竹林だったから、昔はよく食べた。……絵は苦手だなあ。できるかな?」と少し躊躇《ちゅうちょ》しながらも、自分の席に座り、黄土色の色鉛筆を持って筍に色を塗り始めた。

だが、本人の言葉通り、やはり絵を描くことは苦手なようで、最初こそ一生懸命に塗っていたが、間もなく「う〜ん、難しい。よくわからない」と色鉛筆を置いて、頭を抱えてしまった。その困った様子になんだか申し訳なく思い、隆雄さんを励まそうと、他の利用者さんの様子を見守りながら彼の横に座って、「隆雄さんの家の裏山には竹林があったんですか？」と話しかけてみた。すると、隆雄さんはうなだれていた顔を上げ、筍の絵を見ながら、語り始めたのだった。

「竹林は広かったね。筍は二月くらいから出始める。それから一ヵ月くらい朝早くに筍を採りに行ったね。子供の頃はおやじと、大人になってからは子供たちとも採りに行った」

家族と離れていることの不安に加え、筍の塗り絵に苦戦して落ち込んでしまった隆雄さんが、筍採りの話には興味を示し、語り始めたことがとても嬉《うれ》しくて、私は隆雄さんの言葉を語られたそのままに、筍の絵の周りの空白部分にメモ書きしていった。もっと隆雄さんの話を聞きたくなり、さらに「筍はどうやって掘ったんですか？」と質問をしてみた。すると、隆雄さんは丁寧に答えてくれたのだった。

「筍はトグワ（唐鍬）で掘った。筍掘りは難しくはないけど、力がいるんだよ。筍を切らないように、遠くからトグワを入れて掘っていく。結構技術がいる」

「へー、結構大変なんですね」

「でも、筍採りは楽しいよ。筍の時期は毎日採りに行ってたよ」

「楽しいんですね。いいな。私は筍採ったことないですけど、筍って大きくなりすぎると硬くなっちゃうでしょ。どういうタイミングで採るんですか」

「採るタイミングは、土の中から筍の頭が持ち上がってきた時だね」

「見つけるの難しそう」

「そんなことはないよ。すぐに見つかる。今度、うちの裏山に筍採りに来たらいいよ」

「ありがとうございます。是非。隆雄さんは、筍が採れたら、どんなふうにして食べたんですか。アク抜きしなきゃいけないから、大変でしょ」

「採れた筍は米の研ぎ汁で茹《ゆ》でる。それだけでアクは取れるよ。それで、醤油《しょうゆ》、酢、砂糖、塩を入れて煮る。筍のアク抜きとか調理は私もやったよ。おふくろ、おやじ、おじいちゃん、おばあちゃん、みんなが教えてくれた」

気がつくと、隆雄さんの断片的な語りのメモ書きは、筍の絵の周りの空白部分を埋め尽くしていた。時間にすれば十五分足らずだったが、私は久々の聞き書きに気分が昂揚《こうよう》していた。隆雄さんもその表情からはそれまでの不安げな様子が消えていた。もちろん、だからといって家族と離れて過ごすことへの隆雄さんの不安が解消されるわけはなく、聞き書きを終え、他の利用者さんへの対応で私が席を離れて間もなくすると、再び、「そろそろ帰ります」と歩き始めたのだった。

けれど、筍をめぐる隆雄さんの思い出を共有できたこの時間は、私にはとても貴重なもののように思えた。それまでは、家族を探して歩きまわる隆雄さんの困惑をどのように受けとめ、かかわっていったらいいのかわからないでいたが、ほんのわずかでも隆雄さんの生きてきた人生の一端に触れられたことで、確かな希望が見えたような気がしたのだった。今から思えば、私の中で、対応が難しい認知症の利用者さんでしかなかった隆雄さんが、長い人生を歩んできた一人の人間として立ち上がった瞬間だったのかもしれない。それは、しばらく遠のいていた聞き書きの醍醐《だいご》味《み》であり、喜びでもあった。

筍をめぐる断片的な語りの聞き書きは、家族にも少なからぬ影響をもたらしたようだ。

実は、隆雄さんの言葉をそのままメモ書きした筍の絵を、家族に読んでいただこうと鞄《かばん》に入れて持ち帰ってもらったのである。以前は聞き書きをした時には、冊子にまとめたり、かるたの札にしたり、必ず読みやすい形に編集してから、本人や家族に渡していた。メモ書きのままでは、下手な手書き文字で誤字脱字もあって私自身が恥ずかしいし、話も断片的で、あちこちに飛んでいることが多い。かるたの場合はその場で読み札にまとめ、その日のうちに渡せることも多いが、冊子にする場合には聞き書きを時系列や項目別に並べ直して編集するため、三ヵ月から長い場合には半年かかることもあった。

けれど、家でも混乱の激しい隆雄さんがすまいるほーむでどう過ごしているのかを心配している家族に、特に奥様に、その日の様子を伝え、少しでも安心してもらいたかった。それには、隆雄さんが一時的ではあれ落ち着きを取り戻し、活《い》き活《い》きと語ってくれた筍をめぐる思い出を、編集せずにメモ書きのままであっても、その日のうちに渡してみるのも一つの方法かもしれないと思い立ったのだ。でも、何よりも、隆雄さんの筍採りの話が面白くて、家族にもすぐに伝えたいという気持ちが強かった。

するど、次の利用日に、奥様から思いがけずお手紙をいただいた。筍をめぐる隆雄さんの聞き書きは、断片的であるがゆえに読みにくいところもあったはずだが、奥様と息子さんたちで読んでくれて、感想を綴《つづ》ってくださったのだ。

「隆雄の父親は彼が中学生の時に病院での療養生活の末に亡くなっているので、父親の影は薄く感じてきたけれど、筍に父親を思い出したことは家族としてもありがたい」

さらに、筍の聞き書きによって、奥様自身も嫁いできた頃の思い出を振り返る機会になったともあった。

大量に採ってきた筍を大鍋《なべ》で煮込むことを、家事をしない姑《しゅうとめ》から教えられたこと。初めての経験でなかなか上手《うま》くいかず、悩まされ、春先になって家の裏の竹林に筍が顔を出すと実はため息をついていたこと。そんな苦い思い出だけれど、聞き書きを読んで、今度春に筍を煮る時には、孫たちに大おばあちゃん（姑）の話をしてみようと思ったという。

筍をめぐる隆雄さんの断片的な聞き書きは、隆雄さんにとっては子供の頃の父親との数少ない楽しい思い出を想起するものだった一方で、奥様にとっては、姑との関係や嫁としての辛《つら》さを思い出させるものになった。そのギャップを再認識しながらも、それでも奥様や息子さんたちが、家族が共に過ごしてきた時間をいろいろな思いを含めてあたたかく振り返ってくださったことに、私は素直に感動したのだった。

隆雄さんへの断片的な聞き書きは、その後も時々行っていった。長年児童教育に携わってきた隆雄さんは、子供の教育についての考えを語ってくれることもあった。

「子供がいうことをきかない時は、イライラすることはよくあったけど、そういう時は、子供のせいじゃなくて、自分の教え方が悪いんだと思っていた」

「物事を考えるときに、相手のことを理解できなければいいことはできないよ」

「相手のことを考える。相手の話を聞く。相手の立場で考えてあげる」

「本当に本人が幸せだと思っていたかどうかはわからないけど、相手のことを考えるのは教育の基本。それがなければ、人間は幸せにはなれないよ」

私自身も以前に教育に携わった経験があったので、一言一言がずしんと胸に響いた。隆雄さんがそんな思いで、子供たちや同僚の先生たちと真剣に向き合い、それぞれのかかわりを丁寧に紡いできたことに、心からの尊敬の念を抱いたのだった。

隆雄さんの教育者としての考えや、人生訓についての語りは、周りで聞いていた利用者さんたちやスタッフたちの心も動かした。みんなは口々に「すごいね」「いい先生だったんだね」という言葉を隆雄さんにかけた。そして、いつしか自然と隆雄さんのことを「先生」と呼ぶようになっていった。「先生って呼ばれるのは好きじゃないけど……」と言いながらも、隆雄さんは少し照れたような穏やかな表情を見せるようになった。

さらに、子供たちにスポーツを教えていたという話を聞いたスタッフたちは、午後のレクリエーションの時に、隆雄さんからみんなに体操を教えてもらう時間をつくっていった。最初こそ戸惑っていた隆雄さんだが、繰り返していくうちに、「まずどこからやろうかな。じゃあ、肩を動かしましょう」と、体操の先生役を引き受けてくれるようになった。他の利用者さんたちも、隆雄さんの体の動きを真似しながら、楽しそうに体操している。

午後になると「えみはいますか?」「今日はもう家に帰ります」と歩きまわることは時々あるけれど、それでも、少なくとも、隆雄さんにとって、すまいるほーむはもはや全く知らない不安な場所ではない。つながりを結んだ人たちがいて、彼らに必要とされることに心地よさを感じる居場所になりつつあるのだと感じた。

すまいるほーむの利用を始めた頃は、午前中、写経に集中していた隆雄さんだが、五月下旬頃になると、般若心経に書かれた漢字を判読してなぞるという行為自体が難しくなっていった。そこで、文学作品の詩や童謡、歌謡曲の歌詞を少し大きめにコピーして、それをペンでなぞることを提案してみた。漢字ばかりでなく、ひらがなも交じっている方が読みやすいだろうし、なぞり書きをした後に、それを一緒に読んで味わうこともできるのではないか、と思ったのである。

私の予想以上に、隆雄さんは、詩や歌詞のなぞり書きに夢中になった。隆雄さんは、気持ちを集中させて丁寧に詩の文字を筆ペンでなぞってくれた。そして書き終わった後に、一～二回一緒に朗読してみると、感想を言ってくれるようになったのだ。

たとえば、私が好きな中原中也《なかはらちゅうや》の「汚れつちまつた悲しみに……」をなぞり書きした時のこと。二人で二回ほど朗読した後に、「この詩はどうですか？」と私が尋ねると、隆雄さんは、しみじみとこう答えたのだ。

「全部いいね。特に、『汚れつちまつた悲しみ』ってところがいい。作者の気持ちが本当にわかるね」

私は、生きるのが苦しかった若い頃によく読んだ中原中也の詩に対して、こんなふうに反応してくれたことが嬉しかった。

「先生も、この詩がいいって言ってくれて、嬉しいです。私も大好きで、昔よく読んだんですよ」

「いい詩だね。何だか自分も嬉しくなるよ、これを読むと。自分の気持ちをわかってくれているような感じがする。こんなことって今までなかったなあ」

「先生も悲しみを感じているんですか」

「他人には言ったことはないけど、悲しみは心の中に持ってるよ。だからこれを読んで、いいなと思った。若い頃からこういう気持ちがあったけど、あまり他人に言ったことがないね。高校の先輩くらいかな。久しぶりにあなたに言ったよ」

具体的な悲しみの中身は聞けなかったけれど、それでもいいと思った。むしろ、隆雄さんと一緒に一つの詩を味わい、互いに素直な感想を言い合えるこの時間が大事に思えたし、何よりも幸せだった。

童謡の歌詞をなぞり書きした後には、「一緒に歌ってみましょう」と促してみた。「歌はよく知らないから」と言いながらも、私が歌いだすと、隆雄さんも大きな声を出して一緒に歌ってくれた。周りで塗り絵や裁縫をしている他の利用者さんも、手を動かしながら、声を合わせて歌ってくれることもあった。歌い終わると、隆雄さんは、歌詞の感想やそれにまつわる思い出を語ってくれた。

「故郷《ふるさと》」の歌詞に隆雄さんは、「全部いい。すごいね。たまんない。びっくりした」と感動し、さらに、父親が鉄砲でウサギなどの狩りをするのを自分も手伝っていたという思い出を語ってくれた。「ゴンドラの唄《うた》」では、小学校一年生の時の初恋の話を照れくさそうにしてくれた。どの思い出も興味深く、隆雄さんの繊細で豊かな表現力にも私は魅了されていった。

詩や歌詞に対する感想や語られた思い出は、筍の絵の時と同様に、語られたまま空白部分にメモ書きし、その都度ご家族へ渡した。読書好きの奥様からは、「まさか隆雄が文学青年だったとは知らなかった」という喜びの声や、普段は歌を歌うことのなかった隆雄さんが童謡のなぞり書きをし、歌っていることについて、「やはり童謡は何よりの原風景なのでしょうか」という感想をいただいた。家族にとって、隆雄さんの人生や思いを見つめ直し、再発見するきっかけになっているようだった。

断片的な聞き書きを重ねていくと、その時によって、同じ事柄についても、思い出される記憶や印象が随分と異なるということがわかってくる。たとえば、隆雄さんは学生時代によく同級生と喧嘩《けんか》をしたそうなのだが、喧嘩をめぐる母親に対する思いは複雑だったようだ。

「故郷」のなぞり書きの時は、狩りや釣りの思い出から、こんなことを語ってくれた。

「同級生とは殴り合いの喧嘩をした」

「えー、殴り合いの喧嘩したんですか？　殴られたら痛いでしょ」

「殴られた時はぼーっとして痛くないけど、五時間くらいすると痛くなるだよ」

「顔もぼこぼこに腫《は》れちゃったんじゃないですか」

「腫れるさ」

「家族が見てびっくりしたでしょ」

「だから、見られないようにこっそり帰るだよ。殴られた後、顔が腫れているのをおふくろに見られたくなかった。おやじが早く亡くなったから、おふくろに心配かけたくなかったんだよ。でもおふくろにはすぐにわかってしまって、『バカするじゃないよ！』って怒られたよ」

「バカするじゃないよ！」と母親に怒られたと言う時の隆雄さんはちょっと嬉しそうに笑っていた。

一方、「恋しやふるさと　なつかし父母」という歌詞の出てくる「旅愁」の時にはこうだ。

「先生もお父さんやお母さん、なつかしいですか」

「おふくろには会いたくないな。ケチばかりつけられていたから」

「お母さんにケチつけられたってどういうこと？　厳しかったんですか？」

「私はわざとバカばかりやっていたからね」

「バカって？」

「喧嘩をね、よくしただよ。おふくろを怒らせようと思っていたから」

「どうしてお母さんを怒らせたかったんですか」

「何でそうしたかはわからない。こういうことをしたら、怒るか、怒らないかと見ていたのかもしれないね。今から思えば、怒られたかっただね。長男だし、寂しかったんだと思う。自分はこんな息子だぞ、ってわかってもらいたかった。でもわかってもらえなかったと思う」

そう語る隆雄さんの表情は、「故郷」の時とは違って、暗く重かった。

母親に心配かけまいと喧嘩の傷を隠そうとしたけれど、結局はわかってしまい怒られた記憶と、母親に寂しさをわかってもらいたくてわざと怒らせようと喧嘩をしたけれど、自分の気持ちが伝わらなかったという記憶。どちらも、その時になぞり書きをし、読んだり歌ったりすることで、隆雄さんの心に届いた詩の言葉によって喚起された、母親への率直で複雑な思いであるのだろう。

一人の人間が歩んできた人生の中で、どんな人と、どんなかかわりをもち、どんな思いを抱いてきたのか。すべてを聞き書きすることも理解することもできるはずはない。けれど語られた記憶の断片を、都度書き留め積み重ねていくことで、言葉にはまとめきれない多面的なその人の歴史の一端に触れたり、想像したりできるのではないか。

そんなことを改めて強く思ったのは、隆雄さんの「海」をめぐる複雑な思いに、家族と共に触れることができたからでもある。

最初に海についての思い出を語ってくれたのは、「かなしきときは貝殻鳴らそ」から始まる新美南吉《にいみなんきち》の「貝殻」という詩をなぞり書きした時のことだった。

「先生、この詩はどうですか？」

「すごくいいね。全部いい。私も同じ気持ちだよ。私は悲しい時、一人になって海に行くよ。それも夕方の暗くなりそうな時」

「一人で暗い海に行くんですか」

「今は行かないけど、子供の頃によく海に行って泣いたよ。一人で真っ暗い海で泣いた。静かに涙が出る。それがいい」

「何か悲しい思いをした時に海に行って泣いたんですか」

「悲しいというより、寂しいだよ。何だかわからないけれど、寂しくなる時があるだよ。そういう時、人前じゃ泣かなかったけれど、海に行って一人になって泣いた。気持ちがよかった」

私はこの思い出を聞きながら、海へ行って一人で泣いていた多感な少年の頃の隆雄さんの姿を想像していた。ところが、奥様から返ってきた感想は私の想像を超えて、家族の歴史へと及んでいた。

「息子たちを海に連れて行ったこともなく、海水浴さえ一度も家族で行ったこともなく。それ程、隆雄にとって海は辛く、悲しく、大きな存在だったということなのでしょうか？」

一度も家族を海に連れて行ったことがない父親。それは長い間、家族にとっては理解できない隆雄さんの一面だったに違いない。駿河湾が目の前に広がる沼津で育った人の多くは、親と一緒に海に行ったという思い出があるだろう。私自身も小学生の頃、夏は両親と共に千本浜へ海水浴に行ったり、冬は千本松原越しの富士山を見に行ったりしたものだ。それが一度もなかったというのは確かに不思議である。隆雄さんはその理由を家族に説明したこともなかったのだろうから、息子さんたちはさぞかし寂しい思いをしたに違いない。「貝殻」のなぞり書きをきっかけとした聞き書きによって、家族はその寂しい記憶を喚起され、不可解だった家族の思い出の背景に、隆雄さんが抱いていた海への悲しみを見て取ろうとしているようだった。

ところが、その数週間後に、「浜辺の歌」のなぞり書きをした時には、隆雄さんは青春時代の海での思い出を楽しそうに活き活きと語ってくれたのだ。

「いい詩だと思う。私は、学生の頃、夏は千本浜の海の家でアルバイトをしていたよ」

「昔、千本浜に海の家ありましたね。先生、海の家でアルバイトしていたんだ」

「昔は千本浜には海の家が十軒以上あっただよ」

「一人で？　それともお友達と？」

「学生仲間十人くらいと一緒にアルバイトをしてたよ」

「海の家でどんなことしたんですか？」

「仕事は、掃除や片付け。他にも、沖で溺《おぼ》れた人を泳いで助けにいったりもしたよ」

「人命救助もしたんだ。大変でしたね」

「あの辺は潮の流れが速いから、もうこんなところまで来ちゃったって驚くよ。自分も二十メートルくらい流されたことがあるけど、泳ぎは得意だったから何とか戻ってきたよ」

「いろんなお客さんがいたでしょ」

「酔っ払いが一番困ったね。こっちが『危ないから遠くへ行くな』と言うと、『この学生が生意気に！』と殴りかかってきてね。ここで殴り合いをしたら首にされちまうからしなかった。それで随分我慢強くなった」

「それは大変でしたね」

「でも、アルバイトは面白かったね。とにかくお金が入ってくる。それが目的でやるんだから。上の人にもかわいがってもらえて、遊びにも連れて行ってもらえたし。だから、千本浜でアルバイトしたことはいい体験だったと思うよ」

その思い出は尽きることがないかのように、隆雄さんは雄弁に語ってくれた。そして、それが自分にとってかけがえのない経験だったとも。

子供の頃に暗い海で一人で泣いていた隆雄さん。学生時代に海の家でアルバイトをして青春を謳歌《おうか》していた隆雄さん。息子さんたちを一度も海に連れて行かなかった父親としての隆雄さん。海をめぐるこの多面的な隆雄さんの姿は、私の中では、一つの隆雄さん像に結ばれることなく、ただ聞き書きの断片としてばらばらに存在するままだった。

でも、家族にとっては、点と点とが結びつくようにそれぞれの断片がつながり合い、海をめぐる隆雄さんの複雑な思いを理解し、家族の辛く寂しい思い出を総括するきっかけになったようだった。「浜辺の歌」の聞き書きの感想として、奥様はこんなことを書いてきてくれたのだ。

「これ程深い『海』への思いがあったとは全く気づかず、多分彼にとっての『海』は良くも悪くも孤独な青春の唯一の聖域だったのではないでしょうか。だから、家族でのんきに海水浴なんてとんでもない……と拒否してきたのかなあと思わされました」

隆雄さんがなぜ家族と海へ行かなかったのか、本当のところはわからない。けれど、海をめぐるいくつかの断片的な聞き書きと家族の思い出が結びつくことで、家族は隆雄さんの思いに向き合うことができた。そして、長年のわだかまりが一つほどけていったのだった。

隆雄さんの存在を機に、コロナ禍で中断していた聞き書きが、断片的な語りを書き留め、その都度家族と共有していくという形で、思いがけず再開することになった。

それまでは冊子やかるた等、何かの形に表現することで初めて家族や他の利用者さん、スタッフとその方の思い出を共有できるという思いが私は強かった。だから、表現の方法にこだわり、様々な形を試みてきたのである。でも表現するということは、私の観点で聞き書きを編集するということだ。編集することで伝わりやすい形になり、特に今まで本人と接点のなかった人たちと広く共有するためには、必要な作業であることも確かである。

けれど、編集することで、こぼれ落ちてしまう、その方の複雑な思いや人との多面的なかかわりの歴史があるのではないか。共に歴史を歩んできた家族にとっては、編集することでこぼれ落ちてしまう、まとめきれないものこそ大切なのかもしれない。そんなふうに思うようになった。

私は、本人の断片的な語りを書き留め、未編集のままその都度家族に提示する。家族はその断片的な語りの聞き書きを、家族の歴史の中に置き直し、ある意味家族ならではの編集作業を通して、本人の言葉を受けとめ、思いに触れていく。場合によっては、家族の歴史の総括にもつながっていく。そこで喚起された家族の歴史や思いが私にフィードバックされ、それを踏まえた上で、さらに私は本人に聞き書きを行っていく。それを繰り返していく。

断片的な語りの聞き書きは試みを始めたばかりだ。聞き書きをしても、自宅での、特に夜間の隆雄さんの混乱は断続的に起こっているし、家族の介護負担が軽減されたわけでもない。私たち介護スタッフのできるケアはほんの一部でしかないと思い知らされる。けれど、こうしたやりとりを続けていくことで、本人と家族の歴史の一端に触れたいし、私たちもまた共にあるということを伝えていきたい。それが、本人と家族との心の支えに少しでもなれたらと思う。

最終章

# 「かかわりの歴史」の中で

六月に入るとコロナ感染者数はかなり減少し、そろそろコロナ禍も収束の方向へ向かうのではないか、というほのかな期待感が世の中に満ち始めていた。私も少し緊張感が緩み、それまで自粛してきた外食や、映画館で映画を観るという楽しみを久々に味わったり、新しく好きになった作家の小説を読み漁《あさ》ったりと、精神的、時間的なゆとりももてるようになった。滞っていたSNSの記事のアップも再開し、躊躇《ちゅうちょ》していたオンラインのインタビューにも挑戦できた。私にも普通の日常が戻ってきた、そんな喜びを感じていた。

だが、そんな時間は、七月に入ってオミクロン株BA5があっという間に全国に蔓延《まんえん》し、市内の感染者数もかつてないほどの勢いで急増していったことで、瞬く間に泡のごとく消え去った。そして、すまいるほーむもコロナの脅威に直接的に曝《さら》されることになったのだ。

スタッフがたまたま近くの実家に戻っていた時に家族が陽性となり、そのまま濃厚接触者として実家にとどまっているうちに、本人を含めて全員が感染。自分も体調がすぐれない中、自宅療養となった高齢の家族の看病と介護を彼女が続ける様子がLINEで報告されてきた。過酷な状況に自分が励ましの言葉を送ることしかできないという、やるせなさと申し訳なさを感じながらも、すまいるほーむの継続のために勤務シフトをなんとか組み直し、みんなの協力も得て、二週間を乗り切ることができた。

スタッフだけでなく、利用者さんたちの中にも、陽性となった家族の濃厚接触者となったり、本人が陽性となったりして、すまいるほーむを休む人たちが続出した。陽性となった利用者さんや家族も重症化はせずに体調は順調に回復したし、他の利用者さんやスタッフへと二次感染を広げる状況にはなかったことは、本当に不幸中の幸いだったと思う。

けれど二ヵ月近く続いたコロナ漬の日々で、またしても私の心身は大きなダメージを受けた。コロナという頑強な岩盤によって心身が全方位的に固められ、身動きが全く取れないという感覚。せっかく再開した読書も映画鑑賞も楽しめない。頭が働かず、執筆もはかどらない。

八方塞《ふさ》がりのこの状況は苦しくてたまらない。このまま続くと、また鬱《うつ》状態になることを予感した私は、コロナ禍に翻弄《ほんろう》される現実から少しでも逃れたいと、久々に巨樹に逢《あ》いに行くことにしたのだった。

私が最初に巨樹に出逢ったのは、大学の仕事を辞めて東北から実家に戻ってきた時だった。かつて共同研究でお世話になった農学者の佐藤洋一郎《さとうよういちろう》さんが傷心の私を気遣って『クスノキと日本人』という著書を贈ってくれた。その中で紹介されていた熱海《あたみ》市來宮《きのみや》神社の大楠《くす》を見に行ったのだ。

境内の奥にご神木として祀《まつ》られている楠は幹周りが二十三・九メートルという大きさで、落雷のため途中から幹の半分は失われているが、もう半分から伸びた太い枝が高く伸び、青々と葉を茂らせていた。樹齢二一〇〇年を超えるという、この巨樹を前にした私は、身も心も洗われたような清々《すがすが》しさを感じ、抱擁されるような感覚に、体中がやわらかく溶けていった。樹木に触れることでこんなに心が満たされる経験をしたのは初めてのことだった。

介護の仕事を始めてからは、忙しさですっかり巨樹からは遠ざかっていたのだが、コロナのこと、あゆみさんのことなど、自分ではどうにもならない状況に追い込まれた果てにふと、その時の感覚を思い出したのだった。また巨樹に逢いたい、逢って救われたいという、すがるような思いで、静岡県東部地区の巨樹巡りを始めた。以来、巨樹巡りは、心身を解放させるための私なりの現実脱出の方法となった。

今回逢いに行ったのは、沼津市の隣の三島市の巨樹である。まず願成寺《がんじようじ》の楠を見に行った。願成寺は、源 頼朝《みなもとのよりとも》が三嶋《みしま》大社に祈願するための宿舎としたという由来のある寺で、その参道の階段の両脇に一対の楠が立っている。近くに建てられた看板には、山門の代わりに植樹されたものではないか、と説明されていた。まさに山門の仁王像のごとく、参道を挟んで二本の大楠が互いに何本もの枝を伸ばし合い、葉を茂らし、周囲を固めたコンクリートを崩さんばかりにがっちりと斜面に根をはって、生命力豊かに力強く対峙《たいじ》していた。この一対の大楠は、どれだけの長い時間、いろんな思いを抱えてこの寺の参道を往来する人々を見守ってきたのだろう。そんな想像を駆り立てられる巨樹だった。

次に、三嶋大社の大楠を見に行った。初詣やお花見の時期に何度も訪れているというのに、今まで全くその存在に気づかなかったが、大楠は境内の神池の西奥に、ひっそりと佇《たたず》んでいた。近づいてみると、幹の中に空洞がありながらも、太い枝を何本も虚空に伸ばして佇立《ちょりつ》し、優しい風格があった。幹にはしめ縄が張られ、空洞となった幹の根本には小さな祠《ほこら》が祀られていていることからすると、三嶋大社のご神木として大切に守られてきたことがわかる。境内の隅に佇むこの大楠に、人々は何を願い、語りかけてきたのだろうか。

すでに十本以上の巨樹を巡ってきた。その多くは楠だけれど、同じ楠でも、一つとして同じ姿形の木に出逢ったことはない。数百年から千数百年と樹齢も様々で、環境によって同じ楠でも姿はまるで異なる。先の願成寺の一対の大楠と、三嶋大社の片隅に佇む楠もその様相は全く違っていた。また、長年人に大切に守られてすくすくと成長し、樹高五十メートル以上に天高く背を伸ばして立つ楠もあれば、落雷に見舞われたり、新幹線敷設により枝が伐採されたりして高くは成長しなかったものの、幹から何本もの細い枝を放射状に伸ばして横に広がっていて、まるで千手観音のような異形の楠もあった。

佐藤洋一郎さんも『クスノキと日本人』の中でこう言っている。

「生き抜いてきた時間の長い巨樹ほど、そうしたねじれやくねりを積み重ねている。巨樹はどれも、その個体だけが持つ固有の風格を持っているが、それは生きてきた時間の間に、彼らがまったく異なる生の遍歴を重ねてきたからにほかならない。同じ樹種の巨樹でありながらその姿形が大きく違うのは、生きてきた世界の違いにあるのだと私は思う」

「異なる生の遍歴」「生きてきた世界の違い」とは、巨樹の立つ自然環境の違いや変化だけを言うのではないだろう。むしろ、多くの巨樹が原生林の中ではなく、神社仏閣の境内や人里で見られることからすると、人との長いかかわりの歴史の中で樹木が巨樹に成長していったのであり、それこそが、巨樹の姿形の違いに大きな影響を及ぼしてきたと考えられるのではないか。私が巨樹に心を奪われ、苦しい時に逢いに行きたいと思うのは、巨樹の大きさや自然の驚異に圧倒されるからだけでなく、目の前の巨樹の姿から、その巨樹が生きてきた歴史、人とのかかわりの歴史が、ありありと想像できるからなのだ。

巨樹の周りをゆっくりと歩き、天に伸びる幹や虚空に広がる枝々を見上げ、地を這《は》うように広く深く伸びる根を見下ろし、ごつごつとした樹皮に触ってみる。そうしていると、子供たちがこの巨樹の周りで戯れている光景や、夕暮れにひっそりと巨樹に苦しみや哀しみを打ち明けて涙している人の姿や、落雷によって幹が割れてしまった巨樹を守ろうと奮闘している人々などが見えてくる。時には、人間の側の身勝手な都合で枝を切ったり、根のはる地面をコンクリートで固めたりしたこともあるだろう。そうした苦難を受けた傷を深く刻みながらも、巨樹は新たな枝を伸ばし、根でコンクリートを突き破り、逞《たくま》しく生き延びてきた。そして、そこで生きる人々の生の営みをずっと見守ってきた。巨樹と人は互いに影響し合いながら、その長い歴史を生き続けてきたのである。

そうした巨樹と人とのかかわりの歴史が想像できることで、私は心揺さぶられ、深い感動を覚え、巨樹を心から愛《いと》しく思う。巨樹が歩んできた人とのかかわりの長い歴史の一端に私もほんの一瞬でも身を置けたことで、自分の生きる小さな世界が悠久の時間につながったように感じられ、心が軽やかに解きほぐれていく。そうやって、巨樹と出逢った私は、苦しいけれどももう少し頑張って生きてみようという前向きな気持ちを少し取り戻すことができるのである。

巨樹と人とのかかわりの歴史が想像できることで湧き起こる感動と心の安らぎ、そして希望は、もしかしたら、すまいるほーむという場所で私が感じている心の動きと共通するものがあるのかもしれない。そう考えるきっかけとなる出来事があった。きよしさんの死である。

訃報《ふほう》があったのは、三島市の巨樹に逢いに行ってから少し経った、九月中旬の朝だった。主に介護を担っていた家族に入院治療が必要となって、在宅介護が難しくなり、きよしさんは五月から施設に入所していた。知らせてくれた家族によると、入所してからはほぼ寝たきりで、食事もほとんど摂《と》れなくなっていて、覚悟はしていたという。とはいえ、五月から会っていなかった私にとっては突然のことであった。ちょうどスタッフから家族がコロナ陽性になり出勤できなくなったと連絡を受けたばかりで、きよしさんの突然の訃報に、さらに気分は深く落ち込んだ。

心の動揺を抑えて一日の仕事を乗り切り、夕方の送迎の後にきよしさんのご自宅にうかがった。玄関を入ってすぐの和室で家族や親戚《しんせき》に囲まれて、きよしさんは静かに眠っていた。そのお顔はとても穏やかで、私は少しほっとした。

迎えてくれた家族からは、こんな言葉があった。

「頑固なおじいさんがデイサービスに行けるなんて思っていなかったんですよ。親戚もみんなびっくりしていて。すまいるほーむだから行けたんだと思います。帰ってくると、『楽しかったよ』と笑顔になったり、ご機嫌に歌を歌ったり。みなさんが、おじいさんの話をいろいろ聞いてくれたり、いつも明るく声をかけてくれたから、嬉《うれ》しかったんだと思います。すまいるほーむに行くようになってから、家でも時々冗談を言うようになったし、私たちに『ありがとう』とお礼を言ったり、優しい言葉をかけてくれるようになったんです。それが嬉しくて。本当に幸せな時間を過ごさせていただきました。ありがとうございました」

「幸せな時間」を過ごさせてもらったという言葉に、私は救われる思いがした。実は晩年のきよしさんは、いつもしんどそうにしていて、車いすに座って目を瞑《つむ》ってうつむいているか、ベッドに横になっている時間がほとんどだった。きよしさんがすまいるほーむで過ごすことをどのように感じているのか、よくわからなくなっていたのだ。

食事をするのも辛《つら》そうだった。厨房《ちゅうぼう》のスタッフたちがきよしさんが食べやすいようにといろいろとメニューを工夫してくれても、口元にスプーンで食べ物を持っていくと、顔を背け、「お願いだからかんべんして」と訴えることもよくあった。みんなでカラオケをしていても、好きだった歌を歌うことはほとんどなくなりうつむいていた。大好きだったお風呂《ふろ》は嫌がることはなかったが、以前のように笑顔を見せたり、自分から「気持ちよかった」と言葉にすることもなくなっていた。

確かに、時には、ふと覚醒《かくせい》したように顔を上げ、にっこりと微笑むこともあったし、大好きなお饅頭《まんじゅう》や焼き芋などの甘いおやつは手で持っておいしそうに食べることもあった。きよしさんに何度も懲りずに声をかけるスタッフに対して、「このおばかっちょ！」と優しく叱ったりすることもあった。でも、私には、とにかくいつもしんどそうにしている、そんなきよしさんの姿ばかりが心に残っていた。

実際にきよしさんがどんな思いでいたかはわからない。けれど、長年介護を担っていた家族には、すまいるほーむに通うことを楽しんでいたように見えていた。みんなとかかわることで、家族ときよしさんとの関係も良好なものへと変わったように感じてくれたのだ。すまいるほーむの存在は、少なくとも、きよしさんと家族との間に「幸せな時間」をもたらす、一つの触媒になっていたと思ってもいいのかもしれない。

きよしさんが亡くなったことは、その日のうちにスタッフへ、翌日には利用者さんたちへと伝えた。きよしさんが施設へ入所してから三ヵ月以上が経つので、既にきよしさんを知らない利用者さんも複数いたが、きよしさんと時間を共にした利用者さんたちは一様にその突然の訃報に驚き、哀しんでいた。お別れ会は、きよしさんの奥さんであり、利用者でもあるタカミさんが、お葬式を終えて、すまいるほーむの利用を再開する予定の翌週の土曜日に行うことに決めた。

ここ数年、お別れ会では、亡くなった方の写真を音楽に合わせて編集し、思い出のビデオアルバムにしている。みんなでテレビで見て、語り合う時間を設けている。

ビデオアルバムを作る作業はこんな感じだ。利用者さんがいらしていた時期の写真データを全部見直し、その方が写っているものをピックアップ、次にビデオアルバムに使う写真を選び、編集ソフトに並べる。みんなで写真をじっくりと味わい、テキストも読めるように、一枚の写真の映写時間を七秒に設定し、ビデオに合わせて流す五分前後の音楽を選んで挿入。曲の時間にビデオの時間もぴったり合わせるために、写真をさらに厳選。いくつかの写真にテキストを入力し、全体を何度か見直してから、データを書き出して完成である。

結構、時間と手間のかかる作業だが、亡くなった利用者さんの思い出をみんなで振り返ることのできる、感慨深い時間となっている。お別れ会にとっての欠かせないアイテムであり、毎回頑張って作ってきた。

ところが、きよしさんのビデオアルバム作りにとりかかったところ、作業は最初の段階で予想外に時間と労力がかかってしまった。というのも、きよしさんがすまいるほーむの利用を始めたのは平成二十七年の五月から。見直さなければならない写真データは七年分と膨大で、その中からピックアップした写真データも一六一個と大量だったのだ。

そこから写真を選んで編集していかなければならないのだが、既にピックアップ作業で力尽きていた。それに一六一枚の写真はどれもきよしさんの人となりを想起させるもので、さらに厳選するのはなんだかもったいない。

迷った末、今回は音楽に合わせて編集するという演出はせずに、「思い出の写真アルバム」とすることにした。未編集のまますべての写真を時系列に並べ、音楽もテキストもつけずにスライドショーで見せるだけ。時間はかかるかもしれないけれど、一枚一枚の写真をみんなでじっくりと見て、その場で思い出を語り合うこともできるだろうという期待もあった。


とはいえ、ただ写真を時系列に並べただけのスライドショーがどんなふうに見えるのかは気になる。小心者の私は試しに一人で起《た》ち上げて見てみた。見終わると、またすぐに心配になって、再び起ち上げ、今度はスライドを一枚一枚、ゆっくり丁寧に見る。また起ち上げてはスライドを戻し、起ち上げては戻しを何度も繰り返す。そんなことをしているうちに、あることに気がついた。

きよしさんは七年前の写真から晩年の写真にいたるまで、そのほとんどが笑顔だったり、おどけていたり、行事に積極的に参加していたりという姿だった。もちろん撮影者である私やスタッフが、そういう表情や姿を見せている時を狙って撮っていたからでもある。けれど私が驚いたのは、もともと脳梗塞《こうそく》による右麻痺《まひ》があり、脳血管性認知症であったきよしさんが、その後の七年間で身体機能や認知機能がさらに衰えていっていたのにもかかわらず、晩年に至っても以前と変わらない笑顔や、積極的な姿を、その瞬間瞬間には見せていたという事実だった。私の中では、しんどそうにしている姿ばかりが印象に残っていたけれど、それだけではなかったのだ。家族が言うように、きよしさんはきっと、たとえ少しであっても「幸せな時間」をすまいるほーむで過ごせていたのだ。

さらに一枚一枚丁寧に見直していくと、きよしさんのいろいろな表情が見えてくる。

たとえば、どちらかというと寡黙で、自分から進んで誰かにかかわることがあまりなかったきよしさんだが、女性の利用者さんから話しかけられて嬉しそうに聞いている姿や、男性の利用者さんの話を表情豊かに聞いている姿がいくつもある。思い出してみると、利用を始めたばかりの頃、きよしさんは午前中に行われる高木さんの社会情勢や市政批判についての演説を、身を乗り出すようにして聞いていた。家に帰ると家族にまで、高木さんの話を聞くのが楽しみだと言っていたと、当時家族から聞いたことがある。

それから晩年になって、車いすに座り目を瞑ってうつむいていることが多くなってからのこと。認知症が進行したフクさんが、きよしさんを自分のご主人と勘違いして、「おとうさん！」「おとうさん、眠いの？　大丈夫？」とたびたび声をかけたり、傍に寄って体に触れようとしたりしたことがあった。そんな時も、きよしさんは顔をあげて照れくさそうに微笑んだり、「うん」と返事をしたりしていた。きよしさんなりに、フクさんの存在を受けとめて、反応してくれていたのだと思う。

お客さんがすまいるほーむの取材や見学に来た時の写真も何枚かあった。健側である左手を上げて、お客さんに対して何か一生懸命話をしている姿のきよしさんもあれば、お客さんとツーショットの苦笑いしているきよしさんもいた。普段は無口で、うつむいていることが多かったけれど、お客さんが来た時に昔の思い出を尋ねると、サービス精神旺盛《おうせい》に国鉄で機関士をしていた時の話や、終戦直後に浜辺で塩づくりをしていた話を雄弁に語ってくれることもあったのだった。ほかにも、スタッフが連れてきた子供を抱いて微笑む姿はいくつもあったし、マロンに口笛を吹いたり、左手で撫《な》でたりする姿も写っていた。

晩年は食事や排泄《はいせつ》、入浴、ベッドへの移乗等はほとんど全介助が必要だったきよしさん。体重の重いきよしさんの移乗で腰痛を悪化させることもたびたびあり、排泄介助や入浴介助も正直私の体にはきつかった。なかなか進まない食事介助にも、どうしたら食べてもらえるかという戸惑いが常にあった。皮膚の疾患もひどく、排尿や排便の障害もあったので、そうした身体のケアにも常に細心の注意を払う必要があった。晩年のきよしさんとのかかわりでは、常にその場その場の介助で精一杯だったのだ。だから、私にはしんどそうにしているきよしさんの姿しか印象に残っていなかったのかもしれない。

けれど、七年間撮りためた写真から見えてきたのは、きよしさんが他者とのかかわりをなくして孤立していたわけではなく、むしろあらゆる人と交わりながら、晩年まですまいるほーむで過ごしていた姿だった。七年間のきよしさんのかかわりの歴史。私が思っていた以上に、きよしさんは、すまいるほーむでたくさんのかかわりを持って生きてきたのだった。

きよしさんばかりでなく、きよしさんの写真に写りこんだ他の利用者さんたちも、すまいるほーむでこうやって様々なかかわりを持って過ごしてきたのだろう。

そうなのだ。写真に写った利用者さんたちは、他の利用者さんやスタッフと一緒に話をしていたり、料理をしていたり、行事で誰かがボール投げのゲームに挑戦しているのを応援していたり、逆に応援されたり、とにかくみんな誰かとかかわっている。ワンショットの写真でさえ、そこに写った口を大きく開けて大笑いした顔や、恥ずかし気な顔、おどけた顔、粋なポーズをとった姿は、カメラを向けた私やスタッフとのかかわりの中で見せた表情や姿だと言えるだろう。

もちろん、すまいるほーむでのかかわりは、写真に写っているような楽し気なものばかりではない。利用者さん同士でけん制し合ったり、喧嘩《けんか》したり、悪口を言ったりすることもたびたびあったし、利用者さんの言動にスタッフの心身が傷つけられることもあった。逆に、私たちスタッフの言葉や行為が利用者さんを追い詰めたこともあったに違いない。あゆみさんの時のように。

それも含めたたくさんのかかわりを持ちながら、利用者さんたちはこの場所で、出会いから別れまでの時間を過ごしてきたのだ。きよしさんのように七年間という長い時間の方もいれば、一年未満で亡くなったり、入所して去っていった方もいる。いずれにしても、人生の最晩年のある時間を、ここでのかかわりの中で生きてくださった。そして、きよしさんの家族が言ってくれたように、ここでのかかわりが、家族にも何かしらの影響を与えることになった。そう考えると、この場所の重要性が改めて身に染み、身の引き締まる思いがする。

また、利用者さんたちは、すまいるほーむを利用する以前にも、それぞれのかかわりの歴史を歩んできている。たとえば父母、兄弟姉妹、夫や妻、子供。仕事や遊び仲間や、学生時代の教員、友達や近所の人、飼っていた動物。必ずしも良好な関係ばかりではないだろうが、それを含めた人生における様々なかかわりの歴史が、その人を形作ってきたと言えるだろう。

そう考えてみると、聞き書きは、利用者さんたちそれぞれのかかわりの歴史を想像する手がかりを与えてくれているように思える。

たとえば、きよしさんは、時々、訥々《とつとつ》と子供の頃や仕事をしていた頃の思い出を語ってくれた。農家の長男として生まれたきよしさんは、子供の頃から父親の百姓仕事を手伝いながら幼い弟たちの面倒を見ていたという。また、機関士を辞めて、自宅で鉄工場を開いてからは、地方から働きに来た従業員を敷地内の宿舎に住まわせて、様々な面倒を見ていた時期もあったそうだ。

きよしさんからは具体的なエピソードはあまり聞けなかったが、それでも、断片的に語られる言葉から、父親や弟たち、鉄工場の従業員たちとのかかわりの歴史の中で、きよしさんが様々な苦労や葛藤《かっとう》を抱えながら他者へ気遣いをしたりするなど、責任感を持って生きてきた姿が想像できるのである。

かかわりの歴史に注目してみると、しんどそうにしている印象の強かったきよしさんの姿は、最晩年の一側面にすぎなかったと相対化されていく。九十年以上にも及ぶきよしさんのかかわりの歴史が目の前に広がってみえたことで、私はきよしさんが豊かなかかわりをもって生きてきたことにほっとした気持ちになった一方で、その長い歴史の最終章にかかわれたことを改めて自覚し、何だか感慨深い思いでいっぱいになった。それは、巨樹に出逢った時の感動とよく似ているように思えた。

すまいるほーむに集う人たちは、きよしさんと同様にそれぞれのかかわりの歴史を歩んできた人たちだ。そうした人たちが、偶然、すまいるほーむという場所で出会い、互いにかかわりあって、最晩年のある時間を共にしてきた。だからこそ、人それぞれが紡いできたかかわりの歴史が出逢い、つながり合うこの奇跡的な時間と場所を大切にしたいし、そこに私自身もかかわれることにこの上ない喜びを感じる。

たくさんのつながりの歴史が交わるこの場を共にすることで、私自身の存在が誰かに何かの影響を与え、そして私自身の人生をも変えていく。それは恐ろしくもあるけれど、思わぬ喜びや希望を与えてくれる、大きな大きな巨樹の森のような場所に思える。

これまで苦しくて逃げだしたくてたまらない時が何度もあったのに、それでも私がこの仕事を続けている理由は、ここにある。やっとそうわかったように思う。だから、私は、これからもここで介護の仕事を続けていくのだろう。

土曜日の午後、きよしさんのお別れ会を開いた。まずはパソコン画面をテレビに映し出し、一六一枚の写真を見ながら、すまいるほーむでの七年間のきよしさんの思い出を振り返っていった。

最初の三年分は、我が家の一階に移転してくる前の写真である。そこにきよしさんと写っているのは、かつてのすまいるほーむのデイルームと、今はもういない懐かしい仲間たちだ。その頃のことを知っている利用者さんはもうほとんどいないので、私は少し説明を加えながら写真を見せていった。

スタッフたちからは、「懐かしー！」と歓声があがる。

「あー、文子さんだ」

「本当だ。そう言えば、きよしさんと文子さん、仲良かったよねー」

「きよしさん、昔からの知り合いのように、よく文子さんに話しかけていたっけ」

「そうだったね」

そこには、おしゃれが大好きだった文子さんと、その隣で嬉しそうに微笑むきよしさんが写っていた。

行事の写真は特に盛り上がった。毎年の運動会の写真には、きよしさんが、選手宣誓をしたり、応援団長として活躍する姿が写っていた。

「運動会だね」

「玉入れ、やったね」

「中学生が参加したこともあったね」

利用者さんやスタッフがきよしさんの写真に写った運動会の様子について懐かしそうに話す中で、妻のタカミさんは、初めて見た夫の姿に、少し驚いている様子だった。

「えー、おじいさん、こんなことできたんだ。家にいる時は何にもしなかったから、考えられないけど」

毎年恒例のパン食い競走の写真では、きよしさんはパンを咥《くわ》えたままおどけた表情で写っていて、みんな大笑い。タカミさんも苦笑いしていた。

六年前の沼川のお花見の時の写真には、当時九十八歳だったカズさんがスタッフと一緒に、きよしさんの車いすを押して歩いている姿が写っていた。カズさんを知らない利用者さんがほとんどなので、カズさんが九十八歳でもしっかり歩いていて、団地で一人暮らしをしていたことを伝えると、みんな「へー、すごいね」「そういう人がいたんだね」と感心していた。タカミさんは、「やだ、おじいさん、九十八歳の方に車いす押してもらってたの？」とちょっと申し訳なさそうな顔をした。

敬老会のすまいる劇団のお芝居の写真にも毎年きよしさんは写っていた。衣装を着て演じている光景を見せながら、「さて、これはなんというお芝居でしょうか」と私はクイズ形式で尋ねてみた。みんな写真の細部を見ながら考えている。ここ数年の写真になると、当時参加していた方もいて、きーやさんが答えた。

「えーっと、何だったっけかな？　『大きな大根』？」

「惜しい！『大きなカブ』だね」

またみんなで大笑い。

こうして一六一枚の写真を行きつ戻りつ、ワイワイ言いながら、四十分近くかけてじっくりと味わった。きよしさんの思い出を振り返りながらも、同時に、タイムマシンに乗って、すまいるほーむのたどってきた軌跡をみんなで旅したような不思議な時間だった。

最後に、きよしさんの写真を前に、それぞれがガーベラの花を手向けていった。

「きよしさん、ありがとう」
「すまいるほーむのおとうさんみたいだったね。ありがとう」
「これからも見守っていてね」
「安らかに眠ってね」

それぞれが思い思いの言葉をかけて手を合わせていた。

スタッフの献花が終わると、タカミさんが急に立ち上がり、みんなの前に歩み出てきた。どうしたのかと私がそばに行こうとするやいなや、タカミさんは、みんなに向かって挨拶《あいさつ》をして、深々と頭《こうべ》を垂れたのだった。

「今日は、みなさん、おじいさんのために、ありがとうございました。一人じゃ、ごはんも食べられないし、薬も飲めないし、何にもできないから、みなさんには本当に迷惑をかけて申し訳なかったです。（スタッフの方に向かって）面倒かけて申し訳なかったね。でも、おじいさんがすまいるほーむから帰ってきて、私が『どうだった？』と聞くと、『楽しかったよ』って言ってたんです。そんなに楽しいところなら、私も行きたいよと思って、私もここに来させてもらうようになりました。来てみたら、本当に楽しくて。これからもお世話になります。今日は本当にありがとうございました」

普段人前に出て話をするのが苦手なタカミさんだが、きよしさんの妻として、これ以上なく心がこもった挨拶をしてくれたのだった。

私は、「タカミさん、ありがとう」とお礼を伝え、そして、咄嗟《とっさ》にこう付け加えた。

「全然迷惑じゃなかったよ。だって、きよしさんのこと、みんな大好きだったもの」

すると、美砂保さんやきーやさんも「本当にそう」と何度も頷《うなず》いた。スタッフたちも「そうそう」と繰り返した。それを見たタカミさんは、「それならいいけど……」と少しほっとしたような、それでもまだ申し訳なさそうな表情をしていた。

「迷惑をかけて申し訳ない」「みんなに迷惑をかけたくない」これらの言葉は、これまでも家族からも利用者さん本人からも何度も聞いてきた言葉だった。私たちスタッフは、そのたびに、「迷惑じゃないよ」とか、「迷惑をかけたっていいんだよ」と答えてきた。けれど、そんな言葉は、家族にも本人にも、何の気休めにもならないことも痛いほどよくわかっていた。自宅で介護を続ける家族にとっては、辛くて大変な場面もたくさんあるし、家族の苦労している様子から利用者さん本人は、「迷惑をかけて申し訳ない」「情けない」と自信を失ったり、自暴自棄になったりしてしまうことも多いだろう。

私たちのような介護の現場の人間はどうか。やはり、迷惑とは思わずとも、面倒だな、厄介だな、大変だ、と思うことは多々ある。晩年のきよしさんの身体介護においても、私はその大変さを感じていたし、他の利用者さんとのかかわりにおいても、厄介な出来事へどう対応していいのか頭を悩ませることは多い。私の未熟さゆえであるかもしれないが、すまいるほーむの他のスタッフも含め、介護の仕事をしている人のほとんどは、そんな思いを少なからず抱えているに違いない。それを、プロ意識の欠如と一蹴《いっしゅう》してしまうのはあまりにも乱暴ではないだろうか。

けれど、きよしさんのお別れ会のための「思い出の写真アルバム」を作りながら思い至ったのは、面倒だ、厄介だ、大変だと感じる場面も、その方のかかわりの歴史の一部である、ということである。七年間の写真を見返しながら、私ときよしさんとのかかわりは、大変だと思うことの他にもたくさんあったことを思い出した。そして、きよしさんと他の利用者さん、スタッフたちとのかかわりは、さらに豊かに紡がれていた。そして、きよしさんには家族とのかかわりがあり、すまいるほーむを利用する以前の多くのかかわりの歴史もある。今この瞬間の面倒や大変さは、その長くて、いくつも交わったかかわりの歴史のほんの一瞬に過ぎないのだ。かかわりの歴史の中で見ていくと、面倒も大変さも相対化されていくように感じる。

こんな考え方が、実際に介護で大変な思いをしている人たちの精神的肉体的負担をどれだけ軽減することになるかはわからない。けれど、今介護が行き詰まりかけているのであれば、その方と自分とのかかわりの中に、そして、その方の長いかかわりの歴史の中に、今を置きなおしてみることで、もしかしたら、気持ちが楽になったり、その方への愛おしさが再確認できたりするかもしれないとも思うのだ。

少なくとも、私はきよしさんのことがますます愛おしくなったし、そう見ていくことで、他の利用者さんとのかかわりも開かれていくように感じた。だから私は、大変であっても、これからもかかわりを止めることなく、続けていきたい。

この先、「迷惑をかけて申し訳ない」「迷惑をかけたくない」と利用者さんから言われたら、私はこう答えてみたいと思う。

「迷惑、面倒って思うこともあるかもしれないけど、それを含めて、○○さんとのかかわりのすべてが私にとって大切なの。だから、これからも一緒に過ごしていこうね。よろしく」

# おわりに

令和五年。二月上旬に、きーやさんが亡くなった。享年九十六。節分行事では、元気に豆まきをしてくれたきーやさんが、その二日後に心不全のため自宅で息を引き取ったことは、私たちにはすぐには信じられない出来事だった。

一昨年の十一月に九十八歳のハコさんが亡くなってから、すまいるほーむの最年長者となったきーやさんは、すまいる劇団の主役をアドリブも入れながら見事に演じてくれたり、レクリエーションの時や他の利用者さん、スタッフとの会話の中で「あっはっは！」と豪快な笑い声を上げたりと、週三回、すまいるほーむでみんなと過ごす時間を心から楽しんでいたのだった。

でもその一方で、きーやさんは、時々こんなことを口にするようになっていた。

「私もみんなに迷惑をかけないで、長患いしないでハコさんみたいに死ねたらいいねえ」

実はハコさんは、体調を崩し、主治医から肺炎の診断と余命一週間の宣告を受け、介護をしてきた息子さんが最期の時間を穏やかに過ごさせたいと自宅へ連れ帰ってきた。そして、本当に一週間後に家族や訪問看護師等に見守られ、静かに息を引き取ったのだった。この一週間の間に、私たちも自宅を訪ね、ハコさんとのお別れを果たすことができた。縁のあったたくさんの人たちの訪問を受け、安心できる自宅で過ごせたハコさんの最期は、私たちにも幸せそうに見えたし、人生の終《しま》い方の一つの理想的な形にも思えた。

だから、すまいるほーむの最年長者となったきーやさんが、自分の死を身近に感じ、「ハコさんみたいに……」と思うのはとてもよくわかる気がした。ただ、もっと長生きしてもらいたいという気持ちももちろんあったから、「そうだね～」という曖昧《あいまい》な応答をしたり、「迷惑かけたっていいんだよ。きーやさんには、迷惑かけてもいいから長生きしてもらいたいな」と言ったり、きーやさんが「ハコさんみたいに……」と言うたびに、どう答えようかと悩んでいた。

そんな中、きーやさんは、まさに「ハコさんみたいに」自宅で穏やかな最期を迎えたのだった。

九十六年の人生を最後まで元気に過ごし、自ら願ったように、長患いせずに自宅で最期を迎えられたことは、きーやさんにとっては幸せなことだったかもしれない。けれど、突然の死は、遺《のこ》された者に深い哀しみとともに、混乱と困惑と後悔をもたらすことにもなる。

きーやさんの死を、亡くなった日の夕方に電話で知らせてくれたケアマネジャーは、「本当に信じられないんですけど……」と明らかに動揺し、困惑していた。最期を看取った娘さんは、翌日早朝に連絡をくれ、興奮気味に最期の様子を語ってくれた。一晩経っても突然の死が受け入れられない様子だった。

そして、きーやさんとのお別れに自宅へうかがった時に、お嫁さんがつぶやいた言葉は、私に大きな衝撃を与えた。

「本当に急でしょ。まだ何にも介護してないのに……」

お嫁さんは、自分が何もできなかったと後悔していたのだ。目は泣き腫《は》らしたようで真っ赤だった。

長男の嫁として長年自宅で生活を共にし、きーやさんの体力が衰えてからは一切の家事をこなし、通院の付き添いをし、きーやさんのできなくなったことを手伝ってきた方だ。確かにきーやさんは、着替えや部屋の掃除等、できることは自分でやってはいた。それでも、足腰を痛めて、歩行器や介助がなくては歩けず、体調を崩すこともたびたびあった要介護3のきーやさん。お嫁さんは、キーパーソンとしてもう十分に介護を担っていたように私たちには見えていたのだった。しかも、穏やかではあるが、意志が強くはっきりと物申すきーやさんに、お嫁さん自身、精神的に追い詰められることもたびたびあったという。そのために体調を崩し、お嫁さんは一時的にきーやさんと離れて過ごすことを選択せざるを得なかった。これまでに随分と大変な苦労をしてきたはずだった。

そんなお嫁さんが、きーやさんの突然の死に直面して、「まだ介護をしていない」「もっと介護をしたかった」という強い思いを抱いていた。介護という行為にかかわることで湧き上がってくる感情は、相手とのかかわりが長ければ長いほど、そして親密であればあるほど、なんと複雑で、複層的で、簡単には言い表せないものなのだろう。

この出来事によって、私は、本書の最終章で至った私の思いをさらに強くすることになった。それは、かかわりの歴史の中に今を置き直してみると、迷惑も、面倒も、すべてがかかわりの歴史の一部として相対化される、という思考方法だ。

きーやさんのお嫁さんは、苦労も大変さも、お互いのかかわりの一側面にすぎないことを感じていたのではないだろうか。だからこそ、その先も続く介護の生活の中で、喜びも楽しみも苦しみも悲しみも、きーやさんとともに味わっていこうという思いでいたのではないだろうか。そんなお嫁さんの思いを、「面倒をかけないで死にたい」と言っていたきーやさんに聞かせてあげたかった、と心から思う。


本書の元となったカドブンでの連載の構想を立て始めたのは、令和二年の一月から二月のことだ。その頃は、新型コロナウイルスの感染者が日本でも出始めてはいたが、まだ世界的な脅威となるような感染の拡大は予想されていなかった。それから間もなく日本でも多くの重症者や死者が出て、感染拡大第一波、第二波と、医療体制がひっ迫する事態となり、感染リスクの高い高齢者を対象とする介護現場はパニックに陥った。そんな中、連載は始まったのだった。

感染に対する恐怖と緊張により常に追い詰められた状況の中で、構想の段階では予想もできなかった出来事や事態が次々と起こっていった。そのたびに、私は右往左往し、ぐらぐらと心は揺れ動き、解決方法も結論も何も見えないまま、その起きたことを、そしてその時に私やスタッフが感じたことを、ありのままに書き綴《つづ》るより他なかった。だから、内容は構想とはかけ離れたものになった。

ただ、構想の段階から、連載中も、そしてそれを書籍化する作業の中でも貫かれてきたものがある。それは、生産性があることにのみ存在価値を認める現在の社会風潮に対して、すまいるほーむという場所から、否を突きつけたいという思いだった。

「障害者は不幸を作ることしかできない」という理由で十九人の入所者が殺された相模原《さがみはら》事件、LGBTや生活保護受給者の方への人格を否定するようなバッシング、社会保障費の増大を「高齢者優遇」とみなす著名人の意見への圧倒的な支持等、世の中は、いわゆる「生産性のない人」に対する不寛容さに満ち溢《あふ》れている。

そして、そうした不寛容さが、社会風潮に留《とど》まらず、介護を必要とする高齢者自身をも呪縛《じゆばく》していることが、介護現場にいる身としては何よりもやるせなかった。

認知症の進行した方に対して容赦なく浴びせられる「ああはなりたくない」「ああなったらおわり」という存在価値の否定。できなくなっていく自分自身に対して抱く底知れぬ恐怖と苛《いら》立《だ》ち。老いることに苦しむ利用者さんたちの姿を、私たちは何もできないままにたくさん見てきたのだった。

介護保険制度も、介護サービスを受けなくても健康に過ごせるようにという介護予防や自立支援、重度化予防へと、ますます重点がシフトしてきている。誰でも年を取れば、できないことが増えていき、多くの助けが必要になる。それを努力しなかった者の自己責任だと切り捨てられたらたまらない。

たくさんの人の手助けを受けても、それが相手に苦労や迷惑をかけることになったとしても、それでも自分らしく心豊かに最期まで過ごしたい、そう誰にはばかることなく堂々と言えることが当たり前になってほしい。そんな社会になってほしいし、利用者さんたちにもそんなふうに、「迷惑かけたくない」と自分を責めることなく、「ああ生きていてよかった」「もっと生きたい」と思ってほしい。そのために、すまいるほーむという場所から言えることは何か、ということをいつも考えながら執筆してきた三年半だった。

結局、明確な答えや、説得力のある論理が導き出せたわけではない。けれど、コロナ禍の中、すまいるほーむで向き合ってきた出来事を書き綴りながら、そして、すまいるほーむという場所から少し離れて巨樹巡りをしながら、かかわりの歴史の中に今を置き直してみるという思考方法に思い至ることができた。それは、何か新しさがあるわけではないし、当たり前のことではあるのだが、忙《せわ》しない日常の中ではなかなか意識しないことなのではないか、と思う。

高齢者だけでなく、自分も含めたすべての人に、それぞれのかかわりの歴史がある。そのかかわりの歴史を想像すること、そして、今、その誰かとかかわっているこの瞬間もまた、それぞれの歴史の一部であると気づくこと。それが、生産性にのみ価値を置く、この偏った考え方を乗り越える、一つの手がかりになるのではないか、という予感はしている。

どんな人も必ず誰かとのいくつものかかわりがあり、かかわりの歴史の中で生きている。そのかかわりの歴史があるからこそ、人は生きていたいと思うし、相手に生きていてほしいと思うのではないか。かかわりの歴史があるからこそ、何かができなくなっても、失うものがたくさんあっても、それでも生きる希望を持ち続けることができるのではないだろうか。

本書の執筆も、ここでようやく本当の結びを迎えることになった。その間には、精神的に追い詰められて書けなくなり、本書の元となる連載を途中で切り上げるというアクシデントもあった。日常生活のあらゆることに制限を受けるコロナ禍で、私の心と体は、今までにない程長期にわたってダメージを受けることになったのだった。制限を受けることで、あるいは追い詰められることで、今までそれほどの努力をせずともできていたことが、どうあがいてもできないという辛《つら》い経験もたくさんした。

たとえば、聞き書きがそうだ。コロナ禍で私は聞き書きができなくなった。聞き書きは介護現場での私と利用者さんとのかかわりの核をなしてきたから、自分の存在価値がわからなくなるほど辛いことだった。けれど、自分ができなくなることで、他のスタッフがそれぞれ始めている聞き書き的なことを興味深く見守ることができた。あるいは、完璧《かんぺき》に編集せずとも、聞いたことをそのまま書き綴ったメモ書きを家族に委《ゆだ》ねることが、かえって家族が利用者さんの言葉に向き合う機会にもなることを知った。

コロナ禍でできないことが増えていくことで、結果的に、私は、自分の中で完結しようとする強い志向から解放され、不十分でも中途半端でもいいから、周りの人に委ねてみるということが自然にできるようになっていったのだった。委ねられた人たちには迷惑をかけたかもしれないし、ある意味私のしていることは無責任であるかもしれないが、委ねた先で、私の想像していなかったような色とりどりの花が咲いていくのは刺激的で、私の心をワクワクさせてくれた。

そうだ、できなくなることは失うばかりではない。周りに委ねることで、頼ることで、その先に新たな可能性が芽生えることでもあるのではないか、そんなふうに思えるようになった。そんな楽観的な境地に至った私を、すまいるほーむの利用者さんたちも、スタッフたちも、三国社長も、どんなふうに思っているのだろう。他人の気持ちを察することが苦手な私には、そこのところはよくわからない。けれど、どんな私も、みんないつでもあたたかく受け入れてくれる。それは、本当にありがたいと思う。

八十半ばになった母は、今でも、すまいるほーむの厨房《ちゅうぼう》を手伝ってくれたり、利用者さんたちを喜ばせようと庭の花の手入れを熱心にしてくれたりして、すまいるほーむの運営を蔭《かげ》から一生懸命支えてくれている。プライベートでもいまだに頼ってばかりで、心配や苦労のかけ通しの私のことを、母はどんなに心もとない思いで見ていることだろう。いつも申し訳なく思っている。でも、だからこそ、いつか母に介護が必要になった時には、母のかかわりの歴史に思いを馳せながら、私は母の介護をしたいと思っている。

最後になるが、連載の執筆中から、本書をまとめるにいたるまで、ずっと私に寄り添い続けてくれたKADOKAWAの安田沙絵さんに心から感謝をしたい。原稿を送るたびに返してくれる心のこもった丁寧なメールの言葉一つ一つに、コロナ禍で苦しむ私の心はどれだけ励まされただろう。執筆ができなくなった間も、安田さんは、あたたかく見守りながら、私が回復してくるのを根気強く待ち続けてくれた。安田さんなくしては、私は、書き続けることはできなかったと思う。安田さんという編集者に出逢《であ》えたこと、一緒に仕事ができたことを私は本当に幸せに感じている。

こうして、たくさんの人たちに頼り、力をもらって、本書は生まれた。そんな本書を読んでくださることで、読者のみなさんにも、生きる力や希望がほんのわずかでも分けられたら嬉《うれ》しく思う。

令和五年弥生《やよい》吉日

母とマロンと、そしてパートナーと共に暮らす我が家にて

六車由実

## 参考文献・映像作品（著者五十音順）


雨宮処凛編著『この国の不寛容の果てに』大月書店　二〇一九年
綾屋紗月、熊谷晋一郎著『つながりの作法』NHK出版生活人新書　二〇一〇年
石田戢著『現代日本人の動物観』ビイング・ネット・プレス　二〇〇八年
筧裕介著『認知症世界の歩き方』ライツ社　二〇二一年
岸政彦著『断片的なものの社会学』朝日出版社　二〇一五年
木之下徹著『認知症の人が「さっきも言ったでしょ」と言われて怒る理由』講談社+α新書　二〇二〇年
熊谷晋一郎インタビュー「自立は、依存先を増やすこと　希望は、絶望を分かち合うこと」『TOKYO人権　第56号』（公財）東京都人権啓発センター　二〇一二年
熊谷晋一郎インタビュー「『自立』とは、社会の中に『依存』先を増やすこと——逆説から生まれた『当事者研究』が導くダイバーシティーの未来」Mugendai　二〇一八年
國分功一郎著『中動態の世界』医学書院　二〇一七年
國分功一郎、熊谷晋一郎著『〈責任〉の生成』新曜社　二〇二〇年
斎藤環著訳『オープンダイアローグとは何か』医学書院　二〇一五年
斎藤環「コロナ・ピューリタニズムの懸念」note　二〇二〇年

佐藤洋一郎著『クスノキと日本人』八坂書房　二〇〇四年
白幡洋三郎著『花見と桜』八坂書房　二〇一五年
鈴木大介著『「脳コワさん」支援ガイド』医学書院　二〇二〇年
丹野智文著『丹野智文　笑顔で生きる』文藝春秋　二〇一七年
東畑開人著『居るのはつらいよ』医学書院　二〇一九年
中村禎里著『日本人の動物観』ビイング・ネット・プレス　二〇〇六年
中村禎里著『河童の日本史』ちくま学芸文庫　二〇一九年
西川満則・長江弘子・横江由理子編『本人の意思を尊重する意思決定支援』南山堂　二〇一六年
早川千絵監督映画『PLAN75』二〇二二年
樋口直美著『誤作動する脳』医学書院　二〇二〇年
平野啓一郎著『平野啓一郎「分人」シリーズ合本版』講談社　二〇一五年
森川すいめい著『オープンダイアローグ　私たちはこうしている』医学書院　二〇二一年
ヤーコ・セイックラ、トム・アーンキル著／斎藤環監訳『開かれた対話と未来』医学書院　二〇一九年
柳田國男著『柳田國男全集4』ちくま文庫　一九八九年
矢野憲一、矢野高陽著『楠』法政大学出版局　二〇一〇年
矢吹知之、丹野智文、石原哲郎編著『認知症とともにあたりまえに生きていく』中央法規出版　二〇二一年
山内昶、山内彰著『風呂の文化誌』文化科学高等研究院出版局　二〇一一年

# 初出

・第一章〜九章、十一〜十六章

カドブン連載二〇二〇年八月〜二〇二一年十月

「つながりとゆらぎの現場から――私たちはそれでも介護の仕事を続けていく」

・第十章

『認知症とともにあたりまえに生きていく――支援する、されるという立場を超えた9人の実践』

矢吹知之・丹野智文・石原哲郎編著／中央法規出版（二〇二一年六月）

「『ともにある』ということへの想像力――『意思決定支援』を超えて」

・第十七章

『中央公論』二〇二二年六月号

「死と向き合うことの哀しみと希望――デイサービスという介護現場で」

・第十八章

『日本認知症ケア学会誌』第21巻第4号（二〇二三年一月）

「断片的な語りの聞き書き試論――認知症の本人と家族と私たちのつながりとして」

書籍化にあたり、書き下ろしを加え、大幅に加筆修正いたしました。

六車由実（むぐるま　ゆみ）
1970年静岡県生まれ。沼津市内のデイサービス「すまいるほーむ」の管理者・生活相談員。社会福祉士。介護福祉士。大阪大学大学院文学研究科修了。博士（文学）。民俗学専攻。2009年より、静岡県東部地区の特別養護老人ホームに介護職員として勤務し、2012年10月から現職。「介護民俗学」を提唱している。著書に『神、人を喰う――人身御供の民俗学』（新曜社／第25回サントリー学芸賞受賞）。『驚きの介護民俗学』（医学書院／第20回旅の文化奨励賞受賞、第2回日本医学ジャーナリスト協会賞大賞受賞）。『介護民俗学という希望――「すまいるほーむ」の物語』（新潮文庫）がある。

それでも私《わたし》は介護《かいご》の仕事《しごと》を続《つづ》けていく

2023年９月29日　初版発行

著者／六車《むぐるま》由実《ゆみ》

発行者／山下直久

発行／株式会社KADOKAWA
〒102-8177　東京都千代田区富士見2-13-3
電話　0570-002-301(ナビダイヤル)

印刷・製本／大日本印刷株式会社



●お問い合わせ
https://www.kadokawa.co.jp/（「お問い合わせ」へお進みください）
※内容によっては、お答えできない場合があります。
※サポートは日本国内のみとさせていただきます。
※Japanese text only

定価はカバーに表示してあります。


ISBN 978-4-04-109829-5　C0095